Reflexões sobre OS CAMINHOS DO LIVRO

Organização:
Eduardo Portella

Alberto Manguel
Barbara Freitag
Emmanuel Carneiro Leão
Francisco Delich
Georges B. Kutukdjian
Gerd Bornheim
Gianni Vattimo
Gloria López Morales
Goretti Kyomuhendo
Jean-Godefroy Bidima
Masahiro Hamashita
Maurice Aymard
Michel Maffesoli
Milagros del Corral
Rafael Argullol
Sérgio Paulo Rouanet
Zygmunt Bauman

Revisão técnica:
Francisco Balthar Peixoto

Tradução:
Guilherme João de Freitas

UNESCO

Moderna

COORDENAÇÃO EDITORIAL EM LÍNGUA PORTUGUESA: Lisabeth Bansi
COORDENAÇÃO DE PRODUÇÃO GRÁFICA: Fernando Dalto Degan
COORDENAÇÃO DE REVISÃO: Estevam Vieira Lédo Jr.
REVISÃO: José Alessandre S. Neto
EDIÇÃO DE ARTE: Ricardo Postacchini
PROJETO GRÁFICO: Ricardo Postacchini
CAPA E DIAGRAMAÇÃO: David Urbinatti Netto
COORDENAÇÃO DE PESQUISA ICONOGRÁFICA: Vera Lúcia da Silva Barrionuevo
SAÍDA DE FILMES: Helio P. de Souza Filho, Marcio H. Kamoto
COORDENAÇÃO DE PRODUÇÃO INDUSTRIAL: Wilson Aparecido Troque
IMPRESSÃO E ACABAMENTO: Yangraf Gráfica e Editora Ltda.

Dados Internacionais de Catalogação na Publicação (CIP)
(Câmara Brasileira do Livro, SP, Brasil)

Reflexões sobre os caminhos do livro / organização Eduardo Portella ; tradução Guilherme João de Freitas ; revisão técnica Francisco Balthar Peixoto. — São Paulo : UNESCO / Moderna, 2003.

Título original: Il ètait une fois...le livre

1. Livros – Filosofia 2. Livros – História
I. Portella, Eduardo.

03-1463 CDD-002.09

Índices para catálogo sistemático:
1. História do livro 002.09
2. Livros : História 002.09

ISBN 85-16-03656-1

EDITORA MODERNA LTDA.
Rua Padre Adelino, 758 – Belenzinho
São Paulo – SP – Brasil – CEP 03303-904
Vendas e Atendimento: Tel. (011) 6090-1500
Fax (011) 6090-1501
www.moderna.com.br
2003
Impresso no Brasil

ORGANIZAÇÃO DAS NAÇÕES UNIDAS PARA A EDUCAÇÃO, A CIÊNCIA E A CULTURA
Representação no Brasil

SAS, Quadra 5 Bloco H, Lote 6, Ed. CNPq/IBICT/ UNESCO, 9º andar.
CEP: 70070-914 - Brasília - DF - Brasil
Tel.: (55 61) 321-3525 - Fax: (55 61) 322-4261
E-mail: **uhbrz@unesco.org.br**

Sumário

Apresentação

Num mundo multifacetado qual será o futuro do livro? De um lado, temos sociedades pós-modernas altamente complexas, que contrapõem espaço real e espaço virtual, montando sofisticadas teias de comunicação e gerando verdadeira pletora de dados e informações, que desafiam a capacidade de assimilação de indivíduos e grupos. Disso resulta que o livro pode parecer um objeto do passado, uma reminiscência renascentista, vestida posteriormente por uma roupagem da Revolução Industrial. Como conseqüência, a alfabetização deixa de ser um velho processo de aprender a ler e escrever e passa a envolver diversas linguagens, combinando a palavra, o número e as imagens numa multiplicidade de meios.

Nesse mundo novo há quem destaque que a posse dos dados e informações é menos importante do que a facilidade de acesso às diferentes fontes. Em outras palavras, vale menos possuir acervos de informações do que a capacidade de borboletear de fonte em fonte, combinando-as e recombinando-as, numa dinâmica que se choca frontalmente com a visão estática da acumulação linear de conhecimentos. De outro lado, temos um mundo ao qual sequer o livro já chegou. Correspondendo à maior parte da população mundial e envolvendo áreas como a África ao sul do Saara e o Sul da Ásia, sem esquecer das desigualdades da América Latina, esse é o mundo que luta para alcançar a Educação para Todos, nos termos do Marco de Ação de Dacar. Nessas regiões o livro didático é uma preciosidade sonhada por muitos, enquanto os professores lutam para reunir materiais escritos que possam garantir processos mais ou menos convencionais de alfabetização, além da pós-alfabetização, para que, num mundo analfabeto, as novas competências, adquiridas com sacrifício, não venham a regredir. É lá que papéis e lápis são material inestimável, às vezes com substitutos improvisados, e onde a palavra escrita ocorre em poucos lugares além do quadro tosco das salas de aula. Nessas regiões, luta-se ainda para fazer chegar a todos uma educação básica de qualidade, além de reduzir em cinqüenta por cento o analfabetismo adulto até 2015.

É um mundo onde coexistem realidades diversas: a possível redução da leitura de livros, em face da rapidez e relativa facilidade da comunicação por outros meios, como a dança eletrônica de imagens coloridas, em contraste com a mais notória escassez de acesso à era de Gutenberg, acrescida hoje do divisor digital. Em meio aos paradoxos desse mundo em processo de mundialização — onde, portanto, as disparidades tendem a se tornar cada vez mais marcantes, em aceleração crescente —, cumpre discutir o livro.

É o que faz a presente obra, sob a perspectiva de filósofos e literatos, em finas reflexões que têm a vantagem de não se alienar, antes de abranger as diferenças do mundo de hoje. A perspectiva multicultural é uma tônica enriquecedora, proporcionada pelas visões de autores que retratam a realidade dos seus continentes e as desigualdades dos seus contextos sociais. A UNESCO se orgulha de ser o âmbito onde tais diferenças se encontram e dialogam de modo fecundo.

De fato, a obra, dirigida por Eduardo Portella, coordenador do Comitê de orientação "Caminhos do Pensamento no Alvorecer do Terceiro Milênio", teve a sua origem no colóquio internacional da UNESCO, "O Lugar do Livro: entre a Nação e o Mundo". Para a realização desse evento contribuiu decisivamente, entre outras instituições, a Fundação Biblioteca Nacional, do Brasil.

Esperamos que esse conjunto de reflexões sobre um mundo caleidoscópico possa despertar novos pensamentos e ações no que tange ao livro. Na sua absoluta escassez ou inserido na teia competitiva das novas formas de comunicação, cabe a ele, com plasticidade, responder às múltiplas e cambiantes exigências que se lhe fazem. Há frutos da civilização que têm a capacidade de combinar a continuidade histórica, atravessando os tempos, com o dinamismo de se adaptar às novas exigências do futuro. É o que se espera do livro, esse fruto tão estimado da nossa formação, que nos faz capazes de apreender o passado e projetar o futuro.

Jorge Werthein
Representante da UNESCO no Brasil

Prefácio

Eduardo Portella

O livro, objeto-sujeito facilmente identificável, nada é senão um qualificado agente de transformação da história. Fica difícil acreditar que a "civilização do livro", sobre a qual Peter Sloterdijk lança hoje perturbadoras suspeitas, tenha concluído a sua derradeira volta. Mais provável é que a "galáxia de Gutenberg" continue navegando, com a obstinação de sempre. Aprendemos, com os nossos portugueses, que "navegar é preciso". Sinto-me tentado a acrescentar: com ou sem a Internet. A "internetização" nem nos assusta nem nos pacifica. Contudo, de uma coisa devemos estar razoavelmente certos: a história do livro não pode ser, de modo algum, a crônica de uma morte anunciada. Deixemos de lado, portanto, a ilusão fundamentalista, a crença na relíquia tombada, bem como a antevisão apocalíptica.

O livro sabe que vive em uma sociedade simultaneamente complexa e simplificadora, cercado de perigos por todos os lados, sitiado entre a pressão do mercado e a impressão do mundo. Isto o identifica como um ser profundamente humano – até mesmo, demasiado humano –, atormentado pelas dores próprias de sua humanidade. O livro guarda em seu bojo, disponíveis e protegidas, as percepções mais entranháveis da aventura humana: a lembrança, a ocorrência, a premonição.

O livro é convergência na medida em que, no mesmo projeto, reúne cultura e educação: a cultura enquanto educação não-formal, e a educação enquanto cultura essencialmente formal. Todo desempenho pedagógico, toda política de educação, passa ou deveria passar pela cultura, inevitavelmente, pelo livro. Foi assim, desde as sociedades desinformadas às sociedades progressivamente informadas. Será cada vez mais assim nas sociedades informatizadas, destinadas a rezar pelo "evangelho digital", segundo a expressão cunhada por Hans Magnus Enzensberger. Daí, a necessidade da leitura poliglota, a urgência de desmontar o dispositivo excludente do monolingüismo.

A leitura logo se afirma como o encontro de alfabetos em divergência, palavras "babelizadas", ligações difíceis com o cotidiano de cada um de nós – a nossa esperança militante na qual coexistem memória e esquecimento. A leitura no singular, tal como se praticava na época da alfabetização à força, nunca se desfez da herança autoritária que estigmatizou nossa história comum. No pólo oposto, ou na contracorrente, a leitura revela-se como o mais livre regime de parceria, insolitamente regido por contratos abertos. É, então, quando ela atinge o seu estágio mais avançado e transforma o leitor em co-autor.

Tudo isso não poderia acontecer sem a iniciativa ou a cumplicidade de bibliotecas cidadãs. No entanto, é necessário prestar muita atenção: o poder das bibliotecas é um poder silencioso. As bibliotecas não falam alto; eu quase diria que simplesmente murmuram, e nem por isso deixam de ser ouvidas. Em seu recinto, ao longo de seus corredores, fantasmas persuasivos e seres perplexos empenham-se em decifrar a indecisa verdade dos homens. Disso tinha plena consciência um certo diretor da Biblioteca Nacional de Buenos Aires, o inventor de linguagens que nos acompanhará para sempre: refiro-me a *Jorge Luís Borges*. O mesmo que, naquela célebre Biblioteca, diante do saguão onde havia um espelho, recusou a constatação predominante da finitude. "Eu prefiro" – disse ele, e nós repetimos – "sonhar que as superfícies polidas representam e prometem o infinito." Borges, *el hacedor, el memorioso,* confiava-nos seu ensinamento sobre o livro, a leitura e a biblioteca.

Preâmbulo

Frances Albernaz

Reflexões Sobre os Caminhos do Livro. Qual é a sua situação, hoje? Esta coletânea de diferentes perspectivas sobre o lugar do livro pelo mundo afora inscreve-se no âmbito da pesquisa interdisciplinar denominada – e que visa iluminar – os *Caminhos do pensamento no alvorecer do terceiro milênio*[1].

Se este objeto que é o livro acabou por estruturar nossas percepções, nossos modos de pensamento e nossos comportamentos, qual é então seu papel na construção de nossas diferentes culturas? Eis uma tendência global que alguns haveriam de qualificar como "pós-letrada", caracterizada por uma espécie de "hiperletrismo" e, ao mesmo tempo, por um novo gênero de "iletrismo", que estaria em via de condicionar o destino do livro e o da leitura. Enquanto o livro ainda tem a percorrer um grande número de universos, é exatamente nos espaços em que ele já havia conquistado o direito de cidadania que surgem canais por meio dos quais se difunde uma forma aliciante de comunicação multimidiática, imediata, interativa...

[1] PORTELLA, E. *Chemins de la pensée*: vers de nouveaux langages. Paris: UNESCO, 2000. (La bibliothèque du philosophe).

Qual será, então, o destino do livro? Se vier a aventurar-se pelo labirinto da Teia mundial, irá perder-se nela ou conseguirá renascer com novo alento? Haverá algum motivo para estabelecer uma oposição entre livro real e espaço virtual? À uniformidade da produção de massa sucede uma diversificação dos produtos realizados em séries limitadas. Exatamente onde o livro abunda, ele corre o risco de desaparecer por causa de seus excessos: "Quanto maior o número de obras, tanto menor é a tiragem". Nos dois casos, o mergulho do livro no espaço digital apresenta-se, para alguns, como sua salvação. No entanto, se a Teia revela-se uma temível livraria e já se apoderou do livro, será que podemos dizer que a leitura encontra verdadeira firmeza no entrelaçamento das infovias? Será que, nesse espaço infinito, as bússolas estão correndo o risco de perder o norte, ou seja, os editores que ajudam o leitor a orientar-se na produção escrita e a biblioteca, local em que esta produção é oferecida ao olhar do leitor em uma hierarquização à medida dos homens? Será que o autor está correndo o risco de ser despojado de seus direitos, de sua existência?

Como se adapta o livro ao "novo nomadismo" promovido pelos últimos avanços tecnológicos? O espaço virtual parece que promete uma melhor fecundação da sociedade civil internacional e, ao mesmo tempo, ameaça o espaço público com uma fragmentação cada vez maior. Nesta situação, alguns vêem perfilar-se uma Torre de Babel invertida, um espaço bagunçado, irrefletido, indiferenciado, ensurdecedor. Outros discernem nesse estado de coisas um livre-câmbio de saberes e percepções – em que a produção de relações prevaleceria sobre as relações de produção – ou ainda o embrião do livro de amanhã – senão aquele que reunirá todos os saberes, aquele pelo qual as culturas poderiam, finalmente, falar-se e compreender-se. Convém interrogarmonos se a comunicação instantânea está votada a embaralhar toda identidade coletiva, fortalecer uma mensagem única, ou se ela pode, pelo contrário, promover a expressão de múltiplas identidades, graças ao aperfeiçoamento da tradução automática, por exemplo. De qualquer forma, esta nova "sociedade de redes" constitui um mundo de abastados e de excluídos.

O livro estaria na iminência de tornar-se um instrumento pedagógico superado? Ninguém pode contestar sua contribuição inestimável para o desenvolvimento de relações menos desiguais, pelo fato da educação generalizada, prodigalizada por ele. Por sua vez, a Internet facilita o ensino a distância. Entretanto, como fazer uma leitura refletida de sua estranha arquitetura e como decifrar a ciberpublicação, suscetível de ser alterada, em qualquer instante, tanto por seu autor quanto por outras pessoas? O desafio consistiria em saber preparar todo o mundo para receber, selecionar, editar e difundir um volume infinito de informações de origem incerta.

Eis um percurso, simultaneamente, abrupto e sinuoso que se desenha, se dirigimos um olhar crítico sobre a história do livro, sem esquecer a ambigüidade de suas incidências sobre o espaço democrático, dos balbucios da leitura silenciosa, passando pela emergência do livre-arbítrio e indo até as raízes do individualismo que predomina na sociedade moderna. Individualismo e presentismo impelem a uma busca de autonomia, esquecimento e imortalidade, criando uma ruptura com o passado. Não é inútil interrogarmo-nos sobre o papel do escrito em relação ao poder persuasivo da imagem e ao poder da expressão oral, já defendida por Platão como indispensável ao debate.

O livro tem o dom da palavra: fala para e de nós. Talvez, tenhamos o tempo de ouvi-lo dizer, não sem ironia – à semelhança de Mark Twain ao ler seu elogio fúnebre na rubrica necrológica de um jornal –, que as notícias a respeito de sua morte eram amplamente exageradas.

ABSTRACT

This reader focuses on the present and future of the book. Post-modern societies, with the virtual space opposed to the real space, pose important challenges to the Gutenberg galaxy. On the one hand, new forms of communication have emerged, leading to attracting, revolutionary processes. On the other hand, the book, a pre-industrial good that became later an industrial product, is a sort of competitor in an increasingly diversified network of communication. Furthermore, a global trend is featured by the coexistence of a sort of hyperliteracy with illiteracy. The plethora of communication means have become the literacy training much more complex, involving different modalities. However, at the same time, it seems that book reading is in decline. What would then be the future of the books? This work analyses primarily the role of the books in the global dialogue among cultures and develops the issue in four parts: the *locus* of writings in the construction of culture; the importance of the library for the thinking process; the relations between the book and present societies; and the perspectives for reading. Therefore, this is a prospective, multicultural analysis of the book and the responses it may provide to the complex challenges of global societies.

O livro no diálogo global entre culturas

Zygmunt Bauman

No meu tempo de estudante em Varsóvia, meu professor de Lógica defendia uma rara corrente de Filosofia a que dava o nome de "reísmo" (do latim *res*: coisa). Pelo menos, em sua mente, tratava-se de um gênero de Filosofia relacionada com o senso comum (*commonsensical*), terra-a-terra e nitidamente orientada para a disputa refinada, globalmente esotérica, entre os defensores de uma concepção do mundo "materialista", por um lado, e, por outro, "idealista". Os "reístas" reconheciam a factualidade, óbvia e empiricamente dada, das coisas; mas nada além de coisas. As proposições, objetos principais da investigação lógica, eram coisas como quaisquer outras, e isso era tudo o que havia a dizer sobre sua "realidade" ou "substancialidade" – insistia meu mestre quando eu o interrogava. "Elas existem", dizia ele, "como uma camada de tinta ou de chumbo sobre a superfície do papel, ou como as ranhuras na pedra ou as seqüências de ondas hertzianas." Eis o que, para mim, era difícil de aceitar, quando eu era um jovem estudante, e ainda continua sendo atualmente, como professor aposentado... Não haveria algo a mais em uma frase ou proposição do que alguns pingos de tinta? E ainda mais: será que a natureza de uma proposição sofre mudanças em função da cor da caneta que utilizo? Meu amigo, o erudito Leszek Kolakowski sublinhava, em compensação, que os mitos não são coleções de palavras, mas de personagens humanos e animais, de suas relações e atos; eis a razão pela qual eles puderam ser relatados, são narrados e continuarão a sê-lo, ininterruptamente, de maneiras bastante diferentes. Eles "permanecem os mesmos", embora as histórias passem por alterações. Eu achava essa opinião muito mais aceitável e não somente no que se referia ao mito – embora este apresente particular importância –, porque se trata de um material mais antigo, além de ser o mais ubiqüitário, utilizado na maneira como as histórias contadas pelos seres humanos entre si eram constantemente modeladas. Na época, eu acreditava – e, ainda hoje, acredito – que o "sentido" e a forma em que esse sentido é "comunicado" podem ser opressivos, a ponto de determinarem influências recíprocas; de qualquer modo, conservam uma parte importante de autonomia, na medida em que cada sentido pode ser expresso de diferentes maneiras. Em uma proposição, existem outras coisas além dos rabiscos em uma tabuleta de argila ou das manchas de tinta em uma folha de papel; ademais, eles não foram necessariamente modificados quando uma caneta substituiu o cálamo.

Esse episódio, oriundo de um país longínquo e de outro século, não mereceria ser rememorado ou relatado, se não tivesse saído do esquecimento com todo o seu frescor virginal e também com uma surpreendente atualidade, quando li, no cotidiano parisiense *Le Monde*, de 13 de maio de 2000, a resenha assinada por Roger Chartier sobre a Conferência Internacional dedicada às deploráveis circunstâncias que atingem o livro e suas perspectivas, organizada algum tempo antes, em Buenos Aires, pela Câmara Argentina do Livro. Tive a estranha impressão de reencontrar meu professor de Lógica, já falecido há muito tempo, com sua canção bastante familiar; mas, desta vez, duplicada em numerosos exemplares, transcrita para várias vozes e entoada em coro...

Em primeiro lugar, um certo Dick Brass, vice-presidente da Microsoft, abriu a reunião esboçando um quadro detalhado a respeito do óbito iminente do livro e do seu funeral. Por volta de 2015, disse ele, o conteúdo integral da Biblioteca do Congresso dos Estados Unidos da América terá sido transcrito eletronicamente; em 2018, será publicado o último número impresso de um periódico. Da mesma forma, a partir de 2019, o verbete "livro" nos dicionários deverá trazer a seguinte definição: "Importante obra escrita, geralmente acessível por intermédio de computador ou de equipamento eletrônico pessoal". Como era previsível, sua declaração provocou um certo pânico entre os editores presentes, totalmente ocupados em produzir objetos que – acabavam de ouvir dizer – estavam destinados a ser jogados, em uma ou duas décadas, nas latas de lixo da história. Mas o que tornou a notícia ainda mais alarmante foi o fato de que, realmente, parecia existir alguma correspondência entre a mensagem anunciada pelo pessoal da Microsoft e a própria experiência dos editores. Embora a 26ª Feira do Livro de Buenos Aires (um dos mais importantes eventos desse tipo na América Latina, ao lado das feiras promovidas nas cidades de São Paulo e Guadalajara), que se efetuou em maio de 2000, tenha atraído quase um milhão de visitantes, a situação da produção editorial argentina não cessou de piorar: pequenos editores independentes são rechaçados do mercado, daqui em diante dominado pelos produtos de algumas empresas gigantes, oriundas de fusões ou tomadas de controle, tais como Prisa-Santillana, Planeta ou, ainda, a sucursal sul-americana do império Bertelsmann. Pior ainda, a demanda por produtos dos editores está em queda livre. Com exceção de alguns clássicos, tais como as reedições de Borges ou de Cortázar, ou os textos de algumas celebridades do porte de García Márquez, os autores teriam sorte (e ficariam felizes) se a venda de seus livros viesse a passar a barreira dos 1.000 exemplares (ver o relatório de *Le Monde des livres* de 26 de maio de 2000). A Conferência da Câmara Argentina do Livro havia reunido mais de 700 representantes da indústria do livro de 70 países e a maior parte deles teve a oportunidade de compartilhar as apreensões de seus anfitriões argentinos. Parecia que Dick Brass e seus associados haviam colocado o dedo em dolorosas feridas que machucavam todo o mundo ou, pelo menos, todos aqueles que estavam presentes; eles propunham uma explicação digna de crédito sobre a doença, mesmo que o remédio prometido parecesse a um grande número de ouvintes muito mais atroz e repugnante do que a enfermidade que deveria ser curada...

Então, logo depois da intervenção do já citado porta-voz da Microsoft, Jerome Rubin e Joseph Jacobson, integrantes do Media Lab (Laboratório da Mídia), do Massachusetts Institute of Technology (MIT), levantaram-se para informar a platéia de que os testes com uma "tinta eletrônica" e um "papel eletrônico" – que, juntos, permitiriam a transferência eletrônica de textos sem a mediação de computadores e dariam aos leitores a impressão de estar virando as páginas de um "verdadeiro" livro – tinham chegado a seu termo e que, em breve, esses produtos estariam disponíveis no comércio. O campo dos representantes da Microsoft mergulhou em estado de profunda agitação; a vida póstuma do livro que, segundo expectativa deles, ficaria em sua posse exclusiva, parecia escapar-se por entre seus dedos. Após breve confusão e profundo exame de consciência, a Microsoft sugeriu ao Media Lab do MIT que fundissem suas previsões e compartilhassem o espólio da implosão da "galáxia de Gutenberg" por meio da união de forças, a fim de elaborarem projetos comuns de substituição do livro impresso.

A maior parte das pessoas que participaram da Conferência de Buenos Aires ficou provavelmente com a impressão – exatamente o que teria acontecido com o meu professor de Lógica se estivesse presente – de que havia testemunhado um debate sobre o futuro do livro; de que, daí em diante, esse futuro estava sendo distribuído entre a Microsoft e o Media Lab do MIT; e de que sua evolução dependeria, em última instância, de qual dos protagonistas/antagonistas envolvidos mostrasse maior determinação, engenhosidade ou habilidade para impor suas próprias idéias.

Assim, qual dos dois cenários, se for o caso, será suscetível de ser encenado? Pessoalmente, eu estaria inclinado a responder, à semelhança de Rhett

Butler em *E o vento levou*: "Francamente, não dou a menor importância!". O assunto pode realmente apresentar um extraordinário interesse para Bill Gates e todos aqueles que preferem achar, por si mesmos, a mina de ouro, em vez de deixar o trabalho para os concorrentes, até mesmo sob pena de inculpação por prática de monopólio. No entanto, contrariamente ao que eles gostariam que pensássemos, o futuro do livro não será influenciado pelo que eles venham a fazer ou não. Não é a tecnologia da edição ou da distribuição que determinará se o livro vai tecer (ou, em um mesmo ímpeto, desfazer) vínculos entre as comunidades humanas, nem qual será seu lugar em nossas culturas compartilhadas ou separadas, na forma e no conteúdo de nossa humanidade. Não estou insinuando que faltem elementos inquietantes em todas essas situações. O que pretendo dizer é que as questões tão calorosamente debatidas em Buenos Aires pela Microsoft e pelos diretores do Media Lab do MIT, assim como por tantos outros que, na ocasião, fizeram eco a tais concepções, não constituem o verdadeiro motivo de nossa inquietação.

Desde o seu começo, e muito tempo antes que ele tivesse tomado a forma que ficou associada à sua imagem nos últimos séculos, o livro tem sido, acima de tudo, uma narrativa relatada em perpétuo diálogo com a experiência humana. Assim como afirmou Walter Benjamin: "A experiência transmitida ao pé do ouvido é a fonte em que se desalteraram todos os contadores de histórias. E, entre aqueles que colocaram suas narrativas por escrito, os maiores são aqueles cujo texto está menos afastado da fala dos inumeráveis contadores de histórias anônimos. Aliás, convém estabelecer a distinção entre estes últimos dois grupos bem diferentes que, com toda a certeza, se interpenetram de múltiplas maneiras. A figura do contador de histórias só toma plenamente corpo se for representada sob um desses dois aspectos"[2]. "Quem viaja tem algo para contar", diz o pro-

[2] BENJAMIN, W. Le conteur. In: OEUVRES 3. Paris: Folio Essais, 2000. p. 116-117.

vérbio que, portanto, descreve o contador de histórias como alguém que fez viagens. Contudo, da mesma forma, escutamos de bom grado aquele que, ao ganhar honestamente seu pão, permaneceu em sua terra natal e conhece as histórias e as tradições da própria região. Se pretendermos ter uma representação desses dois grupos sob as características de seus protótipos arcaicos, podemos dizer que o primeiro encarnar-se-ia no lavrador sedentário, enquanto o segundo identificar-se-ia com o navegador comerciante. (No entanto, gostaria de fazer observar que não é qualquer livro – e, por maior razão, não é qualquer espécime de uma coleção de páginas encadernadas sob a mesma capa – que merece ser descrito dessa forma. Como foi sugerido, há muito tempo, pelo fundador da moderna filosofia das ciências – refiro-me a Gaston Bachelard –, a ciência surgiu no momento em que os livros científicos deixaram de levar em consideração a experiência humana comum, tal como o trovão ou uma panela com água fervente, para referirem-se, em compensação, a experimentos que não faziam parte da prática cotidiana "dos leitores", ou a uma proposição feita por outra testemunha de um acontecimento analogamente esotérico. Por outras palavras, a ciência surgiu quando foi cortado o cordão umbilical que ligava a experiência dos cientistas à experiência comum, "profana". Eis a razão pela qual as publicações científicas não serão levadas em consideração neste trabalho: há muito tempo que foi rompido o diálogo entre as publicações científicas e a experiência comum; além disso, a comunicação entre elas não está em jogo, aconteça o que acontecer na esfera da tecnologia editorial.)

A prática da narrativa alimentou a experiência comum do mundo que, por sua vez, alimentou a narrativa. Eis a razão pela qual o cenário da conversação acabou por deixar sua profunda marca sobre a história relatada. Assim como foi sugerido por Franz Rosenzweig, contrariamente ao pensador abstrato que não pensa, nem fala, senão para si mesmo e, por este motivo, "conhece de antemão seus pensamentos", o pensador que fala nada pode antecipar e deve ser capaz de esperar porque "depende das palavras dos outros", depende de alguém "que não tem apenas ouvidos, mas também uma boca". O que está em questão em uma conversação não é a transmissão de uma verdade categórica de alguém que a conhece para alguém que ainda não a conheça. Como dizia William James, "a verdade ocorre a uma idéia – sua validade é o processo de validação". Portanto, podemos dizer que o encontro entre um locutor/leitor e um leitor/locutor é o verdadeiro espaço de tal verificação.

O relato e a audição de histórias forjaram, assim, um vínculo entre os dois protagonistas, vínculo que os manteve intimamente associados durante a negociação que envolve a verdade da experiência humana. Foi o restabelecimento repetitivo desse vínculo no ritual da reiteração que forneceu a base cognitiva necessária à idéia de continuidade e de filiação – "a aparência familiar" de experiências compartilhadas, herdadas e pertencentes em comum àqueles cujas práticas não haviam sido compartilhadas: eis o que era tranqüilizador, reconfortante, além de atenuar ou encobrir as frustrantes incertezas da vida. (Essa, talvez, seja a razão pela qual as crianças, sempre em busca de "filiação" – para encontrarem um lugar seguro em um mundo não familiar, em certo ponto assustador –, adoram que lhes seja contada sempre a mesma história que já sabem de cor.) Assim, ocorreu que, durante todo o tempo em que a narrativa de histórias permaneceu oral, havia para cada grupo de pessoas um número limitado de relatos suscetíveis de ser narrados em sua presença e, portanto, ouvidos por seus integrantes. E para retomar a distinção proposta por Walter Benjamin, podemos dizer que o tipo de relato predominante – por assim dizer, o único narrado e ouvido – era "a narrativa do lavrador", a história de alguém "que tinha permanecido em sua terra natal, ganhando a vida honestamente, e que conhece as narrativas e as tradições locais". Só ocasionalmente é que a série dessas "narrativas de lavradores" era interrompida por "narrativas de navegadores", relatadas por ou ouvidas de "alguém que vinha de longe". Podemos pressupor que esse desequilíbrio desempenhou um papel determinante na manutenção da continuidade e da identidade particular do grupo. Em ampla medida, "a filiação ao grupo" – o fato de ser "alguém", enquanto distinto de "eles" – significava estar atento às mesmas narrativas e, raramente, para não dizer nunca, ouvir outras histórias.

Com o advento da "galáxia de Gutenberg", essa situação, talvez, pudesse ter passado por algumas modificações ou, pelo menos, ter criado condições para uma mudança. Impressas e vendidas, as narrativas poderiam circular, daí em diante, sem os contadores de histórias, assim como transpor as fronteiras que estabeleciam uma separação entre "nós" e "eles", de forma mais fácil do que teria sido conseguido pela maior parte dos contadores de histórias; as narrativas dos "navegadores" deixaram de ser marginalizadas pelos "lavradores". Este fenômeno deve ter sido o começo do que, muito mais tarde, seria designado por "comunicação transcultural". Embora o verdadeiro impacto da mudança não tivesse sido sentido imediatamente após a invenção da máquina impressora, ele se tornou visível graças a uma revolução social e não tecnológica: a generalização da alfabetização que, em breve, deveria ser seguida (como era previsível em razão da perfídia do mercado, sobejamente conhecida) por impressões de baixo custo.

Uma das mais fatais conseqüências da nova mobilidade das narrativas foi a relativa emancipação de sua composição e narração, em relação à experiência vivenciada dos leitores. Na "era da comunicação oral" – em que a memória humana era o único apoio e abrigo das narrativas –, cada ouvinte era também potencialmente um contador ou um recontador de histórias; os dois personagens envolvidos no diálogo eram intermutáveis. Mas tudo isso deixou de ser possível, na medida em que as narrativas passaram a circular, essencialmente, sob a forma impressa, enquanto seus autores permaneciam ao longe; além disso, entre os contadores de histórias, apenas aqueles que conseguiam imprimi-las é que podiam contar com um número significativo de ouvintes que se haviam tornado, de fato, leitores. Deixou de ser necessária a correspondência entre o círculo dos leitores e o de "filiação". Tal situação poderia revelar-se um benefício mitigado para os contadores de histórias, uma vez que já não podiam apostar na harmonia preestabelecida do diálogo; em compensação, tinham a possibilidade – que concretizaram – de transformar esse destino, um tanto desconcertante, em uma ocasião exaltante para superar, ou simplesmente transgredir, aspectos da experiência compartilhada com os leitores. Desde então, as realidades sociais elevaram-se ao mesmo plano atribuído por Hannah Arendt à arte: "Adicionar algo ao mundo". Adicionar – introduzir no mundo algo que não existia nele anteriormente e não poderia ser encontrado se não tivesse sido introduzido nele – é um ato que se distingue nitidamente do ato de conservar na memória o que já havia sido dito, e é mais do que dar uma forma articulada ao que já havia sido vivenciado, embora ainda não expresso.

"Enriquecer o mundo" representava um perigo para a continuidade e o particularismo do grupo que era esse mundo. O livro, que adicionava algo ao mundo, não exibia uma vez mais seu auto-retrato familiar; ele perturbava a ordem das coisas em vez de preservar intata a forma que ela havia assumido previamente. Ele poderia entrar em contato com a concepção recebida a respeito do mundo ou, em determinado momento, instilar a dúvida sobre sua pretensão exclusiva à verdade. Em vez de ser, como anteriormente, um instrumento de continuidade e de separação, o livro tornou-se o fermento da auto-reflexão e da mudança. Os guardiães da coesão do grupo e os defensores da ordem não poderiam deixar de pressentir o perigo da livre circulação das narrativas. A arte havia se tornado subversiva – e não por livre escolha do artista; esta escolha, convém reconhecer, tornou-se sobretudo a escolha da conformidade, a submissão tranqüila ao poder constituído e que pretendia ser o único intérprete da tradição e da história populares. Quanto ao período da edificação das nações, com suas cruzadas culturais para promover a unidade da língua, das tradições, do panteão e da concepção do mundo, ele iria tornar-se e tornou-se efetivamente – e, por assim dizer, por toda parte – a época da censura. Nem todo o "aditamento ao mundo" era bem-vindo; particularmente mal percebidos, eram os aditamentos trazidos por agentes que nada tinham a ver com os plenipotenciários dos poderes que presidiam à implantação do processo de edificação das nações.

Mas o que, precisamente, o livro – seja em relação com as outras artes ou por si só, à sua maneira inimitável – adiciona ao mundo e, particularmente, ao *Lebenswelt* do leitor? O que aparece nesse *Lebenswelt*, graças ao ato de ler, esse algo que, sem ele, não estaria presente e faria falta ao mundo que tem necessidade disso? Ainda nesse aspecto, isso depende dos dois parceiros do diálogo – aquele que conta as histórias e seus ouvintes –, além de passar por alterações à medida que os parceiros vão mudando.

Milan Kundera foi um dos raros comentaristas que, na condenação pronunciada pelo defunto aiatolá Khomeyni contra o escritor Salman Rushdie, perceberam não somente um ataque contra a liberdade de expressão artística duramente conquistada durante o longo combate contra a censura, mas um malefício muito mais profundo, atingindo até mesmo as raízes da civilização moderna. O veredicto de Khomeyni era particularmente abominável porque o golpe não era dirigido apenas contra um escritor que havia cometido um erro, mas também contra o romance que, na opinião de Kundera, é o objeto mais precioso, mais humano, no tipo de sociedade em que vivemos. De fato, sem este aditamento, o mundo que é o nosso seria certamente muito mais pobre, menos humano, menos suportável e tolerável, até mesmo não teria condições de existir. O romance introduz no mundo o momento de auto-reflexão, desprendimento, ironia e sorriso contra o qual lutam consideráveis poderes que, de bom grado, o condenariam ao exílio, se justamente o romance não lhes criasse obstáculos a tal condenação. "Esta arte inspirada pelo sorriso de Deus", observa

Kundera em seu livro *La Théorie du roman* [A teoria do romance], "é, por natureza, oposta às certezas ideológicas; ela chega mesmo a contradizê-las. [...]. À semelhança de Penélope, ela desfaz todas as noites a tapeçaria que os teólogos, filósofos e homens cultos haviam tecido no dia anterior." De fato, como ela é um mediador entre as diversas experiências humanas que acaba por abalar as certezas de cada uma delas, a ficção artística desempenha o papel de uma contracultura irônica e irreverente que se opõe à cultura tecnocientífica e burocrática da modernidade, cultura assombrada pela obsessão da ordem, por classificações meticulosas, por hierarquias severas, pela conformidade às regras e pela disciplina rígida. A ficção artística protege a liberdade conquistada a duras penas e redime a imaginação e a audácia humanas; em um mundo submerso em um combate da usura contra a contingência, a ambivalência e o mistério, o romance é um treino perpétuo na difícil, embora profundamente necessária, arte de viver sob condições de incerteza, em companhia da diversidade e entre uma variedade de formas de vida.

No entanto, nem todos os pensadores contemporâneos têm a mesma opinião de Kundera. Por exemplo, existe uma concepção completamente oposta nos escritos de Umberto Eco (ver, em particular, seu livro *Six promenades dans la forêt de la fiction* [Seis passeios pelos bosques da ficção]), para quem o valor da ficção artística reside no fato de ser um antídoto contra as evidências abaladas pela experiência cotidiana: o romance é uma ilha de certeza tranqüilizadora no cerne dos mares turbulentos da dúvida e da insegurança. Não existe nenhuma dúvida sobre o fato de que Scarlett O'Hara casou-se com Rhett Butler. Margaret Mitchell mantém o controle incontestável do enredo e, sem a menor hesitação, podemos depositar mais confiança em sua história do que em qualquer outra narrativa que nos chega neste mundo de controvérsias barulhentas, belicosas e generalizadas – incluindo as asserções feitas em nome da ciência que estão alcandoradas em um grande amontoado de pressupostos que, em sua maior parte, continuariam desconhecidos e incompreensíveis se ninguém viesse garantir-nos sua existência. Podemos assim dizer que, segundo Eco, o valor do romance reside em seu potencial terapêutico ao desempenhar o papel de um tranqüilizante bem-vindo, proteção oferecida a nossos nervos dolorosamente postos à prova e sem mais resistência...

Quem tem razão nesse debate? Talvez cada uma das duas narrativas relate uma parcela de uma verdade que tem necessidade de ambas as histórias para ser verdadeira. É tentador pressupor que Kundera e Eco representam as experiências de duas gerações diferentes que viram o dia em duas regiões diferentes do mundo moderno: uma, a de Kundera, amadureceu à sombra da ameaça do totalitarismo e da opressão uniformizante, em um mundo no qual a liberdade era o componente mais cobiçado e o mais cruelmente ausente de uma vida humana digna desse nome; enquanto a outra, a de Eco, resplandecente, ensurdecida, desconcertante e entregue ao alarido da "cultura de cassino", com seus referenciais em constante flutuação, com poucas regras, para não dizer sem regras, em um mundo que se revelava, ao mesmo tempo, imprevisível, arriscado e perigoso, e no qual a liberdade era um fato consumado e não uma conquista, enquanto a segurança e a autoconfiança eram, entre os valores humanos, aqueles que faziam sentir sua falta de forma mais cruel. No entanto, cada uma das experiências salienta os diversos aspectos desse fenômeno bífido com cabeça de Janus, tal como é o livro. No romance, cada uma esperava, procurava e encontrava diversas histórias – diversos gêneros de serviços que supriam diferentes lacunas e acalmavam diferentes tormentos.

Quais são os serviços que o livro é suscetível de prestar ao nosso tipo de sociedade? Qual gênero de serviços ele pode oferecer e, se esse for o caso, que gênero de serviços pode ser esperado por seus leitores? Para responder a estas questões, talvez, tenhamos de pensar menos nas mudanças tecnológicas da produção e distribuição do livro do que seria desejável para os profetas da revolução eletrônica; talvez, convenha examinar de mais perto a natureza mutável do mundo em que vivemos, assim como as mudanças na maneira de experimentá-la.

Em *Le monde de l'avenir* [O mundo do futuro], caderno especial do diário parisiense *Le Monde* publicado no início do novo século, Jean-Pierre Langellier justapõe duas visões de nosso planeta, tal como este evoluiria nos anos vindouros. Uma dessas visões é extraída do romance de Serge Lehman, *F.A.U.S.T.*, cuja ação situa-se em 2095, em um mundo governado pelos "grandes poderes" dos impérios industriais e comerciais. Um cinturão de "aldeias" metropolitanas, afortunadas e gozando de todo conforto estende-se ao longo da "aléia Darwin", completando a volta do globo. Esta estreita franja de abundância é limitada por outro cinturão – desta vez, sanitário –, por uma *no man's land* abandonada, que serve de divisa em relação à "selva", território do não-direito, sem lei, e da pobreza desesperançada, habitado por 6 bilhões de criaturas miseráveis e desprovidas de tudo. Neste mundo, os bem-sucedidos optaram por evitar qualquer intercâmbio com os outros, tendo garantido, previamente, para seu uso exclusivo, as melhores regiões do planeta; as classes que, outrora, coabitavam, agora tornaram-se sociedades separadas e romperam com qualquer tipo de comunicação entre si. A outra visão provém das profecias sobejamente lidas e calorosamente debatidas de Samuel Huntington, a qual minimiza as desigualdades sociais, ao mesmo tempo que prediz um abismo profundo e intransponível entre as civilizações, cujo número é fixado por ele em 7 ou 8 (já que não está bem certo a respeito do futuro da África). Segundo o ponto de vista desse autor, os "universais" ideológicos, políticos, artísticos e tecnológicos seriam incapazes de superar os fossos entre as civilizações, *a fortiori*, de nivelá-los ou encobri-los. Fortificadas e rodeadas com muralhas em seus respectivos enclaves territoriais, as civilizações acabariam por se enfrentar apenas no campo de batalha. A despeito de suas diferenças, trata-se de visões marcadas por uma ruptura incurável e irreversível. Enquanto Huntington denuncia o "engodo" da globalização e anuncia a impossibilidade categórica de sua realização em virtude das divisões permanentes do gênero humano, Lehman leva à sua conclusão lógica as tendências separatistas da globalização "tal como a conhecemos" – globalização dos poderes econômicos, financeiros e comerciais, desiguais e desenfreados, em virtude da planetarização das instituições políticas e do controle democrático (que permanecem tão locais quanto anteriormente). O principal efeito deste tipo de globalização consiste em acentuar as diferenças nas condições e padrões de vida. (Mesmo assim, aqui, convém assinalar que as diferenças culturais e a fragmentação política parecem evoluir na direção oposta: enquanto em 1850 o globo estava dividido em 44 nações, atualmente, contamos com 193 Estados "soberanos" e cerca de outros 30 que alimentam tal aspiração; por outro lado, prevê-se que, das 6.000 línguas faladas por todo o planeta, aproximadamente a metade desaparecerá antes do final deste século; além disso, atualmente, 95% delas são faladas por apenas 4% da população global.) A lacuna de Huntington é provocada pelo colapso da comunicação que não pode ser reparado. A ruptura de Lehman é induzida pelo fato de que os ricos deixaram de se interessar pelos pobres, de modo que ninguém pretende aliviar a sorte deles, enquanto os pobres não têm a menor ilusão a respeito de uma eventual mudança de atitude por parte dos ricos. Em ambos os casos, vislumbra-se, no final de cada uma das duas vias, não a unidade ou a universalidade da condição humana, mas uma ruptura abissal.

Lehman e Huntington produziram "distopias" que colocam em evidência os medos explícitos ou tácitos de nossa época de globalização. Suas visões são advertências e não profecias, sem mesmo falar de "predições científicas" (a pretensa "futurologia" ocupa-se de forma contrafactual da regularidade e da legalidade do processo histórico a fim de pronunciar-se sobre o futuro; no entanto, por definição, o futuro não existe – trata-se de um "não-ser". Na medida em que ela não fornece nenhum objeto acessível empiricamente, a idéia de uma "ciência do futuro" é um oxímoro, uma contradição em seus termos). A previsão dos dois autores pode, de fato, tornar-se realidade, mas não estamos em condições de dizer, com algum grau de certeza, se isso ocorrerá ou não. A história é determinada por atos humanos; por sua vez, o futuro é indeterminado enquanto não se tornar um novo presente. Os dados estatísticos podem autorizar, com toda a certeza, extrapolações lógicas, mas a história humana primou sempre em desafiar as probabilidades estatísticas. Não podemos dizer qual dos cenários imagináveis (ou inimagináveis por essa mesma razão, como uma sociedade sem escravos foi inimaginável para Aristóteles ou uma sociedade sem realeza, para Bossuet) tornar-se-á o presente por vir. Resta-nos tentar impedir que o verbo da "distopia" se torne carne.

No entanto, encontramos também outros cenários nos debates em curso. Ao lado das "distopias" existem utopias, visões de beatitude universal, de emancipação final do potencial criativo humano e de verdadeira autonomia do indíviduo, de um desmoronamento decisivo das barreiras entre os povos e seus tesouros culturais, de modo que as fronteiras são abolidas ou tornam-se permeáveis – idéias de uma vida saudável livremente intercambiada, acessível a todos e desejada por todos com a intenção de conseguir uma partilha universal da harmonia conquistada. A esperança também se exprime: mais cedo ou mais tarde, chegaremos a nos conformar com a diversidade e a pluralidade do mundo e de seus habitantes; haveremos de considerá-las como uma possibilidade e não mais como uma ameaça e, talvez, até mesmo, à tolerância da diversidade, acrescentemos a solidariedade para com o outro e para com aquele que é diferente. Se o futuro não está predeterminado (e não está!), então está aberto; talvez, não "totalmente aberto", "sem limites", mas, com toda a probabilidade, mais aberto do que estamos dispostos a admitir. Cabe a nós garantir que não seja desleixada, nem negligenciada, nenhuma possibilidade que, por meio desta abertura, venha contribuir para um destino melhor para a humanidade.

O livro, o fato de contar histórias "que dêem sentido" à experiência humana, desempenha um papel capital neste jogo dos possíveis. Que me seja permitido citar, ainda outra vez, Franz Rosenzweig: "Se Lutero tivesse falecido em 30 de outubro de 1517, toda a audácia de seu comentário sobre a Epístola aos Romanos não teria passado da extravagância de um escolástico tardio". No entanto, sabemos que ele não faleceu nessa data e que, no dia seguinte, estava pregando suas 95 teses na porta da igreja de Wittenberg. Foi graças a este ato, conclui Rosenzweig, que "a vida complementou a teoria e a tornou verdadeira". Foi no mesmo espírito que Rosenzweig viu seu próprio *opus magnum, L'étoile de la rédemption* [A estrela da redenção]; em si mesma, a mensagem deste livro não era "verdadeira". No entanto, em suas conseqüências, poderia tornar-se verdadeira, ser "verificada" na vida e pelos seres vivos. De qualquer forma, não teria tido essa oportunidade se não tivesse sido escrita, publicada e lida.

Essa possibilidade de verificação e, concomitantemente, da emergência do verdadeiro sentido da experiência humana – em si mesma, confusa, desconexa e opaca, privada de sentido óbvio – é uma das tarefas do livro tornada, em nossa época, talvez mais evidente do que nunca; no entanto, esta mesma época tornou a execução desta tarefa, igualmente, mais difícil do que anteriormente. Atribuir a culpa às novas tecnologias de publicação seria um grave erro. A dificuldade que está em causa diz respeito ao livro e, de modo mais geral, "ao fato de relatar" sob todas as formas: no papel, tela ou escrito com "tinta eletrônica". A dificuldade está intimamente associada à natureza mutável de nossa experiência e, especialmente, às mudanças na maneira como vivemos nossas vidas e, por conseqüência, ao mundo no qual elas são percebidas e se relacionam entre si.

O tempo presente difere daquele em que a forma clássica do livro, e do romance em particular, era florescente por razões essenciais. Julgo que um desses numerosos aspectos reveste-se de particular relevância em relação à questão que nos preocupa, a saber: a marca registrada de nossa época que é a fragmentação da vida em uma série de episódios relativamente autônomos, acoplada à percepção do fluxo do tempo como uma seqüência de acontecimentos relativamente autônomos. A conseqüência dessa dupla fragmentação é o "curto-termismo" que afeta, ao mesmo tempo, a vida pública e a vida individual.

Segundo um *slogan* difundido por uma estação de rádio francesa, RTL, "como o café, a informação só é boa quando é quente e forte." Estamos, efetivamente, submersos em informações que nos são servidas como se se tratasse de café – bastante fortes para atenuar o sabor da alimentação consumida anteriormente e, de tal modo quentes, a ponto de nos impedir as sensações de qualquer outra experiência. Mas também elas esfriam rapidamente e desaparecem das manchetes dos jornais impressos e televisivos antes mesmo que seu gosto tenha sido inteiramente saboreado, muito menos avaliado. Se as informações sobre o mundo nos são servidas como café, a rapidez de sua chegada e de seu desaparecimento deixa augurar o fim da compreensão: cada parcela de informação é eliminada por uma outra antes mesmo de ter sido absorvida; e como não são assimiladas, elas não podem ser integradas a uma cadeia significativa de acontecimentos. Por essa razão, qualquer acontecimento deve forçosamente "superar-se" a si mesmo, e o sentido do todo é negligenciado por aqueles que estão em perpétua busca do novo evento.

Os acontecimentos, noticiados com destaque pela mídia e, simultaneamente, sepultados por ela no esquecimento, criam realmente, por um breve período, seu próprio "público", por sua vez, efêmero, que se dispersa com uma rapidez tão grande quanto aquela em que se constituiu, sem nada acrescentar à sua própria coesão. Trata-se também de um público guiado por diversas orientações, reunido de maneira extrínseca; ele não é "orgânico", já que não é chamado à existência e mantido por um diálogo contínuo. Ao partir dessa experiência particular do "público", é extremamente difícil, até mesmo impossível, moldar a imagem do "interesse público" ou de algo relativo a isso, tal como a idéia de uma sociedade justa, de justiça social ou de ética em política. Do mesmo modo que o fio de uma vida vivenciada como uma série de episódios cuja ligação é bem frágil, assim também é extremamente difícil tecer a trama de um "projeto de vida", sem mencionar o projeto de uma "vida inteira". O mundo nos é oferecido como um contêiner repleto de acontecimentos para consumo imediato, sob os holofotes e de uma só vez. Em tal mundo, o sentido da vida aparece como uma série de episódios, em que cada um deve ser consumido de modo semelhante.

É neste entrelaçamento do mundo fragmentado e da vida fragmentada que o livro enfrenta seu maior desafio. Como pode o livro ajudar, e isso é possível, a cortar este nó górdio tão particular? E enquanto o nó permanecer bem apertado, como parece estar ocorrendo neste momento, o livro poderá manter um diálogo criterioso com a experiência humana, o que é a condição *sine qua non* de qualquer serviço que ele possa vir a oferecer?

A força do livro reside em sua capacidade totalmente específica de ligar a biografia à história, o privado ao público, o individual ao social, os momentos vivenciados ao sentido da vida. Este trabalho de síntese é difícil de apreender em um mundo que renunciou ao pensamento consistente e de longo prazo; sua significação (de fato, seu caráter indispensável) tende a escapar aos habitantes deste mundo. Nossa atenção desloca-se depressa demais para nos permitir fazer uma pausa e refletir; donde o fato de que a demanda por textos que ofereçam tal possibilidade não cessa de diminuir. Os próprios livros mudam seu lugar no mundo concreto de nossos contemporâneos: eles passam do universo da iluminação para o universo do entretenimento, deixam de ser valores duradouros para se tornarem objetos de consumo. Ainda pior: neste mundo que dividiu sua própria história em acontecimentos, os livros podem confiar em seu poder de atração se vierem a transformar-se em acontecimentos; daí, o paradoxo do crescente aumento de público das "Feiras do Livro", corolário da rápida queda do número de leitores. Esta transformação do livro em acontecimento é confirmada pelo culto devotado às listas de *best-sellers*, pelos "livros quentes" lidos por "todo o mundo" e que decoram a mesa da sala de "todo o mundo", para serem retirados na semana seguinte, uma vez que passaram de moda, preteridos pela lista dos novos *best-sellers*. Em vez de combater os perigos da fragmentação e da "transformação em acontecimento" da concepção do mundo e da vida humana, os livros transformados em acontecimentos cooperam com tal processo. Trata-se realmente da transformação radical dos padrões de vida sociais que tornou o livro "aceitável" para a "realidade virtual" flexível, caleidoscópica e proteiforme da rede eletrônica, e não o contrário.

Com toda a certeza, os livros enriqueceram o mundo, mas nunca o haviam feito a partir de fora. Eles sempre fizeram parte do mundo e esta é precisamente a razão pela qual o aditamento oferecido por eles pôde ser assimilado. É perfeitamente natural que os membros do mercado editorial tenham tendência a conceber seus produtos em função dos problemas que venham a surgir no decorrer da produção. No entanto, em nosso mundo globalizado, o destino do livro não depende das tecnologias de impressão, nem pode ser explicado por elas ou por qualquer outra coisa relacionada com o mercado editoral. Os livros estão condenados a compartilhar a sorte das sociedades das quais fazem parte. Quando pensarmos em livros, pensemos, em primeiro lugar, nas sociedades. Quando estivermos inquietos com o futuro dos livros, consideremos, antes de tudo, com maior atenção a sociedade e suas tendências. Para tornarmos os livros mais adaptados à sociedade em que vivemos, estejamos vigilantes para evitar que a sociedade se torne inadaptada aos livros...

Parte 1

O lugar do escrito na construção da cultura

1.1

A palavra, a escrita e o sujeito

Georges B. Kutukdjiam

Fala e escrita são indissociáveis e concomitantes, se a escrita é definida como representação da simbolização; de fato, ao configurar a passagem do mesmo para o outro pressuposto pela fala, ela designa a passagem do idêntico para o diferente. Se a fala é um processo de constituição do sujeito falante, como foi demonstrado por Roman Jakobson, então, a escrita representa esse processo constitutivo do sujeito. A escrita não poderia reduzir-se à transcrição das línguas faladas. Marcas repetidas, representação de marcas de mãos ou pegadas, vestígios de passagem, marcas no corpo e pinturas corporais, estigmas de filiação, escarificações, inscrições, glifos, pictogramas, ideogramas, imagens estilizadas, desenhos, grafites, signos, algarismos, letras, a escrita simboliza a ausente presença do outro; ela representa a alteridade no sujeito, mostra a morte ao sujeito.

Nem por isso, fala e escrita são consubstanciais. Se a fala está na origem da identidade de um sujeito singular como inscrito em um grupo que compartilha a mesma língua, por sua vez, a escrita é fundadora da identidade do sujeito universal ausente. Desde sua aparição, a escrita imprime um movimento – da mão, do corpo – paradoxal de descentramento e enraizamento do sujeito. Ela impõe sua indelével subjetividade e permite seu apagamento. Nesta passagem da fala para a escrita, qual é o ganho e/ou a perda de sentido e de liberdade?

Em primeiro lugar, a escrita apresenta-se como uma captação do tempo no espaço da matéria, um desvio e uma transgressão do tempo. As pinturas corporais acompanham um acontecimento, uma festa ou um ritual sazonal; escandem um tempo curto e, à semelhança deste, são efêmeras. As pinturas corporais cadiuéu, caiapó ou carajá, confeccionadas para um período mais ou menos longo de um ritual, estabelecem vínculos com o mundo dos espíritos. A escrita é mediação entre os tempos e os espaços, no caso concreto, espaço humano/espaço sobrenatural. As escarificações vão além desse tempo curto; carregam a marca perene de uma cerimônia de iniciação e inscrevem na carne do sujeito uma passagem entre dois tempos: o da infância que está deixando, para o tempo da idade adulta a que está chegando. Elas constituem – principalmente na África – um sinal de identidade da pessoa, já que podem designar, ao mesmo tempo, sua filiação étnica e sua localização geográfica. Pinturas corporais e escarificações estão relacionadas com o tempo da existência humana. As tabuletas de argila com inscrições cuneiformes falam, igualmente, desse tempo. Por constituírem, freqüentemente, letras promissórias ou inventários comerciais, elas estão votadas a desaparecer, uma vez concluída a transação. Por sua vez, as inscrições nas estelas de pedra, mármore ou granito são destinadas à descendência. Motivos paleolíticos ou genealogias dinásticas, pela própria repetição do traçado em um suporte – seja figuras de animais ou listas de antepassados –, indicam a vontade de representar diversos tempos: tempo da dança, do cotidiano, do sazonal, dos ciclos da vida humana, do infinito. Por si só, a busca de diferentes suportes da escrita mostra, com toda a evidência, que o ser humano coloca sua engenhosidade a serviço de seu desígnio em construir o tempo e conferir-lhe sentido. Como será possível não ver, por exemplo, no selo régio cilíndrico, a capacidade de escrever ilimitadamente um nome ou uma invocação desde que o cilindro venha a ser desenrolado em uma superfície permeável? O desenho inscrito no cilindro é finito, mas o texto pode repetir-se indefinidamente, limitado unicamente pelo próprio suporte.

Em segundo lugar, a escrita tem efeitos irreversíveis que a fala não consegue provocar. A escrita desloca, ao mesmo tempo, o autor e o leitor, enquanto sujeitos. Por um lado, o autor, permeado por seu escrito, é transformado por este porque tem necessidade de assumir o ato da escrita que continua sendo um delito inverificável. Por outro, o leitor é transformado por tal ato; de fato, o que lhe é oferecido para ver e/ou ler leva-o a interrogar-se sobre sua própria apreensão ou leitura do mundo; ora, essa relação com o espaço-tempo da leitura já o deslocou em sua subjetividade. Não é verdade que Gide afirmava que o caráter próprio de um livro era levar o leitor para fora do lugar onde o havia encontrado?

Em terceiro lugar, a escrita cria uma memória adicional, exterior ao sujeito; serve de intermediário para a memória, mas, ao mesmo tempo, a congela. Enquanto a fala garante à memória sua plasticidade, sua reorganização possível ao sabor das formulações, a escrita formaliza a memória, embora, ao mesmo tempo, a liberte.

A. **A escrita como descentramento**

De saída, a escrita manifesta-se como a simbolização do conceito; antes de tudo, tratou-se do conceito matemático. Os primeiros fragmentos de escrita descobertos – glifos maias ou escrita cuneiforme em tabuletas de argila – são, de fato, textos aritméticos, maneiras de contar; a Matemática e seus símbolos são abstrações absolutas. Por exemplo, o zero é um conceito formulado na Índia; no sentido tangível do termo, não tem existência. Assim como ninguém viu ou pode ver o infinito, o mesmo ocorre com o zero; um algarismo não pode ser visto a não ser por escrito. Posso enxergar uma maçã, mas o algarismo “um” é conceito cuja representação só pode ser feita por escrito. O conceito implica a representação simbólica, é claro, matemática, mas também metafísica: é o caso das narrativas fundadoras que representam a origem como conceito.

Memória coletiva e memória individual estão interligadas. A transmissão oral permanece um ato em que o recitante assume o discurso no qual se reconhece uma comunidade, do qual uma comunidade se apropria. É precisamente pelo fato de que o contador de narrativas de natureza coletiva acaba apagando-se em sua recitação que, paradoxalmente, em razão do caráter efêmero de seu desempenho, ele parte da trama da narrativa – algumas vezes, chamada "mitema" – para construir versões diferentes, como foi o caso dos trovadores da Idade Média ou dos contadores de histórias na Arábia. Em compensação, a passagem para a escrita congela a narrativa na matéria e a torna perene. Ainda neste aspecto, paradoxalmente, embora a inscrição constitua um ato essencialmente individual, o gravador ou o transcodificador é desapossado de sua autoria pelo texto escrito. Simone de Beauvoir comparava as grandes obras a "grandes totens abandonados". A epopéia de Gilgamesh, constituída por fragmentos escritos, é a sua mais brilhante ilustração. No entanto, trate-se de mitos e de provérbios transmitidos pela tradição oral, como as genealogias africanas e australianas, ou ainda de inscrições funerárias ou de epopéias fundadoras que perduram na tradição escrita, a mesma distância existe entre o sujeito da enunciação e o sujeito do enunciado. A escrita manifesta-se na vacilação do objeto narcísico; quanto mais a fala dissimula o sujeito pelos efeitos de sedução sobre a platéia, tanto mais o sujeito, pela escrita, expõe-se a uma perda de seu próprio amor e corre o risco de uma perda irreversível.

B. A escrita como enraizamento

À semelhança da busca de Ísis pelo corpo despedaçado de Osíris, a escrita faz um trabalho de memória e reconstrução. Ao permitir a representação do conceito – em primeiro lugar, matemático –, a escritura abre o caminho para a simbolização metafísica, para a narrativa fundadora da qual, afinal de contas, o sujeito está forçosamente ausente já que, muitas vezes, aquele que fala é aquele que será o fundamento de tal narrativa. Ao fundar as instituições da época babilônica, a epopéia de Gilgamesh pode, uma vez mais, servir de ilustração. O sujeito é desapossado da autoria pela escrita. Por ela, a fala singular de um sujeito torna-se um discurso de natureza universal que escapa a qualquer sujeito. O interlocutor "virtualiza-se" e a platéia se torna cada vez mais ampla. Desde então, o sujeito jubila em sua transgressão do espaço e do tempo porque situa-se na continuidade de uma comunidade que compartilha a mesma língua (passado), contribui para sua formação sempre renovada (presente) e funde-se em sua presumida trajetória (futuro).

Ao mesmo tempo, poderíamos extrair desta leitura que a escrita – desde as letras promissórias aos textos sagrados – inscreve o sujeito no espaço (comunidade) e no tempo (história). O escrito foi um processo e um propulsor extraordinariamente poderoso, tanto para a identificação de um povo, de uma etnia ou de uma comunidade com sua própria língua quanto para sua apropriação dessa língua. Eis a razão pela qual, muitas vezes, a língua escrita é percebida como um juramento certificado e, por si só, a língua é sagrada em grande número de culturas. É o caso, em particular, da língua árabe, língua do Corão, que, além de sua dimensão de língua formalizada em um texto revelado, reveste-se de um caráter de juramento de lealdade por parte do indivíduo em relação à comunidade. Eis a razão pela qual também podemos constatar que, no decorrer de deslocamentos, o fato de ignorar sua própria língua, mesmo que se trate de uma língua minoritária ou em via de extinção, equivale a uma traição, em grande número de sociedades.

C. **Um duplo movimento**

A escrita institui um duplo movimento: imprime e, ao mesmo tempo, apaga. Ela imprime o sujeito em sua comunidade, mas acaba por eliminá-lo de seu seio. Ela imprime a identidade de uma comunidade, mas é também pelo escrito que essa comunidade se elimina, em primeiro lugar, porque o escrito visa, por definição, ao universal e subtrai-se a qualquer "comunitarização"; em seguida, porque uma comunidade deve reapropriar-se, em cada instante, de sua identidade, concebida a partir de uma língua. Cada dia que passa aumenta a necessidade de consolidar e preservar a memória da diversidade das expressões culturais e, acima de tudo, das tradições orais, das línguas que, atualmente, ainda se contam aos milhares e que não cessam de desaparecer, mas também dos provérbios que expressam as normas e os valores de uma cultura, os rituais, as danças etc. No entanto, já é tempo, igualmente, de que tenhamos uma visão da educação que esteja à altura das expectativas de nosso tempo e não simplesmente uma visão do ensino, mas da educação em sentido amplo[3]. Estou pensando em uma educação sem clivagens disciplinares artificiais que poderia introduzir-se nos interstícios de nossa ignorância, nos labirintos de nossas incompreensões, para deslocar as fronteiras dos conhecimentos e das impressões, para evitar os monolitismos corporativistas. Somente tal educação estaria em condições de ensinar os jovens a refletir de maneira crítica, a evitar considerar como adquirido seja lá o que for, principalmente em relação à imagem. Para Freud, o fascínio da imagem provém da pulsão escópica, ou seja, da pulsão de ver; sem dúvida, trata-se de uma das pulsões mais arcaicas, em termos de formação do sujeito. Convém que a educação proceda de modo que todos os jovens aprendam a desconstruir a imagem a fim de recompô-la.

No palco do livro, cruzam-se e correspondem-se, há muito tempo, as vozes das línguas escritas e faladas, línguas minoritárias ou majoritárias, línguas que se estiolam ou línguas persistentes, línguas que se reconstituem

[3] Um verdadeiro projeto educativo está ainda por se elaborar, embora já seja possível encontrar indícios em DELORS, J. (Org.) *Educação:* um tesouro a descobrir. Relatório da Comissão Internacional sobre a Educação para o século XXI. São Paulo: UNESCO, Cortez, 1999.

ou desaparecem. No entanto, nos dias de hoje, estão surgindo novos atores: linguagens artificiais e computadores acrescentam uma dimensão econômica ao enredo a partir do qual se entabula o diálogo entre a memória humana, que reivindica a riqueza de seu passado, e a memória eletrônica, que faz prevalecer sua infinidade. Essa peça de teatro não tem desfecho, já que estamos sempre em via de escrevê-la.

1.2

Parábola do livro na cultura global

Francisco Delich

A mundialização, tão apregoada no decorrer da última década do século XX, não é fenômeno recente[4]. A ocupação da América por parte dos espanhóis e portugueses instalou uma ordem mundial que coincidiu com a invenção da máquina impressora, anunciando a difusão em massa que o livro iria conhecer ao longo dos séculos seguintes. Convém lembrar que, anteriormente, os livros eram escritos e ilustrados à mão. Tratava-se de um produto da inteligência e habilidades individuais e manuais, de um registro que conservava os códigos de vida e a memória dos povos.

Para a América, com seus soldados e padres, os espanhóis e portugueses trouxeram também livros, objetos estranhos para os nativos. Instalados no sul do continente, envolvidos com a catequização dos índios, os jesuítas não lhes impuseram línguas estrangeiras, nem utilizaram os textos sagrados que traziam consigo, na maior parte dos casos, em latim, mas também em outros idiomas europeus. Ao fim de um século, eles constataram que as palavras não eram suficientes para consolidar a obra de catequização; além disso, era necessário pensar na instalação e organização teocrática da economia e da so-

[4] Eis o que demonstra FERRES, A. *Historia de la globalización 2.* Buenos Aires: Fondo de Cultura Económica Argentina,1996.

ciedade indígenas. Mais do que uma simples conversão, os jesuítas empenharam-se em levar os índios a abraçarem definitivamente o cristianismo; a nova moral religiosa e o acesso à cultura ocidental exigiam algo mais permanente do que os sermões e os ritos.

A verdade encontrava-se na Bíblia e este objeto – o livro –, em virtude de seu caráter sagrado, era interdito aos profanos. O Livro Sagrado não era acessível às tribos a quem era pregado o evangelho, por razões lingüísticas. Nesse caso, os jesuítas tomaram duas decisões: estas merecem, aliás, um reconhecimento mais amplo porque seus vestígios e conseqüências subsistem ainda hoje, quatro séculos depois. Eles decidiram, em primeiro lugar, catequizar nas próprias línguas dos autóctones: aimará, quéchua e guarani. Em seguida, decidiram colocar os textos sagrados à sua disposição no próprio idioma indígena. Para tal fim, tinham necessidade de uma prática de tradução para essas línguas, assim como de um espaço a partir do qual fosse possível educar as elites locais por quem desejavam ser aceitos. Foi assim que, na Argentina, em 1613, fundaram a Universidade de Córdoba, que, no decorrer do século XIX, por ocasião da independência do país, foi secularizada e colocada sob o controle do Estado provincial e, depois, nacional.

A grande biblioteca da atual Universidade Nacional de Córdoba acolhe uma impressionante coleção de livros que acompanhou a expansão jesuíta até sua expulsão da América Latina, no século XVIII. Assim, é possível seguir facilmente a aventura do Livro Sagrado no continente americano. Ao primeiro catecismo – uma edição trilíngüe em espanhol, aimará e quéchua que, durante dois séculos, serviu para facilitar a integração entre os povos evangelizados e seus evangelizadores – deve-se o fato de que a Bolívia e o Peru adotem, hoje, oficialmente, o bilingüismo; o mesmo acontece com a edição do catecismo em língua guarani, no que diz respeito ao Paraguai, país igualmente bilíngüe.

Nos anos de 1584 e 1585, foram publicadas várias obras: *Doctrina Christiana y Catecismo para instrucción de los Indios y de las demás personas que han de ser enseñadas en nuestra Santa Fe; Con un confesionario y otras cosas necesarias para los que doctrinan, que se contienen en la pagina seguiente; Compuesto por autoridad del Concilio este Catecismo incluye un segundo Catecismo para instrucción de curas, de indios y un tercero para la expansión de servicios* [Doutrina cristã e catecismo para a instrução dos índios e das demais pessoas que hão de ser instruídas em nossa Santa Fé; Com um confessionário e outras coisas necessárias para aqueles que catequizam e se encontram na página seguinte. Compilado em virtude da autoridade do Concílio, este catecismo compreende um segundo catecismo para a instrução dos padres e dos índios, além de um terceiro para a expansão dos serviços]. As bases teológicas desse excepcional catecismo foram estabelecidas por um Congresso Provincial dos jesuítas, reunido em Lima em 1583.

Esses primeiros livros, oriundos de outro povo e, portanto, incompreensíveis para os índios, tornaram-se um pouco mais decifráveis para eles ao serem traduzidos para sua própria língua, contribuindo assim para consolidar uma parábola histórica. Esses livros – e ainda outros – iriam legitimar o protesto dos autóctones e sua insurreição contra os ocupantes; vulgarizados, os livros sagrados iriam integrar-se à sua identidade coletiva, tendo contribuído para que os colonizados se rebelassem contra a antiga ordem colonial, sustentada no analfabetismo e, sem dúvida, na coerção.

Quando o Estado moderno definiu-se no Ocidente como uma instituição laica, os livros sagrados foram relegados para a vida privada dos crentes. Outros livros ocuparam seu lugar, sem terem chegado a substituí-los. Esses novos livros contribuíram, então, para definir a identidade, não mais de uma tribo, mas de uma nação. De qualquer forma, os livros e a palavra participaram, em primeiro lugar, da independência e, em seguida, da formação dos cidadãos. À medida que se afirmavam os progressos da industrialização e uma tomada de consciência pelas sociedades em relação à importância da educação universal, o livro civilizador foi difundido e acolhido de braços abertos por diferentes públicos.

Foi, então, que surgiram os paradoxos de uma parábola desconcertante, porque, nas nossas sociedades contemporâneas, lê-se cada vez menos. Nos

Estados Unidos da América, segundo dados divulgados pela imprensa, os alunos passam 1.100 horas por ano na escola, contra 1.500 em frente do televisor. Na Argentina, cálculos razoavelmente confiáveis mostram que os alunos do ensino fundamental passam, no mínimo, 4 horas por dia assistindo à televisão, ou seja, um período de tempo superior ao que passam na escola. Assim, nos países avançados e emergentes, temos um número cada vez maior de alfabetizados, os quais lêem cada vez menos. Por quê? É, sem dúvida, porque nos limitamos a ensinar a leitura e a escrita na antiga tradição de recepção passiva da compreensão dos signos, evitando o entendimento do sentido. Todos sabem ler e escrever, dispondo de uma ferramenta formidável para compreender a vida, a sociedade, os códigos explícitos e implícitos. No entanto, a capacidade para a leitura crítica e estimulante permanece adormecida.

Enquanto escrevo estas linhas, estamos recebendo, no âmbito da "Primeira Olimpíada de Leitura" para os alunos do ensino médio, mais de 2.000 resenhas críticas de livros; essas resenhas são interessantes, algumas fascinantes, mas dizem respeito apenas a 1% dos alunos em condições de participar. Enquanto o livro está em plena expansão industrial e ao alcance de todos, somente uma discreta minoria sente a necessidade de ler e expressar-se sobre o que lê.

O segundo paradoxo diz respeito ao mercado. Disponíveis em edição de bolso, populares e abordáveis, acompanhando a edição dos jornais diários com ampla difusão nacional e regional, os livros estão ao alcance econômico de setores da classe média, cujo poder de compra continua sendo limitado. No entanto, a venda de livros está em queda. É certo que as desigualdades sociais não ajudam a fortalecer o mercado editorial, mas este fator não é suficiente para explicar tal falta de interesse pela leitura.

Será, portanto, como pensam alguns, a digitalização que coloca em causa a vigência do livro e sua leitura? É verdade que ela permite que, em casa, cada qual disponha de uma biblioteca virtual; em breve, esta deverá superar a capacidade de consulta e absorção de cada usuário. Esse fenômeno observa-se com uma freqüência cada vez maior no mundo inteiro, mas apresenta duas restrições. A primeira é de ordem técnica. Para proteger os direitos autorais e editoriais, é possível que os livros digitalizados não possam ser impressos. Assim, esses livros poderiam ser lidos e consultados, mas não copiados. A segunda restrição é de ordem subjetiva. Esses livros não poderiam reproduzir o prazer estético que coloca em relação de intimidade a mão, o olho e o olhar com o virar das páginas. Ninguém pode confundir o cinema com o teatro; nos dois casos, o prazer pode ser imenso, mas é diferente.

O terceiro paradoxo diz respeito à globalização dos livros. Observa-se uma convergência de preferências; os *best-sellers* transpõem as fronteiras nacionais e regionais. Um estilo planetário privilegia as narrativas neo-históricas, ou seja, a invenção de histórias que jamais aconteceram. Trata-se de uma das formas de eclipsar a memória dos povos. Os livros resistem a essa invasão de um estilo que não corresponde aos países nem às suas histórias. A globalização da cultura avança, mas não pertence a ninguém. Os livros hesitam e os leitores também. No entanto, se o livro, seja qual for sua forma, é necessário para a globalização em sua etapa atual, como se trata particularmente de um veículo privilegiado da nova cultura, não deixa de ser um suporte institucional do Estado. Os livros de lendas, os livros poéticos, os livros em que as nações se identificam continuam sendo livros, da mesma forma que aqueles que as sociedades trocam entre si para se reconhecerem.

Quem são, neste caso, os inimigos do livro? Provavelmente, e em primeiro lugar, a desvalorização da palavra e o fortalecimento do fetichismo dos gestos. A palavra está em desvantagem diante da linguagem gestual, assim como está perdendo seu valor social. Aos poucos, as sociedades abandonam a distinção entre forma e conteúdo, entre consciente e inconsciente, entre objetivo e subjetivo; somente conta a aparência primeira, sem preâmbulos nem conclusão, que se esgota em sua própria reiteração.

Em segundo lugar, e de forma quase correlata, um pragmatismo banalizado que se dispõe a eliminar todo debate de idéias. Quando surgem as críticas discursivas, começa imediatamente uma desvalorização. O alvo não é a crítica em si mesma, nem seu conteúdo nem seu estilo, mas a idéia, o próprio conceito. O objetivo consiste em questionar a utilidade de qualquer discurso controverso. O próprio fato de debater é considerado perigoso para o "bom senso" dominante. Nestas condições, para que servem os livros se eles carregam o debate em seu bojo?

Em terceiro lugar, finalmente, uma conseqüência necessária e infeliz derivada dos dois aspectos apontados anteriormente: o pensamento único. A história já nos tem advertido reiteradamente sobre as conseqüências e o destino da liberdade quando o pensamento único se instala nas sociedades. O pensamento que se difunde neste momento com a globalização é, provavelmente, mais sutil do que nunca. O pensamento único não se desloca entre outros pensamentos, mas conforma em si mesmo um enorme vazio, fenômeno a que estamos assistindo, sem esboçarmos qualquer reação, por enquanto.

1.3

A literatura e o livro no contexto cultural ugandense

Goretti Kyomuhendo

Talvez tenha sido por apresentar um tão magnífico cenário de planaltos e colinas em um quadro de elevadas montanhas que, outrora, a paisagem ugandense chegou a ser descrita por Sir Winston Churchill como "a pérola da África". Uganda é um país relativamente pequeno e encravado na extremidade oriental do continente africano. Perto de um quinto de seu território é banhado por água, em particular pelo Lago Vitória, o maior do mundo e nascente do rio Nilo. Em virtude de seu excelente clima, com temperaturas amenas durante todo o ano e chuvas abundantes, transformou-se no lugar predileto de uma extraordinária variedade de plantas e animais. Antes da independência, em 1962, o essencial da vida social girava em torno da unidade familiar ampliada e das instituições tradicionais fundadas no culto dos antepassados. Pastoralismo, agricultura, caça, pesca e extração de minério de ferro representavam as principais atividades econômicas. Antigo protetorado britânico, atualmente, Uganda utiliza o inglês como língua oficial, sem nenhum idioma propriamente nacional. Sua população é estimada em cerca de 21 milhões de habitantes, dos quais 51% são mulheres; 90% vivem em regiões rurais e perto de 40% são iletrados.

Nessas condições, o que se deve entender por literatura ugandense? Se tomarmos como ponto de partida uma hipótese de trabalho, poderíamos dizer que se trata de uma literatura escrita por e para ugandenses, em qualquer uma das línguas utilizadas em Uganda. Definição que exclui, no entanto, os clássicos ugandenses tradicionais que foram concebidos para uma transmissão ao pé do ouvido. O surgimento da escrita em Uganda pode ser situado no momento da publicação da Bíblia "Biscuit Tin", de Mackay (um missionário branco europeu), em língua luganda em 1887. Animado essencialmente por concepções espirituais, esse texto – como as outras publicações dos missionários posteriores – desempenhou, mesmo assim, um papel determinante ao sensibilizar os ugandenses para a palavra escrita. Podemos afirmar que, em Uganda, o fato de ler e escrever está associado, historicamente, à propagação da religião. Assim, por exemplo, as pessoas instruídas pelo catecismo da fé católica recebiam, simultaneamente, ensino da leitura e da escrita. É interessante observar que os convertidos a novas religiões eram chamados os *abasomi* – termo que significa "leitores" e, ao mesmo tempo, "freqüentadores da Igreja".

Desde então, a atividade literária continuou a desenvolver-se, graças aos jornais e periódicos redigidos nos idiomas locais (em particular, o luganda) e impressos por missionários cristãos; aliás, esse movimento foi acompanhado por considerável avanço na educação e alfabetização. Assistiu-se à criação de institutos de estudos superiores, entre os quais o Makerere College, fundado em 1922. Nessas instituições, foram produzidos escritos importantes e significativos; no que diz respeito à atividade editorial, existia uma política sistemática de incentivo à escrita e à publicação de livros nos idiomas locais.

No entanto, o ponto de referência que fez data ocorreu em 1966 com a publicação, em inglês, de *Song of Lawino* [Canção de Lawino] de Okot p'Bitek, um manifesto cultural que, até hoje, continua sendo a obra literária mais conhecida de Uganda. Além de ter incentivado seu autor a escrever outras "canções", tal sucesso inspirou também um grande número de imitadores do gênero e parece ter sido a origem de uma florescência de textos redigidos em inglês que perdurou até a década de 1970. Infelizmente, em razão das atrocidades do governo de Idi Amin e de outros governantes, essa tendência inverteu-se no final dessa década e no início da década de 1980; durante esse período – os "anos do silêncio", segundo a expressão forjada por um reputado professor e escritor –, Uganda foi reduzida a um "deserto literário". Alguns escritores foram assassinados, muitos partiram para o exílio e ainda outros foram simplesmente reduzidos ao silêncio. Escrever era uma atividade "em estado de sítio", e os editores estrangeiros deixaram o país.

A atmosfera tornou-se mais respirável na década de 1990. A saúde mental foi restaurada e, desde então, a paz tem prevalecido em Uganda. No entanto, um dos acontecimentos mais significativos no cenário literário ugandense foi o surgimento de editoras locais e de uma nova geração de escritores, em sua maioria, mulheres. Apesar disso, a literatura criadora escrita por mulheres permaneceu pouco visível, fato a ser imputado aos editores, responsáveis pela seleção dos manuscritos destinados à publicação. Eis a razão que levou à criação, em 1996, de uma associação ugandense de mulheres escritoras – FEMRITE –, cujo objetivo consiste em publicar e promover a produção literária feminina. A FEMRITE já permitiu a publicação de mais de uma dezena de livros escritos por mulheres; desde então, já foram criadas outras dez editoras locais, assim como cinco editoras estrangeiras.

Lenta, mas seguramente, emerge uma pretensa "classe média", cujos filhos lêem livros e os respeitam. No entanto, isso não significa que o livro já tenha conquistado a posição que lhe cabe de direito. No contexto cultural ugandense, manifesta-se um fenômeno relativamente recente: à semelhança do que ocorre em grande número de sociedades africanas, enraizadas nas tradições orais, o livro – conceito introduzido pelos missionários – é considerado, muitas vezes, como uma intrusão do estrangeiro. Essas sociedades tradicionais atribuem um preço mais elevado à vida em comum do que à idéia de "individualismo", contida na atividade solitária da leitura de livros. Como é demonstrado, com toda a evidência, pelo ritual dos funerais, casamentos e cerimônias de iniciação, os africanos sempre tiveram tendência a prestar maior atenção ao que é executado pelos diferentes membros da comunidade, fazendo as coisas juntos, seja em família, seja com os amigos ou colegas. Portanto, a leitura de livros continua a ser considerada uma atividade que isola, ameaçando destruir ou dilacerar essa cultura da partilha e do estar juntos que, ao mesmo tempo, é um componente e faz parte integrante da maneira de viver dos africanos. Meus pais, por exemplo, durante minha educação, ficavam inquietos com meu exagerado interesse por livros, temendo que, por causa disso, eu me tornasse introvertida; do mesmo modo, um de meus amigos, que não faz outra coisa senão ler, é ironicamente apelidado de "Professor". Além disso, e até hoje, as principais fontes de distração e de informação na Uganda pré-colonial – narrativas, recitais poéticos, música, dança, dramas e provérbios – ainda desempenham um importante papel; por sua vez, os meios de comunicação de massa continuam incomparavelmente mais acessíveis, mesmo que os livros e os periódicos – considerando-se o acesso restrito às novas tecnologias – tenham conseguido e estejam ganhando uma amplitude cada vez maior.

Escusado será dizer que, entre outros, o analfabetismo e a pobreza são sempre fatores que dificultam sobremaneira o desenvolvimento da leitura. Na África subsaariana, a taxa de analfabetismo relativa à população com idade superior a 15 anos é estimada em 45%; além disso, 80% dos habitantes continuam a subsistir abaixo da linha de pobreza, com cerca de U$ 1 por dia. Nunca será demais sublinhar a questão da prioridade a ser enfrentada quando se deve escolher entre a compra de um livro ou de comida. No entanto, a barreira da linguagem constitui, igualmente, um obstáculo desencorajador: a maior parte dos livros existentes na África são redigidos em idiomas estrangeiros, como português, francês e inglês, eliminando assim uma grande parte dos potenciais leitores, que sabem ler apenas em sua língua materna. E como se esses obstáculos não fossem suficientes, o próprio livro, em sua forma tradicional, está sendo agora ameaçado pela concorrência dos meios de informação e entretenimento, como as publicações eletrônicas, a Internet, a televisão etc.

Até que ponto o livro pode, então, continuar a contribuir para a construção cultural? Em minha opinião, não podemos fazer grande coisa contra a tecnologia, nem suspender o "desenvolvimento"; no entanto, podemos popularizar o livro. Para torná-lo mais atraente e acessível – do que ocorre atualmente – aos povos africanos e outras populações, creio que convirá ampliar a definição do que se entende por leitura, incluindo nela a escuta e a partilha. Se alguns livros que foram escritos por e para africanos, como *Song of Lawino* (Uganda) e *Things fall apart,* de Chinua Achebe (Nigéria), tiveram impacto sobre os povos da África e para além do continente africano, é porque levaram em consideração, promoveram e popularizaram a interação, que é tão característica da cultura africana. Em *Song of Lawino,* por exemplo, parece que o autor se dirige a cada um de nós quando escreve: "Homem de meu clã, eu choro / Escuta minha voz: / os insultos contra meu povo estão para além do suportável [...]".

O desafio da responsabilidade pesa sobre cada um de nós. Será que desejamos reinstaurar a "oralidade" africana? Será que, à semelhança de Okot p'Bitek e Chinua Achebe, todos nós temos a possibilidade de escrever? Será que o livro tem condições de impor um equilíbrio entre as novas tendências tecnológicas e as tradições orais africanas?

1.4

Do fim da cultura ao fim do livro

Sérgio Paulo Rouanet

Um poeta brasileiro deflagrou uma acalorada polêmica, há alguns anos, quando declarou que vivíamos uma época "pós-tudo". Hoje, estamos vivendo uma síndrome análoga que poderia ser designada como a época do "fim de tudo" ou, se quisermos ser pedantes, a era do "pan-escatologismo". Estaríamos vivendo o fim da ideologia, o fim da utopia, o fim da geografia, o fim da história, o fim do Estado nacional, o fim do homem e o fim da modernidade, para não falarmos do fim do mundo, anunciado pelas seitas apocalípticas, detentoras do privilégio de Antigüidade sobre o rico tema do fim de todas as coisas. Só não está à vista, aparentemente, o fim do próprio pan-escatologismo, o fim da época do fim de tudo. Sem dúvida, esse estado de espírito, estimulado pela mudança do século e do milênio, talvez se dissipe quando passar a vaga de excitação milenarista.

Entre as diversas coisas que estão acabando, um lugar de honra é reservado ao livro, em face da atual difusão da tecnologia digital. Bill Gates e os outros agentes da "biblioclastia" se regozijam com tal situação e se transformam nos profetas inspirados da deusa Web. Mas, em geral, os intelectuais se horrorizam. Até nisso, manifesta-se o caráter "milenarista" do clima atual; de fato, segundo uma visão tradicional, recentemente desmentida pelos historiadores, a passagem do ano 1000 teria sido acompanhada por fenômenos de histeria coletiva, sob a forma de pânico ou de esperança em uma vida melhor, para além das calamidades da vida presente.

Milenarismo à parte, pergunto-me se é justificada a ênfase colocada nessa angústia relativa ao fim do livro. Seria, realmente, a crise do livro que tanto preocupa nossos intelectuais ou algo que se encontra por detrás dessa crise, a crise da cultura da qual a crise do livro seria, senão um epifenômeno, pelo menos um sintoma? O problema é que, hoje, só se lê James Joyce sob a forma de um livro digital ou que não se lê, de modo algum, James Joyce, seja qual for o suporte dessa leitura? Se a segunda parte da proposição for verdadeira, então, não é o livro que está em crise, e sim a cultura. Por isso, é esta que convém interrogar primeiro, fazendo diagnósticos e previsões sobre seu futuro, sombrios ou otimistas, antes de questionarmos o livro, cujo destino será sempre solidário com o destino da cultura para cuja formação ele contribui e da qual constitui o veículo mais prestigioso.

A angústia suscitada pelo desaparecimento da cultura procede de uma velhíssima atitude, já exibida pelos romanos quando estes deploravam a perda de prestígio da cultura grega, e que se manifestou nos diversos avatares da querela dos antigos e modernos, do século XVII às vanguardas contemporâneas. De maneira geral, as inovações culturais dos modernos eram vistas pelos antigos como ataques contra a cultura clássica e, por extensão, contra a cultura em si. Por sua vez, os modernos não se faziam rogar e se esforçavam por confirmar esses temores. O niilismo dos dadaístas, que pretendiam desarticular as formas tradicionais de expressão artística, ou dos futuristas, que desejavam incendiar os museus, exprime apenas o avesso da velha angústia relativa ao fim da cultura.

Com o advento da modernidade, que consagrou a hegemonia da classe burguesa e pôs em circulação valores mercantis associados ao lucro e ao utilitário, o fantasma do fim da cultura define-se sob uma nova forma, a da oposição entre cultura e civilização. A cultura definia a esfera simbólica – religião, arte, literatura –, enquanto a civilização referia-se ao mundo material, o da economia e da técnica.

Desde o início, essa polarização comportou uma intensa carga ideológica. Na tradição do romantismo alemão, de Herder a Schiller e Hegel, a civilização exprimia a condição fragmentária do homem moderno que, por estar escravizado à máquina e aos valores comerciais, perdeu a visão do todo, da unidade original com a natureza. A cultura – a alta cultura, a cultura clássica – era um meio para corrigir os males da civilização e contribuir para a reconquista da totalidade perdida.

Essa ideologia sofreu um violento deslize nacionalista a partir da Primeira Guerra Mundial. Os alemães acabaram por se considerar o povo da *Kultur*, associada à autenticidade, ao instinto vital, à tradição; além disso, os franceses foram vistos como os protagonistas de uma simples *Zivilisation* que aceitava como inevitável o desmembramento do homem moderno, substituía a história pela razão, baseava-se em valores materialistas e utilitários, além de estar pervertida por um excessivo refinamento que afastava o homem de sua verdade e de sua natureza. Os franceses aceitaram, em parte, essa atribuição, considerando-se, realmente, como os porta-vozes da civilização; no entanto, a palavra tinha para eles um conteúdo positivo. A *civilisation* consagrava a hegemonia da moral e do direito; neste sentido, o país dos Direitos do Homem encarnava a civilização em sua forma mais elevada, enquanto a *Kultur* de além-Reno – os franceses utilizavam a expressão ironicamente, em alemão – era, na verdade, o reino da barbárie.

Assim, o velho *topos* do fim da cultura (ou da civilização) sofreu uma transfiguração chauvinista. Vitoriosa, a "civilização" veria o fim da *Kultur* à maneira alemã, ou, pelo menos, o fim do Ocidente, na linguagem de Spengler. Vitoriosa, a *Kultur* seria o fim da civilização à maneira francesa, consagrando assim o primado da força e do instinto sobre a razão e o direito.

A velha distinção foi retomada pela Escola de Frankfurt, embora em uma óptica marxista. Marcuse utilizou explicitamente a polaridade: o capitalismo seria, então, uma sociedade de massas em que a esfera da civilização teria absorvido a esfera da cultura. A sociedade tornar-se-ia, assim, unidimensional, perdendo sua transcendência na relação com o existente. De modo menos direto, a velha nostalgia pela cultura perdida permeou a crítica contra a indústria cultural, feita por Adorno e Horkheimer. Reduzido a uma simples "civilização", o Iluminismo transformou-se no culto do mundo tal como ele é, sem possibilidade de fazer apelo aos valores ideais que, outrora, habitavam a esfera da cultura e ofereciam tanto um modelo crítico quanto uma perspectiva utópica: uma "promessa de felicidade", segundo a expressão forjada por Stendhal. A angústia suscitada pelo fim da cultura assumia, então, a forma do horror diante do desaparecimento da única instância capaz de oferecer uma exteriorização em relação ao todo social. Os partidários da Escola de Frankfurt eram suficientemente marxistas para saberem que a cultura era um sofrimento sublimado, destilação ideal das relações de violência, mas sabiam também que, sem ela, o homem ficaria submetido irremissivelmente à contingência bruta do que ele é. Eis a razão pela qual Adorno declarou que escrever poesia depois de Auschwitz era um ato de barbárie, mas acrescentou que deixar de escrever seria, igualmente, bárbaro.

Eis o sentido da crítica cultural feita por Adorno e Horkheimer, que combateram a pseudocultura difundida pela indústria cultural, por estar desprovida de todos os elementos de transcendência contidos na alta cultura. Em sua estereotipia, em sua banalidade, em seu aspecto unidimensional, a cultura de massas entroniza o puro entretenimento, bloqueia qualquer reflexão crítica e substitui a utopia de um mundo situado além do existente pelo mito do existente como realização da utopia. Nessa perspectiva, o fantasma do fim da cultura é, na realidade, o da substituição da alta cultura por uma cultura de massas que nada mais é do que o lado lúdico da esfera da "civilização", o mundo da economia e da técnica.

No entanto, o *topos* do fim da cultura passou por uma decisiva modificação nos anos que se seguiram à publicação de *La dialectique de la raison*

[Dialética do esclarecimento]. Nesse período, que coincidiu com o movimento de descolonização, a inimiga tornou-se a cultura metropolitana, e não a cultura de massas. Paralelamente, verificou-se um deslocamento no conceito de cultura: esta já não designava um acervo de saberes, normas e artes, tais como a moral, o direito, a ciência, a filosofia, a música, a dança, o teatro, e sim, *lato sensu*, um conjunto de valores, crenças, símbolos, modos de agir, fazer, pensar. Além disso, o sentido da cultura como "cultura cultivada" foi reprimido e, gradualmente, substituído pelo sentido antropológico. A cultura, no singular, foi substituída por culturas, no plural. Assim, o tema do fim da cultura foi redefinido em termos particularistas, como havia sido elaborado por Herder, em oposição ao tratamento universalista, marxista, que lhe havia sido dado por Adorno. O espectro que assombra o escritor pós-colonial não é o fim da alta cultura, mas exatamente o fim da cultura nacional – entendida em um sentido antropológico amplo – e das diversas culturas nacionais, ameaçadas pelo rolo compressor de uma cultura ocidental hegemônica.

Essa redefinição recebeu um considerável reforço com o termo da guerra fria e o advento do tema da globalização. Nesse caso, tratava-se de proteger a cultura nacional não mais contra a influência da antiga metrópole, mas contra um verdadeiro cataclismo planetário, contra um capitalismo mundializado que transpunha todas as fronteiras e nivelava todas as especificidades culturais. O velho tema adorniano da crítica da cultura de massas não estava ausente porque, finalmente, os produtos culturais que invadiram os povoados mais longínquos de nossos países não eram sinfonias dodecafônicas e quadros abstratos, mas filmes sobre artes marciais e discos de Madonna e Michael Jackson. No entanto, o foco de horror provocado pela globalização cultural é nitidamente diferente; o que assusta – por exemplo, no Brasil – é o fim, considerado iminente, da "nossa" cultura – a dos festivais de bumba-meu-boi[5], rodeios, literatu-

[5] Expressões da arte popular originária do Nordeste brasileiro.

ra de cordel[6], estatuetas do mestre Vitalino[7] – e não o declínio da alta cultura. Antes, o tema do fim da cultura tinha um conteúdo elitista; atualmente, tem um conteúdo xenófobo. O que é considerado como repulsivo na cultura de massas global é o fato de ser global, e não o fato de ser uma cultura de massas.

Sob essa nova aparência, o fantasma do fim da cultura é motivo de inquietação, e com razão, porque o medo que ele evoca pertence ao domínio do que Freud chamava de *Realangst*, o medo não-neurótico que vem da realidade. É um fato que a diversidade cultural está ameaçada pelas pressões de nivelamento oriundas da cultura global. Embora essa dimensão do tema do fim da cultura tenha sido retomada pelos ideólogos do nacional-populismo, é também um fato que a globalização acelerou a generalização da cultura de massas, em detrimento da alta cultura, seja qual for sua nacionalidade; esse é, sem dúvida, o que constitui seu aspecto mais problemático. Mas seria também um fato que o reforço das identidades locais, das tradições locais, das raízes locais seja o melhor exorcismo para afastar essa obsessão?

Em minha opinião, todos esses particularismos são perigosos, porque partem de uma visão ontológica do próprio grupo e tornam absoluta a identidade do Outro, transformando-a em uma essência inimiga e em uma extraterritorialidade irredutível. São máquinas destinadas a fabricar estrangeiros. A proliferação de tais particularismos está em via de transformar nossa sociedade no que um autor chamou de "sociedade heterofílica", votada ao culto da diferença. Ao pesadelo da homogeneização total, ela opõe o pesadelo da retribalização do mundo. Para além de ética e politicamente inaceitáveis, os particularismos dessa espécie são ineficazes para conter o globalismo que, por definição, entrecruza todas as particularidades e se subtrai a todas as jurisdições nacionais.

[6] *Idem.*

[7] *Ibidem.*

Diante de tal situação, o que fazer? A resposta exige uma análise extremamente minuciosa do que entendemos por cultura global. Para isso, permito-me retomar algumas idéias que desenvolvi em ensaios recentes.

A internacionalização da cultura não é um fato inédito na história da humanidade. O fenômeno manifestou-se no império de Alexandre Magno, quando a cultura grega impôs-se; no Império Romano, em que o latim e o grego se generalizaram; no decorrer da Idade Média, unificada pelo uso do latim e por uma religião comum; finalmente, na época das grandes navegações ibéricas, quando o uso do português e do castelhano ligou os diversos continentes. Essa internacionalização conheceu novos impulsos, desde o século XVII, com a entrada em cena de outros atores, tais como a Holanda, a França e a Inglaterra. Mas foi a partir do século XIX que a expansão mundial do capitalismo deu origem à consciência de que uma cultura mundial estava verdadeiramente em via de surgir.

Talvez, a primeira referência a essa cultura se encontre em Goethe. Em uma de suas conversas com Eckermann, ele afirmou que "se nós, alemães, não olharmos para além do círculo estreito do nosso próprio horizonte, cairemos facilmente em um obscurantismo pedante. Por esta razão, gosto de olhar para o que se faz nos países estrangeiros e aconselho a todos que adotem o mesmo procedimento. Hoje em dia, a literatura nacional não significa grande coisa; chegou a hora da literatura mundial (*Weltliteratur*), e cada um de nós deve contribuir para acelerar o advento dessa época".

Além de Goethe, Marx deixou entender claramente que a "literatura mundial" – ambos utilizaram a mesma expressão, ou seja, *Weltliteratur* – funcionava como alusão metonímica à cultura como um todo. E ambos descreveram essa literatura como um fenômeno moderno. É uma pista importante para chegarmos a compreender a natureza da cultura global e para explorarmos os meios que permitam superar suas perversões.

Habitualmente, a modernidade é entendida – segundo a significação que lhe foi atribuída por Max Weber – como o epílogo do processo cumulativo de racionalização, ocorrido no Ocidente a partir da Reforma. Segundo essa acepção, em uma sociedade moderna, as instituições funcionariam melhor do que em uma sociedade pré-moderna. Por essa razão, podemos falar de uma concepção funcional de modernidade.

No entanto, existe um segundo vetor da modernidade que nada tem a ver com a eficiência, e sim com a autonomia. Sua matriz é um projeto de civilização do Século das Luzes que não busca a funcionalidade das estruturas, mas a emancipação dos indivíduos. Essa é a concepção emancipatória de modernidade.

A modernidade é a coexistência contraditória desses dois vetores. Ela é uma prisão, uma *stahlhartes Gehaüse*, segundo a expressão de Weber, mas também uma promessa de autonomia; ela é o reino da racionalidade instrumental que submete o homem aos imperativos do sistema, mas também a prefiguração utópica de uma humanidade mais livre.

Ou seja, a modernidade tende à internacionalização – ou à mundialização – nesses dois vetores. Em seu vetor funcional, ela percebe as barreiras sociais e nacionais como obstáculos para o pleno desdobramento da lógica da eficácia e da rentabilidade. Por conseqüência, a modernidade procura derrubá-las. Em primeiro lugar, ela passa dos particularismos nacionais, que impunham limites à ação do capital, para um espaço mais amplo criado pelo Estado nacional que colocava à sua disposição um mercado integrado. Em seguida, os próprios Estados nacionais tornaram-se demasiado estreitos, e ela supera tais limites, mundializando-se. Eis a globalização.

A modernidade mundializa-se, também, em seu vetor emancipatório porque, sob esse aspecto, ela deriva de um projeto planetário, o do Século das Luzes, que visa à autonomia de todos os seres humanos, independentemente de sexo, etnia ou nação. Podemos chamar de "universalização" a esse movimento de extroversão da modernidade emancipatória.

Os agentes da globalização são os funcionários transnacionais, as elites tecnológicas e burocráticas, os especialistas da comunicação por satélite e, em geral, os "intelectuais orgânicos" do novo príncipe – a "burguesia global". Os agentes da universalização são as organizações não-governamentais, os partidos políticos, os sindicatos, os parlamentares, os governos democráticos, os artistas e os intelectuais críticos que defendem ideais universalistas. A globalização é a união dos conglomerados. A universalização é a união dos povos. Somos os objetos da globalização. Somos os sujeitos da universalização.

A aceleração dos processos de mundialização, em seus dois vetores, implica, em nossos dias, o que poderíamos chamar de sociedade mundial. Trata-se de uma sociedade que ainda é relativamente amorfa porque, neste momento, não dispõe de estruturas políticas. Mas já possui uma cultura própria, irredutível à soma das culturas nacionais. Do mesmo modo que as sociedades nacionais dão origem a culturas nacionais, assim também a sociedade mundial está na origem de uma cultura global.

Ocorre que, sendo o produto dos dois grandes movimentos da mundialização moderna, a cultura mundial contém elementos oriundos tanto do vetor funcional quanto do vetor emancipatório da modernidade. Assim, ela é ambivalente. A cultura mundial é a unidade antagonística de duas culturas: a cultura global, produzida pela globalização, e a cultura universal, produzida pela universalização.

No sentido antropológico a que me referi anteriormente, e segundo o qual o termo "cultura" designa um repertório de crenças, atitudes, representações e significados simbólicos, a cultura global privilegia os valores associados ao lucro, à eficácia e à competição. Em um sentido mais material, ela é dotada de estruturas que permitem a transformação de bens culturais em mercadorias, além de facilitarem a difusão no mundo inteiro de produtos culturais de massa que tendem a expulsar as criações culturais "autênticas".

Segundo a bela definição de Renato Ortiz[8], a cultura global corresponde a uma nova fase, transnacional e não mais simplesmente inter-

[8] ORTIZ, R. *Mundialização e cultura*. São Paulo: Brasiliense, 1998.

nacional, da organização capitalista da produção e do consumo. A Disneylândia, o *jeans* e o McDonald's não resultam de um projeto imperialista norte-americano, mas das características dessa nova fase. A nova realidade seria a refeição rápida e não o McDonald's; ela corresponde aos ritmos mais velozes da vida contemporânea e pouco importa a nacionalidade das empresas que encarnam tal realidade. Existem outras empresas especializadas em oferecer refeições rápidas: por exemplo, Brioche dorée, Quick e Free Time, que são firmas européias. Com uma freqüência cada vez maior, o cinema está transpondo as fronteiras: um número crescente de filmes está sendo rodado na África, por um estúdio de Hollywood, com um diretor europeu e financiamento japonês. Há muito tempo que o *western* deixou de ser um privilégio americano; atualmente, é produzido na Austrália (*Silverado*) e na Itália – o *western spaghetti*. Há alguns anos, o público americano sofreu um choque ao ficar sabendo que os japoneses haviam comprado companhias cinematográficas americanas. Não havia motivo para tanta surpresa porque, afinal de contas, o capitalismo global é fundamentalmente cosmopolita. Eis o que foi manifestado perfeitamente por um empresário japonês para quem, "antes da identidade japonesa, antes da filiação local, antes do *ego* alemão ou italiano, vem o compromisso com uma missão global", ou seja, o compromisso em relação aos clientes. Um documento da empresa Brown Bowery não deixa nenhuma dúvida a esse respeito: "Não somos uma companhia sem teto, já que possuímos diversas moradias". Esse cosmopolitismo é, particularmente, evidente na esfera da cultura. Em determinado momento, a indústria dos bens culturais pode estar indiferentemente monopolizada por conglomerados americanos, suíços, alemães ou japoneses, e o panorama pode modificar-se da noite para o dia, ao sabor das fusões e aquisições que se produzem em uma alucinante velocidade. A indústria fonográfica, por exemplo, é dominada por empresas de várias nacionalidades, tais como a Bertelsmann, a Polygram, a Sony e a Virgin. Se a Sony absorvesse suas concorrentes, essa operação não seria suficiente para caracterizar um imperialismo musical japonês porque, no dia seguinte, a alemã Bertelsmann poderia apropriar-se do mercado.

Embora menos visível do que a cultura global, a cultura universal ampliou-se desde a época de Goethe e de Marx. No sentido antropológico, ela está impregnada por valores humanistas, não-utilitários, traduzindo a consciência de que pertencemos à mesma espécie, de que estamos expostos aos mesmos riscos, de que todos os homens e todas as mulheres, independentemente da etnia ou nação, constituem uma comunidade de destino. A ciência, cada vez mais cosmopolita, torna-se sempre mais sensível à dimensão ética e política do saber. A moral universaliza-se, no sentido humanista, a partir de proposições como a de Hans Küng, que pretende fundar uma ética ecumênica; a de Hans Jonas, que lançou as bases para uma ética da responsabilidade mundial; e a de Jürgen Habermas, que concebeu uma ética discursiva em condições de ser aceita universalmente. O direito universaliza-se por meio de instrumentos, como: a Declaração Universal dos Direitos Humanos, proclamada em 1948; a Convenção para a Prevenção do Genocídio, produzida no mesmo ano; a Declaração sobre a Abolição da Escravidão, elaborada em 1956; ou a Declaração contra a Tortura, publicada em 1975; e, mais recentemente, com a elaboração do conceito da Jurisdição Universal nos Crimes contra a Humanidade e da instituição do Tribunal Penal Internacional. No domínio da estética, limitado ao que é designado por "artes", a cultura universaliza-se rapidamente, graças à Bienal de Veneza e de São Paulo, entre outros eventos, no campo das artes plásticas; ao Pen Clube ou ao Parlamento de Escritores, na área da literatura; aos festivais, como o de Avignon, no setor do teatro e da dança; e aos festivais, como o de Cannes e de Berlim, em matéria de cinema.

Não há guerra de morte entre a globalização cultural e a universalização cultural. Elas são opostas, mas dialeticamente complementares. A mesma revolução tecnológica que tornou possível a globalização da cultura pode ser utilizada por aqueles que pretendem universalizá-la. As duas culturas fazem parte da modernidade, indissociáveis uma da outra: sem a cultura global, a cultura universal não teria os meios técnicos para se implantar; e, sem a cultura universal, a cultura global careceria de conteúdo ético. Mas existe uma relação hierárquica entre as duas culturas. É da cultura universal que vêm os impulsos para traçar os rumos da cultura global, supervisioná-la e retificar seus desvios. É, nesse aspecto, que encontramos uma resposta à nossa indagação. Para combater os excessos da cultura global, convirá que não nos refugiemos em particularismos à contracorrente, porque esses não nos permitiriam lutar contra os fenômenos que se sobrepõem a todas as culturas, mas agir no próprio terreno em que se encontra a cultura global, ou seja, o da mundialização. O corretivo da mundialização pelo globalismo é a mundialização pelo universalismo.

Assim, nosso fantasma do fim da cultura começa a reduzir-se. A cultura não é forçosamente um paciente em fase terminal, em nenhum dos dois sentidos. Não é necessário temer a extinção da cultura no sentido da alta cultura; de fato, como os processos de universalização serão conduzidos, em princípio, por cientistas, filósofos e artistas, ou por seus representantes autorizados, eles saberão evitar a banalização de suas criações. E o fim da cultura, no sentido antropológico, é igualmente evitável. É certo que a globalização tende a nivelar todas as particularidades porque sua força motriz é a otimização do lucro, através de uma racionalidade de mercado que pressupõe a criação de espaços homogêneos. No entanto, a universalização é pluralista, porque seus objetivos só podem ser atingidos por uma racionalização comunicativa que supõe o desejo e o poder dos sujeitos para defenderem a especificidade de suas formas de vida.

É evidente que os processos de universalização só poderão ser plenamente eficazes quando chegarem a seu apogeu lógico, ou seja, a implantação de uma democracia mundial, dotada dos mecanismos necessários para corrigir os abusos da globalização.

Agora, podemos abordar a segunda questão, ou seja, a do fim do livro. Esta idéia encontra uma sólida confirmação na realidade: as estatísticas mostram que as tiragens dos livros estão ficando cada vez mais reduzidas, e que o número de leitores é cada vez menor.

No entanto, a crise do livro não deveria necessariamente implicar uma crise da cultura. Por exemplo, as tiragens podem ser reduzidas porque o alto preço de cada exemplar impede sua compra por parte de amplas camadas da população. Essa explicação é, sem dúvida, decisiva no Brasil, país em que o livro está entre os mais caros do mundo. Medidas fiscais ajudariam, provavelmente, a resolver esse problema. As tiragens podem, igualmente, ser reduzidas pelo fato de que uma grande parte da população é analfabeta ou não adquiriu na escola o hábito de ler; também nesse aspecto, trata-se de um problema localizado no interior da escola, e não coloca em questão a cultura como um todo.

Não são esses fatores, tópicos, que provocam inquietação, mas os sinais de que o livro estaria em via de ser transferido para um suporte oriundo das novas tecnologias da informação e da comunicação: em vez do livro, o CD-ROM e, em vez do livro impresso, o livro digital. Por que estaremos assustados? Convém que confessemos: por tradicionalismo.

Todos nós, intelectuais, vivemos dos livros e para os livros. Somos um pouco como aquele personagem de Eça de Queirós que adormece no meio de milhares de livros, em um palacete, em Paris, e sonha que tudo havia se transformado em livros: as casas eram construídas com livros, das ramagens dos castanheiros pendiam livros e as mulheres usavam vestidos de papel impresso. Ele sobe o Obelisco da Place de la Concorde – evidentemente, uma montanha de livros – e, ao chegar ao céu, encontra Deus que, sentado, lê livros bastante antigos. O Eterno lia Voltaire, em um edição barata, e sorria.

Em nossa imaginação, somos todos diretores da Biblioteca de Babel, quando não da Biblioteca de Alexandria, uma biblioteca ideal, indestrutível, que nunca chegou a ser destruída pelo fogo.

Como se isso não bastasse, somos incorrigíveis fetichistas, fascinados pelos livros enquanto objetos, e não somente enquanto depositários de idéias e informações. Não há prazer sensual comparável ao de acariciar as páginas de papel bíblia de um livro da coleção *Pléiade*, virando-as como se se tratasse das etapas de um jogo amoroso. Folhear, nesse caso, equivale a desfolhar. É nisso que, com precisão, consiste literalmente o prazer do texto. Um amigo meu, por ocasião dos acontecimentos de Maio de 1968, tinha encomendado as obras de Flaubert, na coleção *Pléiade*, e passou o dia a regozijar-se, antecipadamente, pelo momento em que chegaria a casa, depois do trabalho, para examinar suas novas aquisições. Mas, ao entrar em casa, encontrou os livros profanados pelas unhas enraivecidas de seu filho Jacques, de dez anos, e pela palavra "Merda!" escrita por toda parte. Meu amigo interrogou com severidade o pequeno vândalo que respondeu: "É a revolução cultural!".

Sim, somos filhos da "galáxia de Gutenberg" e não poderíamos aceitar facilmente a passagem para outra galáxia. Nisso, não somos muito diferentes de Claude Frollo, arquidiácono da Catedral de Notre-Dame, no romance de Victor Hugo: ele opunha o livro impresso à catedral, dizendo que o primeiro destruiria a segunda: "Aquele liquidará esta". Que seria de nós, se a Internet matasse o livro?

Levado às últimas conseqüências, esse comportamento é, certamente, irracional. Como negar a extraordinária contribuição trazida pelas novas tecnologias para a preservação, difusão e, até, formulação do pensamento? Somente uma distorção ideológica muito profunda poderia negar os enormes serviços que elas prestam ao próprio livro e que vão desde a possibilidade de consultar, a distância, os catálogos das principais bibliotecas do mundo até a de comprar livros raros com um simples clicar de *mouse*. No entanto, mesmo que elas estivessem em via de transferir o livro para outros suportes, isso não seria necessariamente uma tragédia. O livro é, essencialmente, um instrumento, um instrumento de grande valia, mas não passa de um instrumento. Outros instrumentos podem surgir, capazes de coexistir com o livro, sem expulsá-lo. Em si, a crise do livro não indica necessariamente uma crise da cultura. Não estaríamos assim tão preocupados se houvesse algum indício de que as novas tecnologias estão realmente em via de desempenhar o papel que lhes é atribuído por seus apologistas e pudéssemos captar, por detrás dos conteúdos transmitidos por esses veículos, os sinais de uma cultura vigorosa e intacta, como existia na França, no século XVIII e no decorrer de uma parte do século XIX, ou seja, correspondente ao apogeu da cultura do livro. Nesse caso, haveria crise do livro, mas não crise de cultura. Com a invenção da máquina impressora, por exemplo, houve crise na tecnologia tradicional que consistia em copiar os livros nos monastérios, mas não houve crise de cultura; pelo contrário, esta prosperou como nunca porque a imprensa tornou acessíveis os autores modernos e colocou à disposição de um público muito mais importante do que antes os tesouros do saber antigo.

Se nossa análise é apropriada, existe realmente uma crise de cultura e é ela que, em grande parte, produz a crise do livro. As pessoas não lêem, não por serem analfabetas, mas por serem vítimas do fenômeno social do "iletrismo", ou seja, a recusa de ler, mesmo quando elas dominam a técnica da leitura. É nisso, fundamentalmente, que a globalização é trágica, não por dissolver as identidades, mas por "planetarizar" a massificação, carregando os detritos culturais até os confins do universo e, assim, destruindo a curiosidade intelectual sem a qual deixa de existir o prazer da leitura. É da cultura global e dos canais utilizados para a sua difusão, tais como a televisão por satélite e a cabo, que vêm as contratendências que inibem a leitura. O homem não lê porque foi condicionado para deixar de ler, passando por uma pedagogia da não-leitura; não lê porque a leitura exige um esforço, enquanto a mídia lhe oferece uma satisfação instantânea; não lê porque a leitura implica uma historicidade, um mergulho temporal na cronologia dos personagens e da trama, enquanto a mídia acabou por habituá-lo a um eterno presente; finalmente, não lê porque passa por uma aprendizagem regressiva que faz com que regrida do estágio do pensamento conceitual, sem o qual nenhuma leitura é possível, para o estágio do pensamento por imagens, efêmeras por natureza, sem vínculos entre si, e que nada podem fazer além de refletir um mundo igualmente desconexo – por essa razão, ininteligível – e, por conseqüência, não-transformável. É evidente que o contrário é, igualmente, verdadeiro: por não ler, o homem não aprende a pensar segundo os princípios da causalidade, do ponto de vista histórico e político.

No entanto, se a crise do livro é solidária com a crise da cultura, o otimista dirá que a modificação da cultura segundo as exigências do processo de universalização conduzirá à superação da crise do livro. Uma vez corrigidos os desvios da cultura global, principal responsável pela resistência à leitura que é possível encontrar em todos os países, será que o livro pode assumir, de novo, seu papel de guia, amigo, *magister vitae* que sempre desempenhou no passado, sem que isso signifique o abandono das novas tecnologias que hão de continuar a executar as tarefas que lhes são próprias, sem tornar o livro supérfluo? O livro, no entanto, não pode dar-se ao luxo de ser somente um beneficiário passivo e automático da universalização da cultura; ele pode contribuir para a consolidação desse processo.

Durante uma boa parte da história, o livro foi constitutivo para a formação das identidades coletivas: a *Ilíada* e a *Odisséia* formaram os fundamentos da identidade grega; o mesmo papel foi desempenhado pela *Divina Comédia* em relação à identidade italiana; pelo *Dom Quixote* para a identidade espanhola; ou pelos *Lusíadas* em relação à identidade portuguesa.

No entanto, na fase da universalização, não se trata de construir identidades, tampouco desconstruí-las ou reconstruí-las, substituindo o conceito de identidade única pelo de identidades múltiplas. Por exemplo, Michael Walzer sugeriu que uma forma de "civilizar" o nacionalismo seria integrá-lo em um quadro pluralista mais amplo. Por ocasião de um Congresso Sionista na década de 1930, David Bem-Gourion declarou o seguinte: "Pertencemos a diversos círculos. Enquanto cidadãos palestinos, encontramo-nos no círculo de uma nação que aspira a uma pátria; enquanto trabalhadores, estamos no círculo da classe operária; enquanto filhos de nossa geração, estamos no círculo do mundo moderno; e nossas companheiras estão no círculo do movimento das mulheres que trabalham e lutam por sua emancipação". No mundo contemporâneo, as identidades pessoais estruturam-se cada vez com maior freqüência pelo cruzamento de identidades particulares.

Podemos encontrar o prenúncio de tal situação em nosso próprio passado. A imagem do latino-americano "alienado", que deixa seu lugar de origem para europeizar-se, foi sempre vista como detestável ou ridícula e, de fato, em grande parte o foi. Contudo, sob outro ângulo, essa "alienação" pôde ser precursora de uma atitude epistemológica representativa dos novos tempos. É o *topos* do exilado lúcido que, pelo fato de ser exilado, percebe o que as evidências locais impedem de perceber. É o persa de Montesquieu ou o pele-vermelha de Voltaire que compreendem muito melhor a França do século XVIII do que todos os cientistas europeus reunidos. Observemos que foram os brasileiros que forneceram aos europeus o modelo desse saber "de fora". Refiro-me aos três canibais tupinambás que, no reinado de Carlos IX, foram conduzidos para a França e que, segundo Montaigne, observaram coisas a respeito da França que nenhum francês havia notado anteriormente. Eles enxergaram melhor porque seu olhar era um olhar estrangeiro: um olhar etnográfico.

Um grande número de intelectuais latino-americanos foram como esses tupinambás: já não se sentiam muito bem em sua pátria e não chegaram a entrar na cultura européia. Eram estrangeiros dos dois lados do Atlântico. Vejamos um trecho de *Minha formação*, a obra-prima de Joaquim Nabuco: "Estamos [...] condenados à mais terrível das instabilidades e é isso o que explica o fato de um tão grande número de americanos preferirem viver na Europa; [...] Não pelos prazeres do novo rico como se falava em Paris a respeito da vida elegante dos milionários da América do Sul; a explicação é mais delicada e mais profunda. É a atração das afinidades esquecidas, mas não extintas, que se encontram em todos nós, da nossa comum origem européia. A instabilidade a que me refiro provém de que, na América, falta à paisagem, à vida, ao horizonte, à arquitetura, a tudo o que nos rodeia, o fundo histórico, a perspectiva humana; e de que, na Europa, nos falta a pátria, ou seja, a fôrma em que cada um de nós foi moldado desde o nascimento. De um lado do mar, sentimos a ausência do mundo; do outro, a ausência do país. O sentimento em nós é brasileiro, enquanto a imaginação é européia". Nesse importante trecho, o que chama a atenção é que a mentalidade latino-americana é definida em uma dupla negação, pela interseção de duas ausências: na Europa, falta-nos a floresta tropical; enquanto no Rio, falta-nos o Sena. O que Nabuco descreve é a experiência de um desterro permanente.

No entanto, um século depois, na era da universalização, talvez se possa negar essa dupla negação e, com uma dupla presença, preencher o vazio das duas ausências. Neste caso, não teremos mais o expatriado, mas o cidadão de dois mundos, não o desenraizado, no sentido em que é entendido por Barrès, mas o homem descentrado, possuidor de uma identidade nômade, sempre em via de se formar, sempre em via de se refazer, sempre disposto a relativizar todas as suas certezas culturais por sua capacidade de *role-taking*, de assumir incessantemente o ponto de vista do outro. De certa maneira, o exílio tornou-se uma experiência fundadora de uma nova epistemologia, a do olhar excêntrico, porque o exilado é o homem que se desenraizou sem ter voltado a enraizar-se, o que se libertou de uma particularidade sem entrar em outra.

Para a aquisição dessas identidades múltiplas, as novas tecnologias de informação podem desempenhar, sem sombra de dúvida, um importante papel. No entanto, somente o livro permitiria que essa aquisição se tornasse profunda e duradoura. O livro sempre nos permitiu sair de nós mesmos a fim de melhor nos reencontrarmos. Ele deveria nos permitir, agora, sair de nossa cultura para observá-la de fora. Essa saída cultural de si foi antecipada por Goethe quando ele descobriu afinidades entre um romance chinês e as novelas de Fielding e Richardson.

Um jovem grego aprendia a ser grego ao ler Homero. Era um instrumento de socialização, uma *paideia*, um manual didático destinado à aprendizagem da *areté* (virtude) grega. Atualmente, pelo contrário, devemos ler Homero para nos reculturalizarmos, para nos descentrarmos de nossa cultura de origem, do século em que nascemos. Assim, tornar-nos-emos contemporâneos de Heitor e de Ulisses, e identificar-nos-emos não só com várias culturas, a européia e a asiática, que combatiam entre si diante das muralhas de Tróia, mas também com todas as figuras da alteridade que povoam a epopéia, os semideuses, os semi-homens, as sereias e os ciclopes, Polifemo e Circe.

No início da modernidade, surgiu um novo gênero, o do *Bildungsroman*, o romance que narrava as vicissitudes de um herói que procurava formar-se, alcançar a *Bildung*, no sentido dos iluministas do século XVIII, como Kant, Lessing e Herder. Ao mesmo tempo, esse processo de autoformação do personagem central implicava o leitor, que deveria, por identificação com o herói, chegar também à sua *Bildung*, à sua autoformação.

O protótipo do *Bildungsroman* é *Wilhelm Meister*, dividido em duas partes: os anos de peregrinação e os anos de aprendizagem de Wilhelm Meister. São os dois momentos da *Bildung* contemporânea. Por um lado, o homem possuidor de várias identidades peregrina pelo planeta mundializado, em uma viagem real ou virtual, e, por outro, no decorrer dessa viagem, aprende a reconhecer-se como habitante da "cosmópole". Nesse sentido, qualquer romance, em nossos dias, pode transformar-se em um *Bildungsroman*, porque, por meio dele, todos nós podemos chegar ao Outro, a vários Outros e, no limite, a esse Outro generalizado que é o gênero humano.

Enquanto não chegarmos à utopia (ou ao pesadelo) da língua única, somente o livro poderá prestar-se a esse objetivo através da tradução. Se Walter Benjamin tivesse razão, a principal tarefa do tradutor seria libertar os ecos da língua pura, aprisionados no original, "tornando, tanto o original quanto a tradução, reconhecíveis como fragmentos de uma língua mais importante, da mesma forma que os estilhaços são reconhecíveis como os fragmentos de um vaso. [...] A verdadeira tradução é transparente; ela não recobre o original, não bloqueia sua luz, mas permite que a língua pura, reforçada pela tradução, brilhe mais intensamente sobre o original". Mesmo desprovida desses motivos messiânicos, não há dúvida de que a tradução permite à nossa língua transcender-se em direção às outras e obriga as outras línguas a transcenderem-se em direção à nossa. Por meio da tradução, nossa cultura abre-se para o mundo; além disso, nossa própria língua pode ser modificada. De fato, em uma grande tradução, como também foi observado por Benjamin, não se trata tanto de transformar a língua estrangeira na nossa, mas de deixar a nossa língua ser transformada pela língua estrangeira. Eis o que fez Hölderlin ao traduzir Sófocles: a literalidade da tradução violentou de tal maneira a língua alemã que ela deixou de ser o que era e converteu-se, por assim dizer, em uma nova língua. As traduções de Shakespeare feitas por Wieland, Tieck e Schlegel germanizaram o vate de tal forma que, para os alemães, ele deixou de ser um autor inglês, integrando-se, de modo indissolúvel, à tradição cultural alemã. No entanto, a tradução está também a serviço da língua estrangeira, não somente no sentido trivial segundo o qual ela permite a difusão de uma obra fora das suas fronteiras lingüísticas de origem, mas também no sentido de que, em uma grande tradução, a obra chega à plenitude do seu sentido. A tradução leva o original a dizer o que ele não sabia que sabia. Não sei se Kant só compreendeu sua filosofia depois de ter lido a tradução francesa, como juram os maledicentes, mas é incontestável que, ao traduzir para o francês *La phénoménologie de l'esprit* [Fenomenologia do espírito], Hyppolite deu à obra de Hegel uma clareza que, certamente, não havia no original. Assim, ele demonstrou que não existem textos que não possam ser transpostos para outras línguas. Hegel não é intraduzível, embora esteja vinculado à língua alemã, do mesmo modo que Platão não é intraduzível, apesar de estar vinculado à língua grega.

Original ou traduzido, todo livro pressupõe uma transcendência, porque sua leitura permite sempre escapar a nosso contexto espaço – temporal imediato. Em nossos dias, a leitura pressupõe uma transcendência *sui generis*, ou seja, a que se dirige ao conjunto do gênero humano, em sua infinita variedade. O homem possuidor de várias identidades aprende a ser judeu com Proust, católico com Greene, irlandês com Joyce, colombiano com García Márquez e, em cada um desses livros, pode fazer a aprendizagem da alteridade, identificando-se, sucessiva ou simultaneamente, com cada personagem.

Estaríamos, assim, propondo a esquizofrenia como ideal do homem pós-moderno, um homem com tantas personalidades que acaba por não ter nenhuma, transformando-se, por excesso de atributos, em um "homem sem qualidades"? O risco é evidente, mas, talvez, seja a esse preço que poderemos constituir uma cultura universal. A escolha oposta ainda é mais arriscada. Na etapa da globalização, nada há tão perigoso quanto a adesão, talvez obstinada, a uma identidade única: sem sombra de dúvida, um grande número de genocídios seriam evitados se os regimes tivessem sido construídos em torno de identidades múltiplas, para além de fidelidades puramente nacionais e culturais.

Fim da cultura? Fim do livro? Talvez, mas não necessariamente. Não se trata de fim, e sim de *Aufhebung* (superação), no sentido hegeliano do termo. A cultura pode sobreviver, transformando-se em cultura universal. E o livro tem futuro, se renunciar a seu papel de instância formadora de identidades coletivas, homogêneas, a fim de transformar-se em um instrumento para a constituição de identidades múltiplas, segundo a lógica do processo de universalização.

Parte 2

A biblioteca como pensamento

2.1

No âmago da linguagem

Emmanuel Carneiro Leão

Está sendo celebrado o centenário da sobrevivência de Nietzsche no universo do pensamento. Foi em 1887, no *Crepúsculo dos Ídolos*, que ele nos sugeriu que, sem biblioteca, os livros morrem e desaparecem; pelo contrário, com e na biblioteca, eles renascem e se transformam em vida, em vontade de poder. "Um livro, escreve ele, não é um livro. O que contêm os livros, esses túmulos e mortalhas? O passado é seu presente!" E, como todo presente, não é somente a presença, mas também a ausência do espírito, a vitalidade, o princípio de vida. E que livro é esse, a respeito do qual Nietzsche afirmava: "Neste, vive um eterno hoje"? O que pretende o filósofo nos fazer pensar desse livro que supera um presente determinado para viver a eternidade de todo hoje? Esse livro eterno é o da biblioteca. Exumá-lo de seu túmulo, extrair de sua mortalha um passado defunto ou inerte e conjugá-lo em um presente infinito, eis o desafio a ser vencido por qualquer biblioteca.

Pelo "eterno hoje", Nietzsche entendia a concentração do tempo – o dia que revela e acolhe em seu seio a força do passado e do futuro juntos. Sem a presença contínua desse presente, o tempo não poderia ser tempo. O "eterno hoje" comemora incessantemente o instante criador, assim como todos os outros instantes que o abraçam no amplexo de um mundo infinito por ser temporal. É por sua não-finição, por estar invariavelmente votado a um fim, que o tempo nunca acaba de passar, do mesmo modo que a vigência do tempo se conjuga em cada realização real, na visão poética de T. S. Eliot: "O tempo presente e o tempo passado estão, talvez, vivos no tempo futuro e o tempo futuro contido no tempo passado. E, embora todo o tempo esteja assim constantemente vigente, todo tempo não pode ser redimido".

Esse tempo impossível e insubstituível é o tempo do livro das bibliotecas: um tempo que não cessa de passar, mas que denuncia qualquer pretensão à totalidade e desmascara qualquer ilusão de simultaneidade. Cada um de seus passos é um primeiro passo que leva à invenção de uma temporalidade, ao mesmo tempo, oscilante e pontual, infinita e finita, com uma memória produtiva – a memória das musas –, embora desprovida de qualquer desejo de imortalidade, desse desejo que leva qualquer ser animado, insatisfeito com sua animalidade, a pretender elevar-se acima da vida e da morte.

O livro das bibliotecas deixa de sonhar em vencer ou domar a morte. Pelo contrário, com sua própria presença, o livro evoca e acolhe a morte como um pressuposto da constante renovação da vida. A transtemporalidade em questão não é, portanto, uma presunção de imortalidade prospectiva, nem retrospectiva. É um discurso completamente diferente que se desenha: um discurso sem definição, uma proposição que só propõe o que já se impõe. O livro de biblioteca conjura e conjuga o tempo, celebrando sem parar as núpcias do presente com o sempre. Ao mesmo tempo que conserva o já produzido, ele provoca a criação; evoca a necessidade de uma transformação ininterrupta e convoca as diferenças para um encontro das complementaridades. Nesse sentido, é para esse endereço que o "eterno hoje" constitui o desafio e aguça a provocação do livro das bibliotecas.

Por que as bibliotecas? No plano etimológico, a palavra "biblioteca" é formada por dois vocábulos – βιβλοζ e θεξη - reunidos em uma dinâmica de concentração e de acolhimento. O primeiro vem de *Byblos*, o nome dado pelos gregos ao porto da Fenícia donde importavam a casca do *Cypressus papyrii*, um arbusto muito comum no delta do Nilo. Antes mesmo de significar livro, βιβλοζ havia assim designado a matéria-prima de que se extraía o papiro, o papel utilizado durante toda a Antigüidade. Na base desse radical, oriundo de uma língua desconhecida do Mediterrâneo Oriental, é possível encontrar os verbos coletar, recolher, acolher, colher ou escolher: da casca colhe-se o miolo que é recolhido no papiro que, em seguida, irá acolher e permitir, pela leitura, colher ou escolher a escrita. A palavra "ler" – tanto em grego (λεγω) quanto em latim (*legere*), assim como em alemão (*lesen*) – designava também as ações de reunir, conservar e proteger.

Então, o que a escrita acolhe e o que a leitura de um livro escolhe colher? O segundo vocábulo da palavra "biblioteca" – θεξη – deriva de um verbo irregular que remete a estabelecer ou instituir, no sentido de guardar, cuidar, além de incitar e elaborar. Para integrar, em uma mesma dinâmica, as funções de colheita, acolhimento, de recolhimento e coleta, ou de seleção, o livro tem necessidade de cuidados e promoção, de um espaço instaurador de vitalidade, ou seja, um lugar que garanta sua conservação e proteção, assim como, e sobretudo, que acione todas as suas potencialidades de criação, mudança e regeneração estrutural. Esse segundo vocábulo etimológico define, portanto, a função vital de qualquer biblioteca: o livro só é livro quando se mobiliza, no seio do movimento de vida, para enfrentar um desafio de crescimento, o desafio da linguagem. Enfrentar esse desafio é cultivar e preservar a linguagem, seja em que língua for.

Em um aforismo de 1888, o mesmo Nietzsche do *Crepúsculo dos ídolos* afirmou que o filósofo vive "nas geleiras das altas montanhas", tendo por companhia o cume vizinho, onde mora o poeta. Se o filosófico encontra-se, assim, tão próximo do poético é, sem dúvida, porque ambos se alimentam de vida e, à sua maneira, existem no âmago da linguagem. As múltiplas filosofias constituem – muito mais do que diferentes maneiras de se responder às mesmas questões legadas pela tradição do pensamento – vários projetos para o questionamento e aprofundamento das respostas contidas e preservadas em numerosas línguas da linguagem.

"Os limites da linguagem", segundo Wittgenstein, "são os limites do mundo". E enquanto vivermos, pensarmos e agirmos nesta Terra, só faz sentido o que pudermos falar uns com os outros; só tem sentido o que puder receber uma significação da e na linguagem. Não há verdade no singular, fora de toda envergadura de integração e convivência. A verdade só nos é dada através do que somos sempre no plural, em uma corrente que nos arrasta para a conjugação das e com as diferenças.

Este trecho lapidar da *Carta sobre o humanismo*, de Martin Heidegger, já apresenta, sem dúvida, um desafio do e para o pensamento: "A linguagem é a casa do ser. Em sua casa, mora o homem. Os pensadores e os poetas são os vigias desta casa".

Do mesmo modo que as geleiras, assim também a linguagem tem – ou melhor, é – um poder radical de preservação da vida, porque, ao dar testemunho do passado, compõe o futuro para o presente. As geleiras preservaram os mamutes da Sibéria e o Homem da Neve dos Alpes. A linguagem preserva e preservou as criações do passado e as entrega continuamente às gerações presentes para as gerações futuras, por meio dos múltiplos vocábulos das línguas em constante transformação. Do fluir e refluir da linguagem vive toda a tradição e toda a história humanas, recolhendo em suas correntes culturais o que é, o que será e o que foi outrora. Este saber de integração e de acolhimento foi, sem dúvida, o que Mnemosine, o pensamento criador – segundo Hesíodo (*Teogonia*, 27) – transmitiu, em nove noites de amor, às musas: "Pastoras rudes, más línguas, apenas ventres, / Do seio das raízes, sabemos recolher muitos mistérios; / Sabemos também, quando estamos dispostas, / Desvendar a verdade em forma de mitos".

Um dos mistérios da linguagem, no mínimo, nas culturas e civilizações ocidentais, conseguiu incrustar-se na dinâmica e transformação do livro através das bibliotecas. Na raiz de tudo o que é e/ou não é, o livro tem o poder de gerar e induzir tensões e conflitos. Nas vicissitudes e peripécias da realização de seu verbo, vive o poder fecundo, criador e destruidor da linguagem: o de compor posições e oposições.

Na constelação das bibliotecas, podemos então recolher quatro indicações do percurso da linguagem na poesia e no pensamento:

• a linguagem vive em toda força de união, como conjuntura de todo ordenamento das diferentes ordens. Sua conjugação ontológica supera e salvaguarda, de alguma forma, tudo o que é e se faz;

• cabe à linguagem garantir a coesão e a consistência da estruturação das diferenças e de suas tensões;

• a linguagem diz a realidade, não só como verbo, mas também como movimento de realização, que rege a totalidade do real e impulsiona o universo das realizações;

• a linguagem é a operação matricial, nas línguas e discursos, de uma ligação matinal que instaura o mundo no imundo e faz nascer a ordem da desordem.

Heráclito nos ensina que é necessário uma grande experiência das peripécias do pensamento para compreendermos que refletir é traduzir a linguagem para as línguas. Ora, é para a aprendizagem dessa tradução justamente que nos convida o livro das bibliotecas. Traduzir, neste sentido, não é encontrar correspondências unívocas entre os vocábulos de duas, ou mais, línguas. Qualquer tradução que pretenda ser criadora não pode ser literal. A tradução eletrônica é impossível porque traduzir não é trocar traços, mas responder aos apelos – múltiplos, diversos, sempre renovados – da linguagem. A linguagem não é uma língua, a não ser que seja a língua materna de todas as línguas; ora, só vivendo em seu seio materno é que podemos transmitir um poema de uma língua para outra. Nenhuma língua, seja verbal ou não, pode dizer tudo o que tem a dizer. E se nenhuma lógica ou gramática do discurso, da frase ou da proposição, consegue superar essa impossibilidade, cada uma é suscetível de favorecê-la e fortalecê-la. De fato, é exatamente graças a essa impossibilidade que a linguagem se constitui e se perfaz enquanto língua materna de todas as línguas. Somente essa impossibilidade cria as condições para uma maternagem que acolhe a diferenciação em vigor em cada uma das línguas. Dizer tudo seria alcançar o cúmulo da redundância, uma pura tautologia, porque o vazio da palavra encontrar-se-ia assim saturado e o silêncio do dizer ficaria repleto com o alarido do discurso. Ora, tanto o silêncio quanto o vazio são indispensáveis a qualquer diferenciação. As relações constroem-se não a partir da repetição do mesmo, mas a partir do ruído das diferenciações entre as diferenças, que, no "pensamento abissal" de Nietzsche, provoca o eterno retorno do que se iguala a si mesmo. Gerar repetições é tudo o que sabe fazer uma tradução digital. O poema deve sempre escapar à literalidade para se tornar, nos discursos das diferentes línguas, fiel à obra criadora.

As línguas perfeitamente ordenadas são transparentes e imutáveis. Ideais e clonadas, são, todavia, destituídas de vida e de morte. Tornam-se insensíveis às diferenciações históricas e às diversidades culturais da humanidade. Por sua vez, a linguagem real da vida humana não considera apenas as estruturas que se compõem logicamente na clareza e perfeição sem falhas; mantém-se sempre aberta, prestando-se aos usos mais inesperados e ao jogo em constante mutação de suas regras.

No sentido original da experiência e da palavra gregas, o caos na origem da vida histórica é a experiência inaugural, plena e dinâmica ao ponto de gerar tudo o que é e que se cria, seja qual for o domínio e o nível, a realidade ou a possibilidade, a necessidade ou a contingência. Assim, toda intenção de pensar ou falar, conhecer ou agir relaciona-se com o vigor primordial de ser e realizar-se, a qual passa pela linguagem, pelo viés de suas inumeráveis expressões, entre as quais se encontra o livro. Proveniente do caos, remetendo para o caos, restabelecendo-se no caos, a linguagem de volta ao caos retorna toda ordem e toda desordem, o mundo como o imundo – tudo o que tem e tudo o que não tem lugar de ser.

A palavra "caos" provém, de fato, do mesmo radical do verbo *caskw*, relativo à experiência de permanecer sempre em atitude de abertura. Ela traduz o hiato do ser, o abismo diante da realidade que *é*, no sentido transitivo de "deixar ser" e "realizar-se". Todo real se instala e se mantém em um advento dessa realidade abissal, no hiato sem limites nem discriminação, de um nada criador. A essência da linguagem, mãe de todas as línguas, subsiste no poder matricial do caos – o poder em si indeterminado e indeterminável de qualquer determinação e indeterminação.

Por meio do livro das bibliotecas, a linguagem conjuga três dimensões – de fato, três poderes – da realidade:

- a realidade passa por baixo e/ou por cima de toda ordem e de toda desordem, seja qual for o gênero, a natureza e o nível;
- a realidade é a possibilidade – no sentido transitivo de "tornar possível" ao dar e/ou retirar o poder – de toda diferenciação e indiferenciação;
- a realidade é o princípio de transformação e de manutenção para toda discriminação e/ou indiscriminação.

Esta integração da linguagem constitui o verdadeiro percurso da existência humana e, em sua força, inaugura-se a dinâmica histórica das culturas. Na linguagem, coabitam o silêncio da fala e o deslumbramento da criação; ela faz viver o estranho que incita nossos pensamentos e o inesperado que alimenta nossas expectativas de esperança. Com ela, o pensamento compartilha a audácia de suas aventuras e a obstinação transformadora de qualquer ato criador. Nesse sentido, o livro das bibliotecas é sempre o livro da linguagem.

2.2

Livro e liberdade

Gianni Vattimo

É difícil fazer um inventário completo do que devemos aos livros. Nossa educação individual baseou-se em alguns livros – que se tornaram nossos educadores, muitas vezes, permanentes, nossos textos de referência –, assim como em dicionários, enciclopédias, códigos, escrituras sagradas, clássicos. Se refletirmos sobre essa lista de obras, encontraremos não só nossa biografia intelectual individual, mas também a espinha dorsal da cultura moderna. Falamos, geralmente, das religiões do livro para designar o judaísmo, o cristianismo e o islamismo. No entanto, quando falamos de uma civilização do livro, estamos referindo-nos a toda a cultura moderna, aliás, a partir da época em que o livro, no sentido moderno da palavra, ainda não existia.

Tudo isso nos é de tal modo familiar que se tornou difícil apreender a conexão e a distinção entre o conteúdo de nossa educação e a forma "livresca" na qual ele nos foi comunicado. Tudo parece resolver-se, reduzir-se a esse conteúdo. Se o livro parece destinado a desaparecer, ou a ser substituído por outras formas de transmissão, temos tendência a pensar que isso diz respeito apenas ao aspecto instrumental da educação. A tal ponto, que a defesa do livro, que muitas vezes nos envolve em discussões sobre as novas formas de comunicação social, parece o negócio de uma classe de "velhos senhores" que não conseguem imaginar uma *Bildung* (conteúdo e maneira da educação) diferente da deles, e que serão superados, fatalmente, pelo progresso etc. O debate reduz-se, então, a uma luta entre gerações, puramente psicológica e, no fundo, inútil. Em compensação, seria oportuno fazer um inventário tão completo quanto possível do que, em matéria de educação, provém da forma livresca da comunicação, e não somente em matéria de educação escolar ou pessoal, mas também na própria *Bildung* de nossa tradição.

Começarei este inventário lembrando o vínculo que se estabeleceu, pelo menos, no Ocidente, entre o livro e a liberdade – um vínculo curiosamente anunciado na coincidência do homônimo latino *liber* que iria designar as duas coisas. Na tradição política moderna, um passo decisivo em direção a uma sociedade mais livre foi transposto, quando os reis aceitaram colocar suas leis por escrito. Um exemplo carregado de significação, na medida em que foi, precisamente, em torno da interpretação de alguns textos básicos que se afirmou a liberdade: em primeiro lugar, por ocasião da grande revolta religiosa do século XVI, quando se tratava de conquistar o direito de ler, pessoalmente, a Bíblia e de interpretá-la, contra qualquer restrição da tradição e do magistério da Igreja Católica. Em seguida, no plano das ciências exatas da natureza, em que o modelo do livro não era simplesmente uma metáfora inocente: Galileu pensou concretamente a natureza como um livro escrito em caracteres matemáticos; e Blumenberg demonstrou muitíssimo bem a maneira como, em seu caso e em muitos outros, esse paralelo desempenhou um papel decisivo na história da modernidade. Não será que as Tábuas da Lei de Moisés são um livro, um texto que se tornou a base da ética judaico-cristã e não só por seu conteúdo, mas também por sua forma de texto escrito e comunicável? A lei moral não teria sido imaginada, mais tarde, como "impressa" em nossos corações? É bem verdade que, durante séculos, antes da invenção de Gutenberg, os livros – a Sagrada Escritura, os códigos, os clássicos da literatura e da filosofia – eram acessíveis apenas através da comunicação verbal de algumas "autoridades". No entanto, foi exatamente em torno da transformação de suas formas (até a possibilidade, inicialmente oferecida às classes dominantes, de dispor de uma biblioteca) que se desenvolveu o processo moderno da libertação individual, da conquista da liberdade de consciência etc. Será que, neste ponto, estamos confrontados somente com os livros ou também com fenômenos mais complexos que, provavelmente, possuem ramificações irredutíveis à forma "livro" enquanto tal? A complexidade desses fenômenos parece evocar, uma vez mais, a dificuldade de estabelecer a separação entre "forma" e conteúdos. É um pouco como dizer que não seria possível imaginar uma democracia sem a imprensa e sem o sistema moderno de informação; evidentemente, não se pretende com isso reduzir a democracia à informação...

Será que podemos concluir que o indivíduo livre, moderno não se forma senão aprendendo a ler e a fazer referência a textos? Não será que, assim, estamos excluindo todos os heróis analfabetos de nossas tradições populares, tais como Robin Wood, mas também – e por que não? – Ulisses de Homero? Poderíamos, evidentemente, tentar livrar-nos dessas dificuldades, indicando com precisão que a noção de liberdade é menos genérica do que a de revolta "imediata" de alguém contra uma violência que está sofrendo, ou que as revoltas "populares" têm sempre necessidade de um chefe carismático. De passagem, observaremos que os cultos que dedicamos aos heróis – sejam clássicos ou modernos – assim como as ações que estes últimos inspiraram na história são "veiculados", até mesmo "mediatizados", por textos literários. (O herói teria sempre necessidade de seu chantre?) Seja como for, o livro – a transmissão escrita e vivenciada no silêncio da leitura privada – é, em muitos aspectos, um elemento constitutivo de nossa definição de liberdade, a ponto de, até mesmo uma revolta popular contra a injustiça, poder parecer-nos como inspirada exclusivamente por um chefe carismático, o que é bastante suspeito para o que chamamos de liberdade.

Poderíamos deter-nos na consideração das implicações dessa sugestão, aparentemente "etimológica", sobre o vínculo livro-liberdade. No entanto, se nos debruçarmos sobre a análise, a enumeração das características de nossa *Bildung* que, para sua transmissão, dependem da forma livresca, esse vínculo parece reaparecer em termos menos "sugestivos", embora totalmente concretos. A comparação entre a liberdade e uma revolta conduzida por um chefe carismático nos orienta para um outro elemento decisivo da *Bildung* livresca: a interioridade que poderia ser designada, igualmente, como a apropriação dos conteúdos da *Bildung* herdada, com toda uma série de relações entre liberdade e *privacy*, por exemplo. Será que a liberdade moderna pode ser pensada sem esta distinção entre público e privado, distinção que implica a constituição de um espaço "interior", até mesmo no sentido físico da palavra – o salão da casa burguesa de Walter Benjamin, por exemplo? É verdade que aprendemos a ler na escola e, portanto, sob a direção de uma voz presente e sonora; no entanto, neste aspecto em particular, trata-se apenas de aprender um meio que, mais tarde, utilizaremos por nós mesmos. Estou pensando nas dificuldades que experimento atualmente, ao preparar este texto, sem poder ter acesso a meus próprios livros. Posso, com toda a certeza, recorrer a uma biblioteca nacional, mas esta, já contaminada pela eletrônica, não me permite consultar, ao mesmo tempo, senão um número limitado de livros. Sem falar da poesia, que se lê em voz alta e não pode abster-se da sonoridade. Nossos livros pessoais, usados, gravados desde a primeira passagem, retêm nossa cultura. O vínculo livro-liberdade enriquece-se, portanto, de um vínculo ulterior: o vínculo entre livro, liberdade e interioridade, incluindo, talvez, a interioridade da *privacy* burguesa. Pode ocorrer que essa evocação do salão burguês não seja tão banal, principalmente no sentido em que nos conduz a uma outra dependência do interior burguês, ou seja, a biblioteca.

Ainda mais do que a imagem do livro, é realmente a da biblioteca que domina a própria forma de nossa cultura. Já me tenho surpreendido, muitas vezes, a pensar que depositaria plena confiança, a ponto de lhe entregar as chaves de minha casa, a alguém que tivesse passado a vida em uma biblioteca, seja qual for o tipo de livros que tenha lido e apreciado. Habitar a biblioteca é, talvez, em muitos aspectos, a própria imagem da perfeição, do humanismo, da experiência da verdade que nos torna, segundo a afirmação de um único livro – o Evangelho – livres. (E se "a verdade nos torna livres", o que dizer dos livros?)

Habitar a biblioteca é, ao mesmo tempo, a plena realização do itinerário da *Fenomenologia do espírito* hegeliana e sua superação. Se nos tornarmos os perfeitos habitantes da biblioteca, iniciados em sua complexidade, sabendo viver nela ao assimilar seu conteúdo, a "familiaridade" com o conteúdo dessa imensa coleção de saberes e experiências não poderia, todavia, satisfazer a apropriação do espírito absoluto hegeliano; ela corresponderia mais fielmente a uma forma de assimilação totalmente especial, relativa, aliás, ao próprio modelo da experiência moderna, ou antes pós-moderna, da verdade: não chegamos a conhecer todos os volumes da biblioteca e, ainda menos, o que contêm de um ponto de vista analítico. No entanto, sabemos onde procurar quando temos de resolver um problema. Trata-se de uma noção hermenêutica, e não tanto metafísica, da verdade. E convém prestar atenção a esse aspecto porque poderia revelar-se decisivo para compreendermos e nos adaptarmos às novas formas de experiência determinadas pela informática. Essa experiência da verdade enquanto "inabitação" da biblioteca tem, evidentemente, muito a ver com a memória. Com efeito, ou a liberdade que nos advém do fato de (sabermos) habitar a biblioteca depende, simplesmente, da circunstância de que temos à nossa disposição todos os "dados" (digamos, as fichas do catálogo), ou existe algo a mais que não poderia reduzir-se à memória "objetivada" e depositada no catálogo, mas que se refere à memória orgânica, aquela que se tornou uma parcela de nós. (Não consigo evitar de pensar, aqui, nos computadores a respeito dos quais se fala – será unicamente do campo da ficção científica? – que utilizariam proteínas...)

Poderíamos formular a questão também de uma outra maneira: em que aspecto o fato de trabalharmos em uma biblioteca, com a possibilidade de circularmos livremente nela, deixando-nos levar pela sugestão das proximidades fortuitas (mesmo que tudo isso se torne mais complicado com o sistema Dewey), assimila-se ao fato de dispor de um computador no qual procuramos textos, palavras etc.? À primeira vista, o contato com o computador parece ser mais rígido e determinado: de saída, devemos escolher um percurso que será tanto mais rápido e funcional quanto mais delimitado for. Será que ainda podemos, por exemplo, designar por *otium* (lazer) o trabalho intelectual executado com computadores? O que aconteceria se os amantes de Dante – Paolo e Francesca – estivessem lendo as aventuras de Lancelot e Guenièvre na tela de um computador, suscetível, por exemplo, de registrar sua longa permanência em determinadas passagens, até mesmo a interrupção da leitura no momento em que os dois caem um nos braços do outro? Qualquer *otium*, não se tratando dos dois pobres amantes de Rimini, aparece aqui como uma violação da ordem (do computador), um pouco como a espera demasiado prolongada do empregado do banco quando aguarda a resposta na tela do computador.

A *Bildung* transmitida a nós pelos livros é caracterizada pela liberdade (que não é simplesmente independência com relação ao outro), assim como pela interioridade (com todos os seus vínculos com a *privacy*), por um tempo e um ritmo, de preferência, biológicos-biográficos e não estritamente físicos e materiais, e também por um *otium* que implica, igualmente, a liberdade enquanto possibilidade de seguir os arroubos da imaginação e das associações livres. (A psicanálise estaria também implicada na cultura do livro?) Além disso, a imagem da biblioteca, o fato de habitar a biblioteca, de preferência, como um bibliotecário e não tanto como um pesquisador especializado, tornaram-se o próprio modelo da experiência da verdade pós-moderna: a experiência de uma verdade múltipla que nunca se deixa possuir por um indivíduo, portanto, nem mesmo pelo espírito absoluto hegeliano, pelo menos, na medida em que este é pensado como um ato pontual, como o *nous* (*noeseos*) de Aristóteles...

Como, então, retomar e realizar os mesmos "valores" de nossa *Bildung* em uma situação em que o computador e a comunicação eletrônica estarão substituindo, em um ritmo cada vez mais rápido, os livros? Não há somente uma saída catastrófica; poderíamos concluir que existem perdas e ganhos – e é, sobretudo, a esse respeito que conviria refletir. Creio que o aspecto mais difícil, além de ser mais "intrigante", do que nos aguarda nas novas condições de transmissão da cultura é, talvez, aquele que é designado por interatividade das comunicações informáticas. Os surrealistas haviam antecipado tal fenômeno (teria sido de forma consciente? Não creio) em seus jogos de "*cadavres exquis*"[9]. Em vez de propor novas interpretações de textos, os leitores informáticos intervirão, cada vez mais, nos próprios textos. Já hoje, a questão formula-se sob a forma das leis sobre o direito autoral, um direito que se torna cada vez mais difícil de proteger contra os piratas de toda espécie, mas que, presentemente, se apresenta apenas em termos financeiros. Com toda a certeza, nas formas da comunicação informática é possível preservar a integridade original de nossos textos. No entanto, torna-se cada vez mais fácil interpolar hipertextos, comentários, promover verdadeiras transformações. Tal como concebo a tradição européia – e não somente ela – como uma questão de comentários sobre textos básicos em torno dos quais se desenvolveu a própria experiência da liberdade moderna, a religiosidade, as artes, eu me pergunto: o que ocorrerá com tudo isso em novas condições? Diante de um computador com todas as possibilidades da interatividade, sentir-nos-emos decididamente mais "livres" porque, justamente, menos "livro". No entanto, essa liberdade será acompanhada por uma interioridade rica ou, então, por uma independência, no fundo, vazia, aberta a qualquer forma de dominação carismática? Já não será visível entre as jovens gerações que sua receptividade em relação aos computadores é acompanhada por uma acentuada vulnerabilidade às pregações de profetas de toda a espécie? Esse aspecto deveria ter sido, talvez, o começo de nossa discussão e nossa pesquisa.

[9] Literalmente, "cadáveres delicados". Referência ao jogo praticado em grupo pelos surrealistas, que consistia em compor uma frase; em um pedaço de papel que era dobrado e passado adiante, cada participante escrevia uma palavra, sem conhecer o que havia sido escrito pelos outros. (N.T.)

2.3

A propósito da história de uma vida

Gerd Bornheim

A constatação apresenta todos os requintes da evidência: para um grande número de escritores, pesquisadores, intelectuais e professores, o livro – nem que seja sob sua forma física – tornou-se objeto de freqüentes discussões. Um dos principais, se não o mais importante, dos instrumentos da expressão moderna suscita atualmente excepcionais inquietações. É claro que essa agitação, nova sob todos os aspectos, merece a atenção e a maior consideração. A propósito deste tema tão importante, ou seja, a crise do livro, poderíamos relevar alguns pontos.

O primeiro decorre justamente do fato de que sejamos levados a falar tanto sobre o livro. As pessoas menos suspeitas, ou seja, as que trabalham em sua fabricação, dedicam-se com ardor à sua defesa, elogiam seu caráter de perenidade, de excelência, de realidade insubstituível e assim por diante. O problema começa a partir do momento em que todos esses discursos, precisamente pela sua insistência, pela sua convicção – convicção daqueles que escrevem – até mesmo pelo seu entusiasmo, acabam por levantar esta gravíssima suspeita: e se tudo estiver acontecendo sob o signo da morte, da decadência definitiva, como se o livro estivesse em via de deixar esgotarem-se as próprias raízes de sua razão de ser? Por que esse novo entusiasmo, de tal modo total e apaixonado – e, talvez, imprudente – em pretender defender o livro? A questão revela-se em si mesma equivocada: por que este objeto, o livro – veículo privilegiado e de tal modo incontestado, cuja existência parecia tão espontânea, tão natural –, passou a exigir, de repente, tantos elogios em sua defesa?

Parece-me que é exatamente o vigor de tal defesa que acaba por colocar tudo em perigo, embora ninguém possa duvidar da autenticidade dessa paixão absolutamente necessária a quem pretenda escrever. Convém levar a sério as bases em que estão apoiadas essas inquietações e, com elas, o entusiasmo pela defesa do livro, expresso pelos escritores e por aqueles que o seguram entre as suas mãos. Mas já aqui, remetemo-nos brevemente ao campo da revolução de Gutenberg quando, pela primeira vez, o livro revestiu-se da plenitude de um objeto, manipulável, acessível, justamente no alvorecer da democracia e da expansão do mercado. Esses primórdios foram realmente promissores. Imaginemo-nos, por exemplo, segurando nas mãos um livro da biblioteca de Erasmo ou de Espinoza; confeccionados de forma ainda um pouco grosseira, esses livros tinham – e continuam tendo – o esplendor, até mesmo a solenidade, de um objeto que, entre seus pares ainda pouco numerosos, se impõe como um sucesso único e inédito, que exige respeito. O livro era, em seus começos, essa oferta em tudo generosa, promissora, satisfeita com sua suficiência. Esse elemento impresso representava, sem dúvida, a própria glorificação da nova hegemonia que começava a exercer influência sobre a categoria do objeto.

Não há como iludir-se: de forma bastante paradoxal, a edição da Bíblia, realizada por uma maquinaria ainda pouco confiável, iria em breve desmascarar a totalidade de seu próprio destino. Essa Bíblia revelar-se-ia como o antepassado ingrato de procedimentos que os tempos modernos acabariam por descartar sem grande dificuldade. Os temas bíblicos sobre a predestinação divina não tardaram a ser substituídos pelos impressos imperativos, relativos à instalação da dicotomia sujeito-objeto. Nesses momentos inaugurais, o esplendor do sujeito acompanhava a ostentação do objeto, dando lugar, de maneira totalmente esclarecedora, a um progressivo imbricamento das relações entre sujeito e objeto. De fato, a revolução industrial – e, com ela, as transformações da técnica tipográfica – acabou por modificar tudo. E isso a ponto de, em nossa época, tudo se ter metamorfoseado em sujeito ou objeto, nada mais existindo que se situe acima ou abaixo dessa dicotomia. Mais ainda: a partir do envolvimento interno do sujeito com o objeto, desenvolveu-se a moderna sociedade de consumo e, nela, sujeito e objeto tornaram-se realidades excessivamente manipuláveis – o próprio planeta Terra tornou-se um objeto manipulável pelo homem. Com efeito, todo objeto não era mais do que o resultado de uma manipulação humana, destinada ao consumo. E, assim, instalou-se esse nosso novo mundo em que produção e consumo completam-se em uma espécie de necessidade eterna que não cessou de fundamentar a democracia, de modo que o investimento humano foi integrando a ciência e a técnica, com o desígnio de erradicar a pobreza e estabelecer o homem neste mundo.

É claro que todo esse contexto, sucintamente esboçado, deveria obrigatoriamente atingir o livro que, antes de tudo, é um objeto inteiramente submisso às regras da revolução industrial. Como objeto, ele não conseguiu escapar às rígidas normas que passaram a orientar a confecção dos objetos. Então, é fundamental tomar nota do fato de que o livro tornou-se, como todo objeto, uma realidade manipulável. Os processos inserem-se no contexto geral pelo qual passa a categoria do objeto. O livro participa de tudo isso e também sofre as conseqüências disso: o corolário intrínseco à própria idéia de manipulação está em que o objeto torna-se descartável. Isso se aplica a tudo o que constitui o nosso mundo manipulado: isso é válido para a pedra, a maçã, a energia solar, a casa, a máquina e todos os aparelhos. Talvez, o museu não passe de uma forma de tornar descartáveis as próprias obras de arte, desenraizadas como são em relação a qualquer contexto. Daí, compreendemos que o livro também se transforme em uma realidade, facilmente diluída em suas próprias entrelinhas. A história do livro acompanha, então, a história da própria categoria do objeto que vai de uma certa soberania guiada pelo cálculo até alcançar os deslocamentos e a imoderação do descartável.

Descartável quer dizer substituível e perecível. Nos países desenvolvidos, são lançadas edições de grande qualidade, as chamadas "edições de trabalho". E, no entanto, a leitura de uma página de Freud pode levar ao que era previsível: o arrancamento de uma folha, entregue agora nas mãos do leitor. Repito que as edições são perfeitas, mas a ironia vem da substituição dos cadernos costurados por cadernos colados, o que torna deplorável a dimensão material do livro. Parece que o destino do livro passa a ser semelhante ao das imensas pilhas de papéis avulsos que se acumulam, tudo destinado à desordem das lixeiras de papel. O mesmo ocorre com a educação de nossos estudantes em relação ao livro. E tudo isso acontece agora, justamente quando qualquer professor de província pode permitir-se o pequeno luxo de criar sua biblioteca particular, talvez, de alguma valia. Será que os livros mais caros, os bem costurados em suas lombadas e providos de capas solidamente encadernadas, não estão destinados aos estoques inúteis dos colecionadores?

Que felicidade se fosse preservado o *otium* dos colecionadores! O bibliófilo (e qual pesquisador não teria prazer em sê-lo?) deve imaginar seus predecessores compartilhando um prazer semelhante àquele a que se entregavam, por volta do século XVIII, os fundadores dos gabinetes de História Natural. Eles colecionavam objetos raros, serpentes embebidas no éter, pedras e areias estranhas, esqueletos e ainda outros objetos, mas sempre coisas originárias de mundos longínquos, formando assim caleidoscópios de alteridades. Nesses gabinetes estavam expostos belos e volumosos livros, ricos em ilustrações, que relatavam as aventuras exóticas de tantos viajantes por terras desconhecidas. A bibliofilia talvez não seja nada mais do que o prolongamento daquele espírito aventureiro.

Qual é, então, o sentido das bibliotecas modernas? Essa questão não poderia limitar-se às dimensões adequadas da biblioteca do referido professor de província, nem à obstinação dos bibliófilos. Estou pensando nesses monumentos colossais, nos milhões de volumes que enchem as grandes bibliotecas, espalhadas em tão grande número por nosso mundo. Existem algumas verdadeiramente maravilhosas que souberam tornar-se insubstituíveis para qualquer tipo de pesquisa. A ilusão reside exatamente neste detalhe: o pesquisador pensa que, de repente, tem o livro, concretamente, entre as suas mãos. E, de fato, assim é efetivamente e isso é necessário. Donde vem, então, a ilusão? Do fato de que a grande biblioteca deixou de representar o saber ou já não o faz de uma forma concreta em seu saber total; ele se perde nos detalhes, no escrúpulo da observação particular, do caráter incontrolável da visão fragmentária. No entanto, a transparência desse saber totalizante pertence, quase geneticamente, à própria invenção do mundo ocidental. Basta, para isso, lembrarmo-nos da edificação da biblioteca de Aristóteles, no final da época de maturidade do mundo grego. Essa representação totalizante do saber foi construída uma última vez e, talvez, de uma forma perfeita, pelo ideário da Enciclopédia Francesa do século XVIII. Ela continha todo o saber, ordenado sistematicamente, e colocava-se à disposição do pesquisador que, desde então, podia dominar e criar a partir de uma totalidade viva. Atualmente, deixou de existir ou restam apenas fragmentos desse ideal dos enciclopedistas. Nossas bibliotecas desenrolam-se por labirintos infinitos, vasculhados por meio de computadores que, à sua maneira, são igualmente labirintos.

Não é um acaso se os tempos modernos criaram dois meios de expressão: o sistema e o fragmento, ou o prolongamento deste último, que é o ensaio. O sistema oferece a transparência da racionalidade, finalmente concretizada: ele sabe tudo e transmite tudo. O fragmento, por sua vez, vive de suas próprias tentativas, de suas experimentações: ele explora diferentes vias, sempre no claro-obscuro das tarefas inacabadas. Nesse aspecto, é importante observar que o sistema deixou de funcionar ou funciona apenas nas ciências ditas formais, tais como a Lógica e a Matemática, que se tornaram plurais – em nossos dias, as lógicas e as matemáticas coexistem. E, mais importante ainda, está em constatar que o meio de expressão, praticamente universal, encontra-se no fragmento, no ensaio. A biblioteca, como os livros que nela se encontram, não passa de um amontoado de fragmentos; e tudo se torna fragmentário, incluindo o indivíduo que deles se aproxima. Na base de tudo, reside algo que se assemelha a um ceticismo material. No caso presente, o ceticismo significa o saber que se tornou inacessível ao homem que se limitou a captar fragmentos das coisas, já que a enciclopédia deixou de estar em moda. Já não há lugar para um Leibniz.

De certa maneira, a biblioteca vive agora da impossibilidade de seus próprios pressupostos; ela se renega ao mesmo tempo que garante seu funcionamento. E isso não diz respeito unicamente à grande biblioteca como um todo, mas, e em primeiríssimo lugar, a cada livro em particular. Nessa perspectiva, cada livro torna-se o índice fundamental de sua própria crise, da impossibilidade do projeto. Tudo se confina em particularismos: o ensaio, o cálculo, o romance, a poesia – o fragmento que pretende ser um modo de ensaio, o cálculo aprisionado na trama de sua imanência, a visão parcial que é o romance, as brechas da subjetividade que é a poesia.

Esse contexto parece provocar uma espécie de vertigem, como se o homem estivesse condenado a andar sobre algo semelhante à ausência de fundamento. Para alguns autores, nossa época seria essencialmente um tempo de penúria. A penúria seria oriunda de um certo hiato essencial. Portanto, na origem, a biblioteca seria unicamente a unificação do saber controlável pelo homem que dispunha do saber; o gênio dos tempos modernos ainda coabitava com a objetividade total do saber criador. Mais tarde, já em nossa época, apareceu o discurso sobre a penúria, ou seja, entre outras coisas, uma forma de proliferação que tornou impossível a unidade do saber que era a própria razão de ser da biblioteca. O mesmo ocorre, aliás, com a evolução de nossas universidades. Efetivamente, a Universidade enraíza-se em uma bem estabelecida classificação das ciências que dá uma visão unitária do conjunto. Todavia, a expansão das ciências conduziu a uma fragmentação intrínseca da Universidade que se encontra, então, na impossibilidade de reconhecer a unidade essencial que determinava sua própria razão de ser, tal como era em sua origem. E os problemas, que não são descartáveis, já se encontram aí: nem todos eles podem ser considerados, ingenuamente, como negativos. É nessa desordem, de qualquer forma, que devemos procurar compreender qual possa ainda ser a identidade do livro.

De imediato, é necessário acrescentar que a referida penúria não se assemelha em nada à pobreza, nem mesmo à ausência de sentido. Tal pobreza só poderia reportar-se a um mundo passado que já não poderia acontecer. Quero dizer que o elogio da penúria deriva, antes de tudo, da demonstração de uma extrema riqueza. Basta lembrarmo-nos de que faz pouco tempo, na época de Kant, havia apenas uma ciência bem estabelecida: a Física de Newton. Em nossos dias, a multiplicação das ciências tornou-se, por assim dizer, incontrolável. Sem falar da dicotomia exibida a partir da segunda metade do século XIX, que estabelece a distinção entre as ciências naturais e as ciências da cultura, ou históricas, ou ainda do "espírito", como dizem os alemães. Essa forte diversificação provocou uma crise correspondente no domínio das metodologias e das raízes do saber e, na extremidade, a da presença do livro. Agora, tendo esquecido suas origens, o livro assume limites exteriores, desdobra-se em bibliotecas infinitas – mas, será que, atualmente, existe algo mais exterior ao homem do que o infinito?

É evidente que essa situação nos conduz com facilidade e justeza a reconhecer a glorificação do livro. A multiplicação das bibliotecas e a imensidade de seus propósitos inscrevem-se, agora, em destinos prefixados nas origens da fabricação do livro. Todavia, acontece que toda essa força não é, uma vez mais, senão o índice da extrema fragilidade do livro. A riqueza necessária à expressão da condição humana, desde os tempos das inscrições nas paredes de grutas primitivas, seguidas por outras múltiplas formas (basta pensar na maravilhosa história dos alfabetos), encontrou seguramente no livro sua materialização mais perfeita e significativa. Será necessário lembrar que o livro, aliado à invenção da imprensa, vem se difundindo no decorrer de alguns séculos? Atualmente, parece que as coisas estão tomando outros rumos. Convém reconhecer que, apesar da desmedida de todas as paixões, seria insensato pretender que o livro devesse constituir-se em uma realidade eterna e estável. Em 2000, na Feira do Livro, em Frankfurt, considerada a manifestação mais importante do universo das letras, surgiu de repente a grande novidade: o primeiro exemplar, fartamente premiado, de um livro eletrônico. Não é muito difícil imaginar o que a novidade possa vir a significar. Na era da tecnologia, os progressos revelam-se irreversíveis. Entretanto, talvez venha a sobrar um pequeno e nostálgico espaço para a generosidade dessa espécie de bibliófilos em que todos nós nos tornamos – na medida em que o livro ainda pode sustentar-se entre as nossas mãos. A pior das soluções consistiria, sem sombra de dúvida, em alimentar qualquer forma de preconceito contra os progressos da tecnologia; mesmo porque nunca serão tais avanços que irão atravancar o caminho dos descendentes dos maiores escritores...

2.4

A biblioteca de Robinson

"Um idoso é sempre Robinson."
(François Mauriac, *Nouveaux mémoires intérieurs.*)

Alberto Manguel

Nos primeiros dias de outubro do ano de 1659, depois de ter naufragado no litoral do que iria ser chamada "Ilha do Desespero" por ele, Robinson voltou aos destroços de seu barco à procura de algumas ferramentas e de vitualhas, assim como de "várias coisas de menor valor", tais como penas de escrever, tinta, papel e livros. Entre esses livros, alguns estavam escritos em português, outros eram "livros de orações papistas"; havia também três excelentes Bíblias. A partir de sua "terrível libertação", ficara horrorizado só de pensar que pudesse morrer de fome; as ferramentas e as vitualhas acabaram satisfazendo suas necessidades imediatas e, assim, encontrou-se em condições de procurar o que poderia atenuar os dias penosos que se estendiam à sua frente. *"Erst kommt das Fressen, dan kommt die Moral"* [Primeiro, o rango; em seguida, a moral], eis o que, mais tarde, foi afirmado por Brecht. Tendo garantido sua subsistência, Robinson esforçou-se por cuidar de seu espírito e procurou um entretenimento moral na magra biblioteca de seu barco. Robinson foi o fundador – contra a vontade – de uma sociedade nova; nesse caso, seu autor, Daniel Defoe, julgou necessário que, no alvorecer de uma sociedade nova, houvesse livros.

Nós, seus leitores (e somos leitores compulsivos), achamos evidente que, ao procurar o estritamente necessário, Robinson se tenha empenhado em salvar os livros de seu barco, estivessem escritos em português ou em qualquer outra língua; ficamos, igualmente, curiosos em saber quais eram esses "poucos livros em português". Sem sombra de dúvida, um exemplar dos *Lusíadas* de Camões, obra que convém perfeitamente à biblioteca de um barco; talvez, os sermões do célebre Antônio Vieira, entre os quais o soberbo *Sermão de Santo Antônio aos peixes*, no qual Robinson tivesse lido a defesa dos irmãos de Sexta-feira; com toda a certeza, as *Peregrinações* de Fernão Mendes Pinto, que narram estranhas viagens nesse Oriente sempre tão misterioso e que o autor de *Robinson* – o insaciável Defoe – conhecia perfeitamente.

De qualquer forma, é impossível identificar, com toda a certeza, essas obras: de fato, apesar de ter anotado escrupulosamente em seu diário as variações da temperatura e de seu estado de humor, Robinson nunca escreveu nada sobre os livros que havia levado para sua ilha. Conformando-se com a idéia dos ingleses de que o inglês é a única língua digna de um *gentleman*, talvez ele fosse incapaz de ler o português. No entanto, imaginemos nosso desespero, no pressuposto de que nos tivéssemos encontrado em uma situação tão deplorável, ao ter à nossa disposição apenas uma literatura escrita em uma língua que não tínhamos condição de decodificar. Imaginemo-nos em via de folhear as páginas obstinadamente silenciosas, procurando decifrar seu sentido através da vintena de letras que conhecemos tão bem, mas dispostas em uma ordem destituída de sentido e que lhes confere o caráter de um pesadelo. Pobres de nós! Pobre Robinson! Mas ele nada diz a respeito desse calvário, aliás, a idéia que teria ocorrido imediatamente a nossa mente, a nós seus hipócritas leitores. (Na realidade, parece que Robinson acabou esquecendo rapidamente todos os seus livros: ao deixar a ilha, no dia 11 de junho de 1687, na lista detalhada de seus bens, ele não diz uma palavra a respeito dessas misteriosas obras.)

Ele fala, todavia, de suas leituras da Bíblia. O Livro Sagrado está no cerne de sua sociedade nova: dá um colorido a cada uma de suas ações; dita-lhe a significação de seus sofrimentos; é o instrumento por meio do qual irá tentar, à maneira de Próspero, transformar o selvagem Sexta-Feira em um servidor prestativo. Robinson escreve: "Expliquei-lhe o melhor possível o motivo pelo qual nosso bem-aventurado Redentor não havia tomado a natureza dos anjos, mas a de Abraão, e a maneira como, por essa razão, os anjos caídos não tinham tomado parte na Redenção; assim como o motivo pelo qual Ele tinha vindo apenas para salvar as ovelhas desgarradas da casa de Israel" etc. E Robinson acrescenta com uma franqueza desarmante: "Deus pode servir de testemunha de que demonstrei mais sinceridade do que ciência em todos os métodos que utilizei para educar essa desgraçada criatura".

Além de um instrumento de educação, o livro é também um instrumento de adivinhação. Algum tempo depois, quando Robinson, mergulhado como Jó no desespero, tenta compreender sua desgraça ("Por que Deus agiu assim para comigo? Que fiz eu para que Ele me trate dessa forma?"), ele abre a Bíblia e encontra esta frase: "Nunca, mas nunca, eu te deixarei, nunca eu te abandonarei" e ele acredita imediatamente que essas palavras lhe são destinadas. Nessa praia do fim do mundo, recomeçando sua vida com a ajuda de alguns resíduos de uma sociedade em ruínas – sementes, escopetas e palavra de Deus –, Robinson constrói um mundo novo no centro do qual a Bíblia lança sua luz antiga e cruel[10].

---

[10] Uma digressão: se Robinson tivesse desembarcado, não em uma ilha ao largo da América do Sul; se sua ilha se encontrasse alhures, ao largo do Pacífico, por exemplo, uma das ilhas Charlotte, talvez habitada por um povo cuja tradição não estivesse centralizada no livro, nem tivesse sido carregada por este através do tempo e do espaço, mas construída em torno dos poderes da memória, da imaginação e da inventiva língua humana; se Robinson não estivesse munido de sua preciosa Bíblia e se tivesse disposto a escutar as histórias dos outros Sextas-Feiras inspirados, ele teria descrito em seu diário, sem dúvida, uma sociedade bem diferente; diferente, evidentemente, de sua ilha que reflete a outra ilha, a ilha britânica que ele havia deixado em um fatídico dia de setembro, mas também diferente de toda sociedade na qual o que somos e onde estamos depende do que, em determinado momento, havia sido registrado em uma página. Nosso tempo é o tempo do livro, e não o tempo de relatá-lo, um tempo cumulativo, repleto de premonições e reflexões, desenrolando-se como uma narrativa, avançando de forma geométrica, de capítulo em capítulo, desde a inconcebível primeira linha escrita no deserto da Suméria até a inimaginável palavra final que será escrita quando vier a esgotar-se o último tinteiro ou quebrar-se o último processador de palavras. Diferentemente do tempo do livro, o tempo das sociedades orais é linear. Seu passado é aquele que o presente deseja preservar, seu futuro não é senão o poeta, trata-se de uma outra história.

Podemos viver em uma sociedade baseada no livro e, no entanto, não praticarmos a leitura, ou então podemos viver em uma sociedade na qual o livro desempenha apenas um papel secundário e sermos, no sentido mais profundo e estrito do termo, leitores. A sociedade grega, por exemplo, manifestava pouca preocupação com os livros e, no entanto, os gregos eram, com toda a certeza, enquanto indivíduos, grandes leitores. Aristóteles, cujas obras (tais como as conhecemos) não passam verossimilmente de anotações de cursos tomadas por seus discípulos, era um leitor voraz e sua biblioteca pessoal foi a primeira da Grécia Antiga de que temos conhecimento. Sócrates, que desprezava os livros e nunca se dignou escrever uma só palavra, preferiu, no entanto, ler o discurso do orador Lícias a ouvi-lo recitar pelo entusiasta Fedro. Pelo contrário, imagino que Robinson teria preferido que alguém lhe fizesse tal leitura. Como representante da sociedade judaico-cristã baseada no livro, ele não era um leitor como nós somos nas nossas pretensas sociedades letradas. Robinson (mesmo que acreditasse "ler, cotidianamente, a palavra de Deus", empenhando-se em dar-nos a conhecer tal detalhe) não era um fervoroso leitor da Bíblia, livro que se encontra no âmago de sua vida social, que é seu "Livro do Poder", para retomar a expressão de Lutero. Ele podia consultá-la em cada dia, da mesma forma que teria consultado a Internet, se a rede já tivesse sido inventada e, sem dúvida, a teria utilizado como guia. No entanto, não chegou a fazer sua a palavra de Deus, como Santo Agostinho nos exorta a fazê-lo: encarnando o texto escrito. Ele aceitava simplesmente o que lhe prescrevia sua sociedade. Se Robinson tivesse naufragado no final de nosso milênio, poderíamos facilmente imaginar que teria posto a salvo de seu barco não o "Livro do Poder", mas um *powerbook*, o qual não é um instrumento de leitura, mas uma simples ferramenta de escrita e consulta.

O que estabelece a distinção entre Robinson e Defoe, autor e insaciável leitor, ao viverem ambos na sociedade do livro? O que diferencia um leitor daquele para quem o livro é unicamente um instrumento de poder ou de prestígio? Ou melhor, o que distingue a importância de palavras salvas da prisão da página pelo ato de leitura da palavra não lida, mas reverenciada na prisão da página? Existe um abismo intransponível entre o livro consagrado pela tradição como um clássico e aquele (pode ser o mesmo) que fizemos nosso por instinto, porque nos comoveu e o compreendemos, que nos fez sofrer, levou-nos a regozijar-nos, que traduzimos na nossa experiência e do qual nos tornamos (sejam quais forem as espessuras da leitura que encobrem qualquer texto que nos é transmitido) os primeiros descobridores, experiência tão perturbadora e inesperada quanto apercebermo-nos das pegadas de Sexta-Feira na areia. "Os cantos de Homero" – diz Goethe, por sua vez, autor clássico pouco lido em nossos dias – "têm o poder de nos libertar, nem que seja por alguns instantes, do fardo esmagador com que a tradição nos carregou há milênios." Ser o primeiro a penetrar no antro de Circe ou o primeiro a ouvir a resposta de Ulisses afirmando que ele se chama "Ninguém" é o desejo secreto de qualquer leitor, que não cessa de realizar-se, de geração em geração, em todos aqueles que abrem a *Odisséia* pela primeira vez. Esse modesto *jus primae noctis* – ou "direito da primeira noite" – garante a única imortalidade válida aos livros que chamamos de "clássicos".

Existem duas maneiras de interpretar este versículo – sobejamente citado – do Eclesiastes: "Nunca se termina de compor livros e mais livros"[11]. Podemos lê-lo como o reflexo destas palavras: "E a reflexão exagerada cansa o corpo" e dar de ombros diante da impossível tarefa de ler todos os livros da biblioteca; ou então, podemos lê-lo como uma jubilação, uma prece de reconhecimento à munificência de Deus, de modo que a conjunção "e" deveria ser lida como "mas": "Mas a reflexão exagerada cansa o corpo". Robinson pronuncia-se em favor da primeira interpretação, enquanto Aristóteles (e São Jerônimo, Erasmo, Leão, o Hebreu, Soror Juana, o doutor Johnson e Northrop Frye), em favor da segunda. Depois de uma tarde esquecida da Mesopotâmia, cada leitor conseguiu abrir um caminho através da biblioteca infinita dos infinitos "livros e mais livros", a despeito do "cansaço do corpo". Todos os leitores encontram sortilégios para garantirem a posse de uma página que se transforma por magia como se nunca tivesse sido lida, fresca e imaculada; daí em

[11] Citação bíblica conferida em BÍBLIA SAGRADA. 2. ed. São Paulo: CNBB, 2002. Ecl. 12,12. (N.T.)

diante, todas as leituras anteriores baseiam-se em cada átomo do texto. A história da leitura é, em certo sentido, a história desses sortilégios.

Nos antípodas de Robinson – o homem que venera o livro, mas não lê, que aceita o veredicto da tradição, mas não sente a necessidade de abrir um livro para mergulhar nele o olhar –, existe o leitor para quem cada livro está sempre exposto à censura e que acredita que toda leitura que interpreta um texto é forçosamente errônea. É a disciplina, e não o prazer, que dita a lei a esse leitor que acabará ocupando as cátedras universitárias e os gabinetes da censura. Para essa alma hipersensível, não é possível abordar um texto qualquer por aquilo que ele é. De fato, é impossível levar em consideração o menor texto sem expurgá-lo e purificá-lo; ora, às vezes, tal operação chega até sua destruição.

Em 1939, no decorrer de uma noite em Buenos Aires, os escritores Jorge Luís Borges, Adolfo Bioy Casares e Silvina Ocampo decidiram imortalizar este leitor meticuloso; em sua honra, compuseram uma lista (sua lista) de coisas a evitar quando se escreve. Eis, segundo o bem irônico Bioy Casares, as "Coisas a serem evitadas em literatura":

- as curiosidades psicológicas e os paradoxos, como os assassinatos cometidos por delicadeza, os suicídios cometidos por prazer;
- as interpretações surpreendentes de alguns textos ou personagens, tal como a misoginia de Don Juan etc.;
- os pares de protagonistas manifestamente diferentes demais, por exemplo, Dom Quixote e Sancho Pança, Sherlock Holmes e Watson;
- os pares de personagens idênticas, tais como Bouvard e Pécuchet. Se o autor inventa um traço de caráter para a primeira, é obrigado a inventar um outro para a segunda;
- as personagens descritas por suas extravagâncias, como em Dickens;
- tudo o que é novo ou surpreendente, na medida em que os leitores civilizados apreciam pouco serem surpreendidos;
- os jogos estéreis com o tempo e o espaço (Faulkner, Borges etc.);
- a descoberta de que o verdadeiro herói de um romance é o prado, a floresta, o mar, a chuva, a bolsa;

- os poemas, as situações, as personagens que o leitor – Deus o livre! – poderia reconhecer;
- as expressões que poderiam transformar-se em provérbios ou tornar-se citações; elas são incompatíveis com o conjunto do texto;
- as personagens que ameaçam transformar-se em mitos;
- as enumerações barrocas;
- o vocabulário rico, os sinônimos, a palavra adequada, tudo o que visa à precisão;
- as descrições que utilizam a imagem, os textos abarrotados de detalhes físicos, como em Faulkner;
- os segundos planos, a ambiência, a atmosfera; o calor tropical, a embriaguez, a voz no rádio, as expressões que se repetem como um refrão;
- os livros que começam ou acabam com detalhes meteorológicos; os sofismas patéticos, tais como "O vento se levanta! É necessário tentar viver!";
- todas as metáforas, sobretudo visuais; ainda mais as metáforas extraídas da agricultura, navegação, atividade bancária, como em Proust;
- o antropomorfismo;
- os livros que se modelam em cima de outros livros, tais como *Ulisses* e a *Odisséia*;
- os livros que pretendem ser cardápios, álbuns de fotografias, itinerários, concertos;
- tudo o que poderia servir de inspiração para ilustrações; tudo o que poderia inspirar um filme;
- o que está fora do assunto, tais como as cenas domésticas em um romance policial, ou as cenas dramáticas em um diálogo filosófico;
- as coisas esperadas, tais como o *pathos* e as cenas eróticas nos romances de amor, os enigmas e os crimes nos romances policiais, os fantasmas nas narrativas do gênero fantástico;
- a vaidade, a modéstia, a pederastia, a não-pederastia, o suicídio.

Evidentemente, no final dessa lista, verifica-se a ausência de qualquer literatura.

Felizmente, a maior parte dos leitores encontra-se entre esses dois extremos. Muitos de nós não fogem dos livros porque experimentam respeito pela literatura, nem fogem da literatura porque experimentam respeito pelos livros. Nosso ofício é mais modesto. Tentamos abrir caminho entre as prateleiras sem fim dos livros, escolhendo este ou aquele por razões difíceis de identificar com precisão: por causa da capa, do título, de um nome, do que fulano falou ou não sobre o livro, de um pressentimento, de um capricho, de um erro, porque pensamos encontrar nesse livro tal história, tal personagem ou tal detalhe particular, porque acreditamos que foi escrito para nós, porque acreditamos que foi escrito para todo o mundo, salvo para nós, e desejamos conhecer a razão de tal exclusão, porque desejamos aprender, rir ou esquecer.

Falei da leitura como se os diversos aspectos dessa arte fossem invariáveis. Até certo ponto, talvez, o sejam. Tanto na Mesopotâmia quanto na Grécia, tanto em Buenos Aires quanto em Toronto, por toda parte, leitores e não leitores andam ao lado uns dos outros e os segundos sempre constituíram a maioria. Seja nos *scriptoria* fechados da Suméria ou da Europa Medieval, na cidade de Londres do século XVIII ou na Paris do século XX, permanece bastante reduzido o número daqueles para quem a leitura de livros é essencial. O que varia, creio, não se refere às proporções, em termos bastante gerais, entre esses dois grupos de seres humanos, mas à maneira como o livro e a arte de ler são levados em consideração pelas diferentes sociedades. E é nesse aspecto que entra em jogo a diferença entre o livro canônico e o livro lido.

Se um visitante do passado voltasse, hoje, às nossas cidades civilizadas, um dos aspectos que não deixaria de surpreender esse velho Gulliver seria, certamente, os hábitos de leitura de seus descendentes. O que é que ele veria? Veria amplos templos comerciais nos quais são vendidos milhares de livros, imensos edifícios exibindo nomes tais como *Waterstones* ou *Books Etc.*, nos quais a coisa impressa foi dividida e organizada segundo categorias ou áreas arbitrárias para uso do consumo regulado dos fiéis. Aqui, por exemplo, em *Books Etc.*, o vocabulário gastronômico – que se desenvolveu bastante para descrever a arte de ler desde que o anjo ordenou a Ezequiel que comesse o rolo sagrado – adquiriu uma realidade física; os leitores bebericam dezenas de variedades de cafés, mastigando outras tantas variedades de bolos, sentados, ocupados em estudar tomos volumosos, em percorrer romances sentimentais ou magazines de fofocas, ou em ler revistas eruditas que deploram a morte do livro. Veria bibliotecas, leitores que lotam edifícios neoclássicos, deambulam sem destino entre as prateleiras ou ficam absortos em versões digitalizadas semivirtuais em que alguns textos foram convertidos e, por conseguinte, já estão levando uma existência precária de fantasmas eletrônicos. No exterior, também, o visitante encontraria uma multidão de leitores: aqueles que lêem sentados nos bancos das praças, no metrô, nos ônibus, nos bondes e trens, aqueles que esperam nos aeroportos e aqueles que, à mesa do restaurante, mantêm um livro aberto à sua frente. Nos apartamentos e nas casas (nosso visitante teria um olhar penetrante), veria leitores que lêem deitados na cama e sentados no vaso, leitores afundados em poltronas ao lado da lareira e leitores estendidos no chão, com as pernas para o ar. Nosso visitante veria leitores por toda parte, e deveríamos perdoar-lhe se tirasse a conclusão de que vivemos em uma sociedade letrada.

Muito pelo contrário. Não vivemos em uma sociedade letrada. Nossa sociedade aceita o livro como um produto dado, embora antiquado. Mas, o ato de ler, que, outrora, era considerado honroso e prestigioso – para não dizer, perigoso e subversivo –, é daqui em diante tolerado de maneira condescendente como um passatempo, um lento passatempo, que carece de eficácia e não contribui para o bem comum. Como nosso visitante, eventualmente, acabaria tomando consciência, a leitura na nossa sociedade nada mais é do que um gesto acessório, e a grande reserva de nossa memória e de nossa experiência, a biblioteca universal, é concebida não tanto como uma entidade viva, mas como um depósito abarrotado. Depósito inútil, porque contém apenas o passado.

Por ocasião das revoltas estudantis que abalaram o mundo no final da década de 1960 do século passado, um dos *slogans* que se dirigiam aos professores da Universidade de Heidelberg proclamava: "*Hier wird nicht zitiert!*" [Nada de citações aqui!]. Os estudantes desejavam um pensamento original; haviam esquecido que citar é prosseguir uma conversação com o passado a fim de restituí-lo no contexto do presente; que citar é utilizar a biblioteca de Babel; que citar é refletir sobre o que foi dito antes de nós e que, por negligenciarmos tal reflexão, falamos no vazio, exatamente onde nenhuma voz humana chega a articular o mais insignificante som. "Escrever a história", afirma Walter Benjamin, "é citá-la"[12]. Escrever o passado, conversar com a história, eis duas atitudes que constituíram, como se sabe, o ideal humanista, formulado pela primeira vez, em 1440, por Nicolas de Cusa. Em sua obra *De docta ignorantia* [Da douta ignorância], ele deixou entender que a Terra não era provavelmente o centro do mundo e que o espaço exterior, em vez de estar limitado pelos decretos de Deus, estender-se-ia, talvez, indefinidamente; portanto, propôs a criação de uma sociedade semiutópica que, à semelhança da biblioteca universal, compreenderia a humanidade inteira e na qual a política e a religião deixariam de ser forças nefastas. É interessante observar que existe entre os humanistas uma correlação entre a possibilidade de um espaço infinito que não tem proprietário e o saber de um passado rico que pertence a todos.

É, evidentemente, o contrário da definição do *World Wide Web*. A *Web* define-se como um espaço que pertence a todos, mas exclui o sentimento do passado. Na *Web*, não há nacionalidades (com exceção do fato, é claro, de que sua *língua franca* é o inglês), nem censura (com exceção do fato, uma vez mais, de que os governos encontram, às vezes, o meio de recusar o acesso a alguns *sites*, forma de censura por omissão). Para o utilizador da *Web*, o passado (a tradição temporal que conduz ao nosso presente eletrônico) não é habitado. O espaço eletrônico não conhece, segundo parece, fronteiras. Os *sites* – ou seja, lugares particulares que se definem a si mesmos – erigem-se nesse espaço, mas não o limitam, não o possuem, como se

[12] BENJAMIN, W. *The Arcades project*. Cambridge: Harvard University Press, 1999.

se tratasse de água na água. É quase instantâneo, não ocupa nenhum tempo, salvo o pesadelo de um perpétuo presente. Completamente lisa e sem volume, completamente presente e sem passado, a *Web* aspira a ser (anuncia-se a si mesma como tal) a moradia de cada utilizador, na qual a comunicação se torna possível com qualquer outro utilizador, à velocidade do pensamento. Tal é sua característica essencial: a velocidade. Deplorando a brevidade da vida na Terra, Beda, o Venerável, comparou-a à passagem de um pássaro em uma sala iluminada que, por um lado, emerge das trevas e, por outro, sai para as trevas; certamente, nossa sociedade interpretaria a lamentação de Beda como uma gabolice.

A mídia eletrônica é efêmera. A vida de um disquete não supera, em média, os sete anos; a de um CD-ROM, dez. Quanto às coleções digitalizadas, onde elas existem, é necessário providenciar regularmente cópias de segurança para preservá-las de uma destruição total em caso de acidente eletrônico; mas, quantas vezes poderão ser gravadas as cópias de tais coleções? Há alguns anos, no Museu Arqueológico de Nápoles, presenciei os vestígios de um papiro descoberto nas ruínas de Pompéia, protegidos por duas placas de vidro. Esse papiro tinha mais de dois mil anos; havia sido queimado pela irrupção do Vesúvio, enterrado sob uma camada de cinza. Apesar disso, ainda podia ser lido com tanta nitidez quanto se pode ler o jornal que é distribuído logo pela manhã. Além disso, a mídia eletrônica é efêmera, instantânea, útil sobretudo para comunicar nesse mesmo instante e para extrair uma informação atualizada no próprio instante em que é procurada. Por que motivo, então, exigir dela o que, com toda a evidência, só poderá oferecer em precárias condições?

Com suas funções de escrita e de áudio, o texto eletrônico tem a ver, ao mesmo tempo, com a tradição oral e com a tradição escrita; no decorrer do tempo (eis o que, no mínimo, podemos esperar), ele se libertará dessas duas tradições e há de elaborar seu próprio vocabulário tecnológico. Ler o texto integral de *Crime e castigo* ou *E o vento levou* na tela de um computador ou gravado em um *rocket-book* representa um grande número de esforços, considerando que o comum dos mortais não pode permanecer sentado horas a fio diante de uma tela iluminada por detrás da qual desfila, como no tempo da Grécia ou da Roma antigas, o rolo de um texto que não é composto por caracteres de imprensa, mas de pontos tremeluzentes. E os leitores de livros gravados em CD-ROM (suporte reservado, atualmente, sobretudo para as obras de referência) devem suportar a humilhação de se deixarem guiar pela história como se fossem crianças que necessitassem de ilustrações, de uma voz que desse explicações ou de belas imagens sedutoras. Reduzir um CD-ROM, tão repleto de possibilidades, à única função de livro antigo, até mesmo ilustrado e lido em voz alta, é ignorar deliberadamente suas riquezas: tal atitude equivaleria a pegar o avião para chegar ao centro comercial, situado na esquina da rua. Esse mau uso, creio, não durará por muito tempo, mas só enquanto os artistas não se apoderarem dessa nova mídia e não lhe atribuírem seu próprio vocabulário, como já haviam feito após a invenção da fotografia, do rádio, do cinema e do vídeo. Somente, então, iremos compreender que um CD-ROM não é um livro, do mesmo modo que uma fotografia não é uma pintura; até esse instante, seu uso hesitará entre a tagarelice e a leitura.

Outra fragilidade: a *Web* não é universal. Seu acesso está limitado às sociedades ricas; para milhões de seres humanos, no planeta, continua sendo tão inacessível quanto a estrela mais recuada do universo.

Como seus usuários, pensamos, porém, que ela é acessível a todos e falamos dessa tecnologia como substituta de qualquer outra técnica, incluindo a do livro. Os editores norte-americanos pretendem que, no mínimo, 30% da produção de livros, no futuro, seja eletrônica, sob a forma de textos digitalizados, prontos para serem gravados por simples demanda em um dos diversos leitores digitais, já disponíveis no mercado. Nossa futura sociedade sem papel (descrita por Bill Gates, faço questão de sublinhar, em livro impresso) será uma sociedade sem história, já que tudo sobre a *Web* torna-se instantaneamente contemporâneo e que, graças a nossos tratamentos de texto, deixarão de existir arquivos com nossas anotações, com nossas hesitações, com nossos progressos ou nossos rascunhos. Na década de 1930, Walter Benjamin chegou a observar que "a humanidade que, no tempo de Homero, constituía um objeto de contemplação para os deuses do Olimpo, tornou-se agora seu próprio objeto de contemplação. Essa alienação de si atingiu tal grau que a sociedade pode fazer a experiência de sua própria destruição, como se tratasse um prazer estético de primeira ordem". A essa alienação acrescentamos a de nossas próprias idéias e nos regozijamos ao contemplar a destruição de nosso próprio passado. Deixamos de conservar o vestígio da gênese de nossas criações intelectuais. No futuro, o observador terá a impressão de que nossas idéias surgiam como Atenas nasceu do crânio de seu pai, completamente equipada, da cabeça aos pés, com a diferença de que teremos esquecido a linguagem da história e que essa imagem já não terá qualquer sentido.

Pode ocorrer que a sociedade sem papel que se anuncia, acrescida da ilusão de um mundo sem fronteiras, seja global, mas não seria certamente cosmopolita, já que não pode ser a moradia seja de quem for, na medida em que ninguém pode habitar um *site*. No entanto, uma sociedade sem papel pode aumentar os lucros já gargantuescos das multinacionais que, além de possuírem esse espaço virtual, o manipulam. Não só controlam os sistemas que permitem a existência de tais *sites*, prejudicando o patrimônio mundial dos textos impressos, mas também compram agora nossa herança iconográfica. Se as figuras do escudo de Aquiles e da tela de Penélope, cuja confecção nunca chegava a seu termo, fossem produzidas atualmente, estariam sujeitas a uma taxa, cobrada por uma multinacional. Fundada em 1989 por Bill Gates, a empresa Corbis adquiriu os direitos de reprodução não exclusivos de numerosas obras da National Gallery de Londres, da Fundação Barnes, do Museum of Arts da Filadélfia, do Ermitage e da Eastern Collection do Royal Ontario Museum. Outras empresas adquiriram, igualmente, enormes direitos de reprodução iconográfica: Disney, CNN, Spielberg's Dreamworks, o grupo Bertelsmann, Sony e Hollinger Inc. de Conrad Black[13].

[13] MELANSON, L. Le cartel des images. *L'Actualité*, Montreal: 1º set. 1999.

No dia 18 de janeiro de 1949, um americano chamado James T. Mangan apresentou um pedido ao Cook County Recorder of Deeds e, sob a autoridade do procurador de Estado, proclamou-se proprietário de todo o espaço sideral. Depois de ter dado a seu vasto território o nome de *Celestia*, J. Mangan anunciou seus direitos aos países do mundo inteiro, advertindo-os de que não tentassem empreender qualquer viagem para a Lua; chegou a enviar às Nações Unidas um pedido de adesão. O empreendimento megalômano de J. Mangan foi retomado agora, de maneira muito mais pragmática, pelas multinacionais, cujos métodos têm sido extraordinariamente eficazes. Ao fornecer aos utilizadores da eletrônica a ilusão de controlar o universo a partir de seu teclado, universo em que é possível ter acesso a tudo e obter tudo, como nos contos de fadas, com um simples movimento do dedo, as multinacionais fizeram com que, por um lado, os utilizadores não protestassem por serem eles mesmos utilizados, já que, pretensamente, "controlam" o espaço cibernético e, por outro, não pudessem aprender seja lá o que for de significativo a respeito de si mesmos, de seu meio de vida ou do resto do mundo. Essa mágica faz-se ao colocar a ênfase na rapidez em detrimento da reflexão, na brevidade em detrimento da complexidade; ao atribuir a preferência aos rudimentos de informação e aos fragmentos de fatos, em vez de dar importância aos discursos e análises elaborados; e ao submergir toda opinião informada em páginas e páginas de estúpida tagarelice, de conselhos inúteis, de fatos inexatos e de informações fúteis, tornadas o mais sedutoras possível pelas marcas comerciais e pela manipulação das estatísticas. Certo dia, a inenarrável Florence Nightingale declarou o seguinte: "Para compreender os pensamentos de Deus, é necessário estudar estatística, porque esta é a medida de seu Desígnio"[14]. É também a medida do ímpio desígnio das multinacionais, que não cessam de usurpar os direitos de todos.

No entanto, não se deve censurar a *Web* pelo pouco interesse que mani-

[14] PEARSON, K. *The life, letters and labours of Francis Galton 2*. Londres: Cambridge University Press, 1914. cap. 13, pt. 1.

festamos relativamente à exploração do passado ou ao conhecimento do mundo em que vivemos. Sua virtude, volto a insistir, consiste na brevidade e multiplicidade das informações transmitidas; nesse caso, não pode fornecer-nos também a concentração e a profundidade. Esse médium eletrônico pode nos ajudar (de resto, é isso o que ela faz) de mil maneiras, mas não em tudo; além disso, não se deve pedir-lhe o que não está em condições de nos dar. Ela não será, à semelhança do livro, o depositário de nosso passado universal, precisamente porque não é um livro e nunca chegará a sê-lo, a despeito das bugigangas e dos engodos sem fim que têm sido inventados a fim de desempenhar tal papel. Ela também não será nossa moradia durante nossa estada na Terra, porque não é um espaço de repouso; ela não é um país estrangeiro, nem uma casa, nem o antro de Circe, nem Ítaca. A tecnologia não é responsável por nossas desgraças; tal responsabilidade deverá ser assumida por nós, aliás, os únicos que deverão ser criticados por termos escolhido o esquecimento em detrimento da memória. Seja como for, haveremos de encontrar sempre mil desculpas e inventaremos sempre centenas de razões para justificar nossa incompetência. Os abenakis, por exemplo, acreditam que um grupo particular de deidades, os *oonagamessok*, presidiu à criação dos petróglifos e que o gradual desaparecimento dessas inscrições rupestres explica-se pelo fato de que os deuses estão irritados com a pouca atenção que lhes é prestada, depois da chegada dos brancos[15]. As inscrições de nosso passado comum estão em via de desaparecer não por causa da nova tecnologia, mas porque deixamos de ter desejo de ler tais inscrições. Estamos em via de perder o vocabulário comum, para cuja criação tínhamos levado milênios e que serviria para nos exprimirmos, nos regozijarmos e nos instruirmos, e tudo isso em nome do que acreditamos ser as virtudes exclusivas da nova tecnologia. Virtudes, talvez, mas não exclusivas. O mundo, como havia sido compreendido por Robinson, será sempre bastante amplo para acolher uma maravilha a mais.

[15] MALLERY, G. *Picture writing of the American Indians*. Washington, D.C.: Bureau of Ethnography, 1893.

Nesse sentido, ser cosmopolita, atualmente, pode significar ser eclético, recusar a exclusão. Os muros que temos tendência a erigir só podem servir, inicialmente, para nos definir: eles abrigam o leito em que nascemos, sonhamos, nos reproduzimos e morremos; no entanto, foi fora dos muros que Sidharta recebeu a revelação de que todos os seres humanos envelhecem, de que são vítimas de pesadelos e doenças, além de deverem chegar todos ao mesmo fim implacável.

Como um rio impassível, nossa existência desliza em duas direções: da massa infinita de nomes, espaços, seres vivos, estrelas, livros, rituais, lembranças, iluminações e pedras a que chamamos mundo, em direção ao rosto que nos contempla, todas as manhãs, do fundo de um espelho; e, desse rosto, desse corpo que circunda um centro que não podemos enxergar, do que nos nomeia quando dizemos "eu", em direção a tudo o que é outro, exterior, além. O sentimento de que somos, individual ou coletivamente, os cidadãos do inconcebível universo confere à nossa vida o que poderíamos chamar um sentido – transposto em palavras pelos livros de nossas bibliotecas.

Estou convencido de que continuaremos a ler enquanto persistirmos em nomear o mundo que nos circunda. Tantas coisas foram nomeadas, tantas coisas continuarão a sê-lo e, a despeito de nossa loucura, não renunciaremos a esse pequeno milagre que nos dá uma centelha de saber. Pode ocorrer que os livros não aliviem nosso sofrimento, que eles não nos livrem do mal, que eles não nos digam o que é bem e o que é belo, e eles não nos permitirão certamente escapar à sorte comum da morte. No entanto, os livros nos oferecem a própria possibilidade dessas coisas, a possibilidade da mudança, a possibilidade da iluminação. Pode ocorrer que não exista nenhum livro, por mais bem escrito que esteja, que possa apaziguar o sofrimento da tragédia do Kosovo, mas pode ocorrer também que não exista nenhum livro, por menos bem escrito que seja, que não possa dar uma epifania ao leitor a quem era destinado. Robinson escreve: "Talvez não seja inoportuno para aqueles que vierem a ler minha história extrair dela esta justa observação: quantas vezes acontece, no decorrer de nossa vida, que o mal que mais procuramos evitar e que, uma vez nos tenha atingido, parece-nos tão terrível, é, muitas vezes, o próprio meio de nossa libertação, graças ao qual podemos renascer". Essas palavras, evidentemente, não são de Robinson, mas de Defoe, leitor de um grande número de livros.

As histórias, as cronologias, os almanaques dão-nos a ilusão do progresso, mesmo que, muitas e muitas vezes, tivéssemos a prova de que nada disso é verdade. Há transformação, passagem, mas essa depende somente do contexto e do observador, seja para o melhor ou para o pior. Enquanto leitores, depois de termos aprendido uma arte preciosa, cujo segredo era detido ciosamente por alguns, acabamos por considerá-la como sem importância, como uma aptidão que subordinamos com indiferença à eficácia; além disso, tal arte não tem merecido absolutamente a atenção por parte dos governos. Com freqüência, passamos de uma para outra dessas atitudes e, sem sombra de dúvida, continuaremos a manter tal comportamento. Não podemos evitar essas variações erráticas que, segundo parece, fazem parte da natureza humana, mas podemos, no mínimo, suportar de forma bem consciente tal movimento de balanço e conservar a convicção de que, em determinado momento, essa arte será considerada, de novo, essencial. A biblioteca de Robinson não era simplesmente (ou antes, não deveria ter sido) um ídolo ou uma muleta, mas a ferramenta essencial de sua sociedade nova.

São Paulo (o único apóstolo que não chegou a ver Jesus face a face) respondia categoricamente aos homens e mulheres que o encontravam e interrogavam sobre a Sagrada Escritura: "Procurais uma prova de que o Cristo fala por mim?" Ele sabia que, tendo lido a Palavra, a Palavra residia daí em diante nele mesmo por não ter encontrado Seu Autor; sabia que ele se tinha tornado o Livro, o Verbo feito carne, graças a essa pequena parcela de divino que a arte de ler atribui a todos aqueles que procuram aprendê-la. Essa é a sabedoria dos essênios, o povo piedoso, que nos deu, há muitos séculos, os "manuscritos do Mar Morto": "Sabemos que a carne é corruptível e que a matéria de que é feita não tem duração. No entanto, sabemos também que o espírito [e eu, futuro leitor deles, diria "o livro"] é imortal e imperecível".

Parte 3

O livro: espelho de nossas sociedades

3.1

Era informacional e uso do livro

Barbara Freitag

Manuel Castells, sociólogo espanhol e professor na Universidade da Califórnia, pertence – ao lado de Anthony Giddens e de Jürgen Habermas – a um grupo de intelectuais contemporâneos que cercam e assessoram os governantes. Enquanto Habermas[16] procurava o diálogo com o novo chanceler da Alemanha, Gerard Schröder, e Giddens[17] assumia o papel de "*souffleur*" de Tony Blair, Manuel Castells[18] passou a freqüentar os Seminários Internacionais organizados pelo governo de Fernando Henrique Cardoso, a fim de rediscutir as linhas mestras da condução do Estado brasileiro. Foi nesse quadro que Castells concedeu uma entrevista ao programa *Em Aberto* da TV Cultura de São Paulo e lançou, no Brasil, a sua trilogia, que tem como título geral

[16] FREITAG, B. Habermas como intelectual. *Tempo brasileiro*: Habermas, 70 anos. Rio de Janeiro: n. especial, 1999.

[17] GIDDENS, A. *The third way*: the renewal of social democracy. Cambridge: Polity Press, 1998.

[18] CASTELLS, M. Hacia el estado de red? Globalización económica y instituciones políticas en la era de la información. In: SEMINÁRIO SOBRE SOCIEDADE E REFORMA DO ESTADO, São Paulo, mar. 1998. *Anais.* São Paulo: Governo do Estado de São Paulo, 1998.

A era informacional[19]. Em resumo, Manuel Castells tem algo a dizer a propósito do mundo e do Brasil. Mas teria ele algo a dizer também sobre o lugar do livro na atualidade?

A tese central de Castells pode ser resumida assim: "Estamos vivendo na sociedade em redes". Ao acompanhar a declinação dessa tese em aproximadamente 1.500 páginas, amplamente recheadas com dados oriundos de relatórios mundiais[20], e uma abundante bibliografia no final de cada volume da trilogia, ficamos sabendo que já demos um passo além da "globalização" da economia e entramos na "era informacional"[21].

Do segundo ao terceiro milênio, já está consumada a passagem da globalização para a informatização e da era industrial para a era informacional. Essas mudanças macroestruturais têm um impacto jamais imaginado sobre a organização da sociedade mundial e sobre a mentalidade dos indivíduos que a compõem. Castells lembra que esses processos de mudanças radicais efetuaram-se nas últimas duas décadas do século XX, elevando a quarta par-

[19] CASTELLS, M. *A era informacional:* economia, sociedade e cultura. São Paulo: Paz e Terra, 1998. (A era da informação; 1). CASTELLS, M. *A sociedade em redes.* São Paulo: Paz e Terra, 1998. (A era da informação; 2). CASTELLS, M. *O poder da identidade.* São Paulo: Paz e Terra, 1998. (A era da informação; 3). CASTELLS, M. *Fim de milênio.* São Paulo: Paz e Terra, 1999.

[20] Diversos relatórios do Banco Mundial, relatórios das Nações Unidas sobre o Índice de Desenvolvimento Humano, relatórios das agências das Nações Unidas: UNIDO, UNICEF, UNESCO, entre outros relatórios de economistas, sociólogos e comunicólogos, das últimas três décadas do século XX etc.

[21] Ver a entrevista concedida por Castells ao programa de televisão *Roda Viva,* durante a qual foi interrogado por vários intelectuais, sociólogos, economistas e urbanistas brasileiros, em 1999, por ocasião do lançamento de sua trilogia *A era da informação,* pela Editora Paz e Terra, em São Paulo. Ver também DIMITRI, B. (Org.) *Castells*: the videos (I. *Castells at Oxford*; II. *Castells, the Interview*; III. *Castells*), que podem ser encomendados pelo seguinte endereço: 3 Broadway Close, Woodford Green, Essex, IGH OHD, Inglaterra. Ver também CASTELLS, M. Introduction to the trilogy. *City:* information, identity and the city, Oxford: n. 7, p. 6-17, maio 1997. Ver também uma entrevista de Castells concedida a Bob Catterall, em Londres, em 1997.

te da humanidade a um nível de riqueza jamais visto anteriormente, ou seja, um total aproximado de 2 bilhões de "opulentos". Em contrapartida, os mesmos processos deixam as outras três quartas partes da humanidade à margem da era informacional. Essa população superior a 4 bilhões de pessoas vive, como o autor admite, em níveis de pobreza insuportáveis, dispersa pelos continentes e países que não ousaram ou não foram bem-sucedidos em sua tentativa de integração no novo "modo de desenvolvimento informacional". Esse representaria a derradeira etapa do capitalismo internacional, provocada por uma quarta revolução tecnológica que teve sua origem em Silicon Valley, na Califórnia.

Ao escrever sua trilogia, Castells teve o objetivo de formular uma teoria sistemática da sociedade informacional, capaz de analisar o impacto das modernas tecnologias da informação sobre a nova divisão do trabalho, sobre a estrutura do emprego, sobre o enfraquecimento do Estado e dos sindicatos, e sobre a organização dos meios de comunicação de massa em um mundo globalizado e conectado em redes. Como reafirmou, em sua conferência proferida no Brasil, Castells propôs-se a "identificar os principais processos de alcance mundial que transformaram a economia, a cultura e a sociedade na última década, analisando o 'como' e o 'porquê' não só do atual desmantelamento do Estado-nação, construído desde a Idade Moderna, mas também da crise de legitimação sofrida por suas instituições e seus representantes"[22].

Neste novo contexto de "passagem", em que "tudo o que é sólido parece desmanchar-se no ar", mais precisamente "em fluxos eletrônicos", cabe a nós interrogarmo-nos sobre qual seria o lugar do livro no futuro.

No prólogo de sua trilogia, Castells dá uma resposta (em termos): "Este livro não é um livro sobre os livros", no que parece pretender opor-se a autores, tais como Habermas; de fato, antes de formular sua "teoria da ação comunicativa", o filósofo alemão revisitou, criticou e revisou mais de 2.000 livros e ensai-

[22] CASTELLS, M. *Hacia el estado de red?, op. cit.*

os, em busca de uma nova via teórica para compreender a sociedade do futuro. Por sua vez, Castells afirma que procurou suas informações na "própria realidade", dito por outras palavras, nos relatórios do Banco Mundial, nas estatísticas oficiais das Nações Unidas, nos relatórios técnicos e econômicos de governos, estabelecimentos bancários etc. Na verdade, Castells pretendia dizer o seguinte: "Este livro não se inspira em teorias dos outros, mas procura construir uma teoria própria: a teoria da era informacional. Assim, tudo indica que se podem 'descartar' os livros com suas teorias, atualmente, obsoletas"[23].

Em um primeiro passo, tentarei expor, de maneira sintética, a teoria da sociedade em redes, desenvolvida por Castells. Em seguida, nos três volumes de *A era informacional*, procurarei "seguir a pista" das referências relativas ao lugar e ao papel do livro nesta sociedade mundial calcada no "modo de desenvolvimento informacional". Somente depois, passarei a analisar o "lugar do livro entre a nação e o mundo", procedendo a alguns empréstimos a teorias menos fascinadas pelos dados e pelas tabelas da era informacional.

O Castells da década de 1990 está convencido de que o final do século XX representa não só o fim do marxismo, mas também o fim da "era da razão". Ambos seriam substituídos pela "era informacional". Para Castells, chegou o momento em que deveríamos elaborar novos conceitos, capazes de exprimir as mudanças tecnológicas ocorridas no decorrer das últimas duas décadas e sintetizadas no conceito de "quarta revolução tecnológica". Essa revolução produziu-se graças a um conjunto de tecnologias convergentes, integradas em um bloco: a microeletrônica, a computação (*software* e *hardware*), as telecomunicações, a eletrônica que utiliza a fibra óptica e até mesmo, recentemente, a bioengenharia genética. Entretanto, tudo isso não teria gerado mudanças estruturais nos mercados, nos Estados e nas sociedades do mundo inteiro se não tivesse ocorrido um feliz casamento entre essa tecnologia de

[23] CASTELLS, M. *A sociedade em redes, op. cit.* p. 25.

ponta e um mercado ágil e flexível que soube propagar e multiplicar os resultados da ciência (novos conhecimentos) e dessa tecnologia, aperfeiçoada em Silicon Valley, através das redes do *World Wide Web.*

A característica dessa revolução tecnológica recente não é a centralização do saber e da informação (já presente nas revoluções anteriores), mas precisamente a comunicação imediata e fácil de novos saberes, de novas informações e tecnologias ao mundo inteiro, através de redes globais que realimentam e integram novas redes, associadas ao mercado e ao poder econômico e político.

Castells admite que isso ocorreu somente em algumas partes do mundo, de maneira privilegiada nos Estados Unidos, na União Européia e em determinados países da Ásia, tais como o Japão e Taiwan; até mesmo nesses países existem áreas e segmentos populacionais que não foram atingidos por essa revolução, ficando excluídos e marginalizados em relação à riqueza produzida.

O caráter "excludente" desse novo modo de desenvolvimento não escapou a Castells. Ele sabe que, no máximo, uma quarta parte da população global está sendo beneficiada, mas exprime sua "esperança" de que tal situação seja apenas temporária. A longo prazo, ele espera que seja possível integrar frações cada vez mais importantes dos excluídos atuais no seio da "sociedade informacional favorecida". Na *Folha de São Paulo*, o caderno *Mais!* de 20 de agosto de 2000 publicou um artigo recente de Castells no qual ele procura assessorar um chefe de Estado africano. Para ele, a única saída para superar a pobreza na África consiste em um grande esforço por parte dos africanos para se modernizarem, do ponto de vista tecnológico, e para educarem melhor as gerações mais jovens. Isso requer ainda a compreensão e uma certa generosidade dos países ricos, já conectados em redes, no que diz respeito ao "perdão das dívidas", assim como uma maior adesão dos excluídos, fortalecendo assim as estruturas geradas pela quarta revolução tecnológica.

Castells não culpabiliza a "era informacional" pelo desemprego. Ao contrário, afirma que, com as novas tecnologias, foram criadas também novas formas de emprego. Se ocorreram ondas de demissões, isso deveu-se à incapacidade dos trabalhadores, atrelados às velhas tecnologias, de se adaptarem às novas condições de vida. No que diz respeito às mudanças estruturais da divisão do trabalho e do emprego, o autor aponta os países do Leste Europeu e da ex-União Soviética, após a queda do Muro de Berlim.

A "flexibilização" das estruturas do emprego é inevitável, tornando imperiosa a dissolução da estabilidade do emprego e do Estado de bem-estar que a garantia. Nem a profissionalização dentro de quadros rígidos, nem o emprego vitalício, ainda reivindicado pelas organizações operárias, teriam condições de "modernizar" a economia. Somente os novos modelos impostos pela globalização econômica e pela informatização generalizada da vida política, social e cultural da sociedade podem indicar novos caminhos para a humanidade do terceiro milênio.

Ao Estado, aos sindicatos, aos empresários e aos empregados só resta a possibilidade de se adaptarem aos novos modelos introduzidos pela revolução tecnológica da informação. Por isso, cabe ao Estado agilizar as estruturas de trabalho, flexibilizando a legislação trabalhista, implementando uma educação atualizada e diversificada às gerações mais jovens a fim de que estas, por sua vez, se beneficiem das condições necessárias para se adaptarem, com maior rapidez, às exigências do mercado. O Estado contemporâneo deveria não só retirar-se do mercado, mas também restituir autonomia e responsabilidade aos governados, que passariam a velar por sua própria saúde e aposentadoria, assinando planos de saúde e convênios individuais de previdência, além de educarem melhor seus filhos na óptica da nova era. A ação do Estado deveria, portanto, restringir-se a formular as leis corretas e colocar à disposição dos indivíduos determinados serviços básicos, principalmente, a moderna tecnologia das telecomunicações e das infovias cibernéticas, a fim de organizarem as mudanças em benefício da internacionalização da sociedade em redes.

A mídia, até aqui voltada para as massas, teria também de acompanhar tais mudanças, adaptando-se à lógica da informação. Seus destinatários, receptores de mensagens, já não seriam massas informes, mas "internautas" individualizados. Os "acoplados" à Internet são sujeitos isolados que, em suas casas (na intimidade), estão conectados à *Web*, por meio de seus PC e dos diferentes programas de informática. O recurso aos meios de comunicação de massa, rádio e televisão, estaria em via de passar para o segundo plano. O sindicalismo, assim como as ações políticas demagógicas, comuns no século XX, teriam seus dias contados, na medida em que tais fenômenos perderiam sua função de mobilização coletiva. A mão-de-obra flexível "livre" estaria disponível para ser (re)utilizada em conformidade com as demandas de um mercado voltado para a alta produtividade, para o lucro (a médio e longo prazos) sem riscos, garantindo o acúmulo de riqueza para os conglomerados internacionais. A mão-de-obra flexibilizada e facilmente reciclável assumiria, ela própria, os riscos outrora repassados ao Estado de Bem-Estar. É assim que o trabalhador atual passaria para a condição de cidadão autônomo e responsável de amanhã.

O modelo de sociedade da informação, aqui exposto, é, como admite Castells em uma de suas entrevistas, amoral (ou seja, desprovido de moralidade individual e de ética coletiva) e neutro, segundo os melhores modelos defendidos pelos positivistas do século XIX e de uma parte do século XX; sua função única e exclusiva é garantir, a médio e longo prazos, o lucro.

Se é verdade que o impacto da "era informacional" traduz-se em aumento acelerado de riqueza para a quarta parte, aproximadamente, de beneficiados, em detrimento do resto da população do globo terrestre, excluída e pauperizada, devemos retomar a questão do livro, levantada no começo, segundo dois tipos de leitores: a minoria conectada às redes mundiais da Internet e a maioria que não está conectada.

Para os primeiros, os "conectados", serão implementadas novas formas de sociabilidade: por exemplo, a "virtualização das relações sociais" entre os indivíduos. A rigor, estes já não precisariam viajar, nem mesmo telefonar para o outro extremo do mundo, nem sair de casa para trabalhar, ir ao banco, encontrar-se com os vizinhos ou fazer suas compras. Como terão acesso fácil à <amazon.com>, eles podem também encomendar os livros que desejarem pela Internet, desde que sejam titulares de um cartão de crédito, que os permita pagar o preço e as despesas de remessa. Graças ao acesso virtual aos últimos lançamentos, à crítica e à reprodução do livro que lhes interessa, eles podem potencialmente estar sempre ao corrente de tudo o que se publica no ramo de sua especialização. As ofertas de emprego para esses beneficiados aumentam, já que têm acesso também à tecnologia da informação e a todas as possibilidades de emprego, geradas pela remodelação da produção baseada em fluxos imediatos de informação capitalizável. Independentemente do livro, os grandes beneficiados são os setores do gerenciamento privado e público, os operadores da Bolsa de Valores, os especuladores de capitais voláteis que prometem elevados lucros de risco, os corretores de imóveis, os vendedores virtuais, as agências de informação, os jornalistas, os editores. Abrem-se, assim, novas possibilidades de emprego e de enriquecimento fácil, rápido, tentador e lucrativo. Como se pode verificar, todos esses empregos pressupõem o uso do livro ou do jornal, real ou virtual. Para não "perder tempo", nem dinheiro, esses "privilegiados" podem ler diretamente na tela do computador as últimas notícias, a situação da Bolsa de Valores, o saldo da conta bancária, sem ter necessidade de imprimir tais informações. No entanto, a tela apresenta também livros, jornais, textos eletrônicos que, com um clicar de *mouse*, podem materializar-se sob a forma de folhas impressas, encadernadas ou não. Esses beneficiados pelo novo "modo de desenvolvimento informacional" tiram proveito, portanto, de um "efeito benéfico" da era informacional. A estrutura do emprego diferencia-se e flexibiliza-se, o emprego reduz-se, os salários aumentam, a sociedade como um todo enriquece, apesar de uma apropriação fortemente diferenciada (e por parte de uma fração reduzida da população).

O impacto da sociedade organizada em redes sobre três quartas partes da população não atingida pela quarta revolução tecnológica traduz-se em aumento acelerado da pobreza (proporcional e absoluta). Apesar de sua exclusão da economia e da política informacional, esses mais de 4 bilhões de habitantes do globo são duplamente atingidos. Não existe mecanismo capaz de inseri-los no mercado de trabalho tradicional, nem mecanismo adequado para prepará-los em vista do novo mercado de trabalho, gerado pela sociedade da informação.

Surge, assim, o que ficou conhecido como o desemprego estrutural, ou seja, um desemprego que atinge várias gerações de potenciais trabalhadores (avô, pai e filho). Essa maioria permanece fora do gueto exclusivista dos beneficiados. Para que possam tirar proveito da situação, eles deveriam ter acesso às diferentes redes de informação e às tecnologias da informação (celulares, computadores, novos programas de informática) que, por sua vez, garantem o acesso a redes, assim como a uma formação adequada para poder servir-se de tal tecnologia, entre outros.

Talvez seja verdade, como insinua Castells, que a sociedade em redes tenha dissolvido as classes sociais tradicionais, mas é verdade também que ela criou uma nova hierarquia social em cujo topo vivem os habitantes do globo, confinados em uma torre de marfim virtual, sustentada e viabilizada graças a uma base real de trabalhadores "não conectados". São esses que, verdadeiramente, sustentam a torre. Com freqüência, os "virtuais" perderam a consciência de quem, efetivamente, garante sua existência na base do sistema social. Nesses termos, a "sociedade informacional" de Castells faz lembrar *Metropolis,* o filme expressionista de Fritz Lang, da década de 1930, no qual essa visão da sociedade em dois planos já havia sido antecipada. O desenvolvimento da era informacional, considerada como "insustentável" a longo prazo, pode terminar em revoltas operárias, à semelhança daquelas que são encenadas no filme.

A sociedade informacional é indiferente ao risco que corre, negligenciando a população excluída dos "benefícios" que gera, e menosprezando a natureza da qual extrai uma boa parte de sua riqueza. Como se sabe, a sociedade informacional é alta consumidora de energia elétrica e não pode existir sem ela. Ao esgotar as reservas, essa sociedade irá desmoronar como um castelo construído na areia ou como uma seqüência de peças de dominó em queda livre. Por ser indiferente à natureza e a suas fontes de energia, ela também não respeita as regras para preservá-las, como é denunciado pelos movimentos ecologistas. Por essa razão, ela é hostil ao meio ambiente.

Como admite o próprio Castells, ela é amoral porque não preserva os valores herdados do humanismo dos séculos XIX e XX nem defende a integridade e a dignidade do homem, de todos os homens (no sentido de humanidade). Ao defender a neutralidade da ciência, da tecnologia e do mercado, ela não introduz novos valores sociais, políticos e morais, capazes de conduzir as gerações mais jovens a se integrarem, sustentarem, protegerem e desenvolverem a sociedade informacional em bases dignas para todos. Esses valores podem, dificilmente, ser produzidos no espaço virtual da *Web*, mas podem ser incorporados nele e difundidos através dele. É nesse aspecto que vejo novas possibilidades para o livro, os livros escritos, lidos e relidos, debatidos e comentados, e até mesmo concretizados em valores e instituições (tais como a democracia, os direitos humanos, a alfabetização para todos, a liberdade de religião, o sufrágio universal).

Em um interessante artigo, escrito na década de 1980, Vilhem Flusser, filósofo tcheco-brasileiro[24], já advertia para a necessidade de traduzir os velhos códigos, contidos em livros e documentos (empoeirados) para os novos códigos da era digital. Por outras palavras, não se trata de "descartarmos" os livros por existir a Internet, mas de preservá-los, incorporá-los, guardá-los – no sentido da *Aufhebung* – no interior das linguagens eletrônicas e digitais da era informacional. Essa proposição de Flusser, infelizmente, não faz parte do sistema, nem das receitas de Castells, mas já está sendo posta em prática, como nos informam cotidianamente os nossos jornais[25].

Se aceitarmos a nova divisão da humanidade entre incluídos e excluídos, estratificada nos "de cima" e nos "de baixo", qual é o papel do livro para os primeiros, conectados em rede? E qual é o papel (se é que existe algum) e o lugar do livro para os segundos, os desconectados e excluídos, que vivem na pobreza e no desemprego estrutural?

[24] FLUSSER, V. Alte und neue Codes. In: PRIGGE, W. (Org.). *Städteische Intelektuelle: Urbane Milieus im 20 Jahrhunder*. Frankfurt: Fischer Verlag, 1992. Ver também FLUSSER, V. *Ficções filosóficas*. São Paulo: Edusp, 1998. Uma reflexão sobre o artigo de Flusser encontra-se em FREITAG, B. A cidade brasileira como espaço cultural. *Tempo Social, Revista de Sociologia*, São Paulo: USP, v. 12, n. 1, p. 29-49, 2000.

[25] PIQUER, I. Livro digital se firma na Internet. *Correio Braziliense*, 12 ago. 2000. Artigo em que é comentado acordo firmado entre a Microsoft e a Barnes & Nobel.

Para uma melhor visibilidade desse problema, voltemos ao filme de Fritz Lang, *Metropolis*, que antecipou em imagens marcantes essa estratificação do futuro. Ao rever esse clássico do cinema expressionista alemão, surpreendi-me com a ausência do livro nos dois estratos principais da sociedade: nem os proprietários da fábrica, nem seus operários, explorados e extenuados, pareciam recorrer ao livro, seja para se divertir ou distrair, no primeiro caso, seja para se informar e reorganizar, no segundo. Os proprietários da fábrica pareciam estar mais preocupados com seus livros de contabilidade (perdas e ganhos, salários e custos da produção) e não tanto com livros propriamente ditos (de filosofia, literatura, arte, ciência, economia ou política). Estavam ocupados, sobretudo, em controlar (por meio de uma espécie de "*panopticum TV*") os operários e verificar se eles estavam, efetivamente, trabalhando. Por sua vez, atrelados a suas máquinas no subsolo e cavernas de *Metropolis*, estes últimos não tinham nenhuma possibilidade de pensar ou pegar em um livro, porque lhes faltava tempo e energia para dedicarem à leitura, durante a dura jornada de trabalho. Nem a Maria (verdadeira) que prega a solidariedade e a fé na religião, nem a Maria (falsa), o clone mecânico da primeira, chegam a consultar um manual da revolução que elas preconizam, unicamente para desorientar a classe operária.

No entanto, o livro aparece no filme entre as mãos do cientista judeu que habita em moradia própria a meio caminho e afastado das duas classes antagonistas. É o cientista louco que se tornará, finalmente, o culpado do desastre e curto-circuito que ameaça a existência de *Metropolis*, quando os operários enfurecidos destroem as máquinas e inundam a parte subterrânea da cidade em que viviam seus próprios filhos. Ao se revoltarem dessa forma, por instigação do "clone" Maria, fabricado pelo cientista, contra o falso inimigo – as máquinas –, eles não chegam a reconhecer o monstruoso sistema de exploração, concebido e realizado pelos proprietários da fábrica, como seu verdadeiro inimigo. Nesse filme de ficção, que reflete o anti-semitismo e o antiintelectualismo difusos já existentes na Alemanha, antes mesmo da tomada de poder por Hitler, o livro da ciência e a tecnologia entre as mãos do cientista judeu assume um papel perverso: "clonar" Maria. O filme antecipa duas abomináveis práticas, correntes sob o nazismo: o auto-de-fé de livros em plena praça pública diante da Universidade Humboldt e as experiências do doutor Mengele em Auschwitz, pesquisador frio e monstruoso da biogenética.

Ao recorrer à metáfora de *Metropolis*, tentarei pensar o papel do livro na "sociedade informacional", seguindo o cenário sugerido por Castells em sua trilogia. Também no terceiro milênio, os detentores da riqueza estão mais preocupados com o acompanhamento dos valores das ações na Bolsa, a venda virtual de ações, aplicações financeiras etc., e não tanto com os livros que pudessem ser virtualizados e difundidos pelo sistema eletrônico da rede ou em CD-ROM, a versão tecnológica mais avançada do livro. Os que não manipulam (de maneira febril) seus telefones celulares, sua agenda e sua calculadora eletrônicas "estudam" pela Internet, por meio de um computador portátil, na sala VIP de qualquer aeroporto no mundo, ou em um PC instalado nas próprias casas, as últimas notícias e "informações" que possam ser úteis para novos investimentos, o *home banking* ou novas decisões econômicas. É raro encontrarmos, nos aeroportos ou no interior de uma aeronave, nos restaurantes ou cafés, modernos(as) profissionais da "era informacional" lendo um livro real e, ainda menos, um livro virtual "baixado no monitor".

No lado oposto, estou assistindo há seis meses, da varanda do meu apartamento, à vida cotidiana de 10 a 20 *sem-teto / sem-terra* que vivem embaixo de uma árvore (sob um plástico preto), entre dois blocos da Asa Norte, em Brasília. Trata-se, certamente, dos mais excluídos entre os excluídos da era informacional, dos quais nos fala Castells. No caso deles, a primeira preocupação é com a água, a comida e o fogo; os filhos não freqüentam a escola, enquanto os pais não sabem ler nem escrever. Não têm eletricidade e, ainda menos, uma conexão à Internet. Vivem dos detritos acumulados nas grandes lixeiras, reservadas aos imóveis das *super-quadras*[26] e estabelecimentos comerciais mais próximos. Fa-

[26] Essa é a grafia utilizada no texto original desta obra, em francês. (N.T.)

zem a coleta de latas de conserva, garrafas vazias e outros "restos", jogados fora pela classe social mais abastada da sociedade de consumo das imediações, e os revendem, estando ligados ao mercado monetário dessa forma "original". É evidente que não possuem livros e, ainda menos, os lêem, mas gostam de receber os jornais velhos que servem para cobrir o chão de terra em que dormem.

Acabei "caricaturando" os dois extremos da estratificação social da era informacional ao mostrar com toda a clareza que, atualmente, nos pólos extremos da hierarquia social, não há lugar para o livro. Apesar de tudo, o livro existe e há de persistir. Onde o encontrar?

Na metáfora de *Metropolis*, ele estava na casa do cientista judeu que morava entre as duas classes. Na realidade da era informacional, ele se encontra no domicílio dos pesquisadores, professores e estudantes, nos centros de pesquisa e livrarias, nas editoras, nas bibliotecas de numerosos leitores ainda encantados pelo livro fisicamente materializado. Mas, no meu campo visual – para além dos "sem-teto / sem-terra" –, ele se encontra também nas bibliotecas da Universidade de Brasília, do Congresso Nacional, dos Ministérios e, até mesmo, nas bibliotecas do Palácio do Presidente da República e do Governador da Cidade, ou seja, no coração do poder institucionalizado.

Não se trata de um elemento do passado, fechado a sete chaves, mas de um instrumento real que pode ser ativado a qualquer momento. Há algum tempo, os jornais mostraram os esforços feitos pelo Congresso para alfabetizar os membros do pessoal de serviço e faxineiros da Casa, em sua maioria analfabetos. O livro do qual um deles, durante décadas, tinha retirado o pó, sem conhecer o nome do autor nem seu conteúdo, era *Os Lusíadas* de Camões. É provável que o faxineiro, recentemente alfabetizado, renunciará a ler essa obra para além das primeiras estrofes, mas o livro é visível, palpável, belo, ele existe e continua provocando, como muitos outros, o leitor potencial. Por essa razão, vou arriscar esta tese que deverá ser confirmada: o livro "salvaguardado" sob forma de um texto virtual ou sob forma impressa, encadernado em linho ou couro, em papel de embrulho ou plástico, estabelece um vínculo entre os estratos extremos da "sociedade em redes". Ele possui condições para humanizar esse estrato dos excluídos que, aparentemente, vivem no nível técnico da pré-história; da mesma forma, ele conferiu dignidade ao faxineiro (antes) analfabeto do Congresso, enchendo-o de regozijo. Mas possui, antes de tudo, as condições para humanizar os que atingiram a riqueza e a glória na sociedade informacional, manipulando seus computadores e telefones celulares. Em Brasília, a Biblioteca do Congresso é conhecida como uma das melhores e mais atualizadas do Brasil. Eis o que nos dá a esperança de que os deputados e os senadores, oriundos dos quatro cantos do País, sigam o exemplo do faxineiro e utilizem a biblioteca, mergulhando nos livros nela depositados.

Em vez dos personagens de *Metropolis*, que estabelecem o contato entre os de cima e os de baixo (o filho do proprietário da fábrica, o operário modelo que obedece às ordens do patrão e as retransmite aos operários, do mesmo modo que ele traduz o clamor destes ao proprietário insensível, a Maria verdadeira, o cientista judeu), temos, na "era da sociedade em redes", batalhões de "intermediários" (*in-between*). Trata-se de mediadores entre os extremos, cuja única "loucura" é o interesse pelo livro, a solicitude pela sua conservação e transmissão, colaborando na formação de leitores. A eles convém acrescentar aqueles que escrevem livros, os editam ou encadernam, os que organizam feiras nacionais ou internacionais para difundi-los; mas, antes de tudo, são os leitores do livro que vêem nele seu amigo mais íntimo, o inspirador de idéias e diálogos, a fonte de saber e prazer, de alegria e lazer, o texto e o pretexto para pesquisas científicas e descobertas tecnológicas.

A "era informacional" é o resultado do livro e do saber readquirido através dele por leitores inventivos, criadores. Associado à tecnologia da informática, o livro pode ser "virtualizado", como nos ensinou Flusser, transmitido por fibras ópticas para o outro lado do globo e, aí, ser de novo materializado sob forma impressa, costurada e encadernada. Ele pode também ser gravado em CD-ROM, armazenando em uma pequena placa de silicone brilhante informações compactadas que, antes, ocupavam prateleiras e bibliotecas.

A "era informacional" não é inimiga do livro; pelo contrário, dispõe da tecnologia para universalizá-lo, democratizá-lo. A tecnologia da informação é, mais do que qualquer outra (estou pensando naquelas que Walter Benjamin tinha em mente), a que garante a "reprodutibilidade técnica" da palavra escrita, do som falado, da imagem ilustrada, separadamente e sob forma sintética. Existem os que preferirão ler uma peça de Shakespeare, impressa em papel de primeira qualidade, os que estarão mais interessados em assistir a um vídeo rodado em Londres, no Globe Theater e, ainda, os que escolherão ouvir a voz de Sir Laurence Olivier, procedendo à leitura simultânea do texto. Mas pode haver também aqueles que desejam a síntese de tudo isso em um CD-ROM, tecnicamente perfeito, em que todos os seus sentidos estarão ativados: os olhos, os ouvidos e a mente. De minha parte, prefiro levar *O Rei Lear* para a cama, no exemplar encadernado em couro perfumado que herdei de minha avó materna.

3.2

Os novos alfabetizados da sociedade das redes

Gloria López Morales

México, julho de 2000: a prolongada hegemonia do Partido Revolucionário Institucional (PRI) acaba de desfazer-se com a derrota de seu candidato às eleições presidenciais. A atitude do eleitorado torna-se objeto de numerosas indagações: por que não se teria deixado deslumbrar pela panacéia que lhe era proposta por esse partido? No entanto, durante a campanha, o PRI lhe havia prometido a universalização da aprendizagem da língua inglesa e da informática para os alunos do ensino fundamental e médio – ou seja, atualmente, as duas mais importantes chaves de acesso ao progresso e à modernidade.

Considerando os problemas a serem enfrentados por seu país, assim como as necessidades e prioridades tendentes a procurar sua solução, parece que os eleitores mexicanos manifestaram grande lucidez. A idéia de um plano que visava promover a entrada de milhões de iletrados na modernidade pelo viés do ensino da informática e do inglês deveria ter-lhes deixado uma impressão, no mínimo, estapafúrdia – como se tal projeto pudesse permitir-lhes, como em um passe de mágica, integrar as legiões de novos alfabetizados, os precursores de um mundo feliz. Com toda a certeza, recorreram à sabedoria proverbial, adaptando-a às circunstâncias: "Quem tem fome não está em condições de dedicar-se à informática".

Os problemas não podem ser avaliados somente em termos quantitativos, embora esses sejam reveladores. Em números redondos, existe algo em torno de 10% de analfabetos na população, mas o analfabetismo funcional atinge proporções muito mais alarmantes. Estima-se em cerca de 60% a parcela da população mexicana vivendo em níveis de pobreza e, em 30%, aqueles que se encontram abaixo da linha da pobreza absoluta. As estatísticas indicam também a persistência de baixa qualidade de vida no mundo rural, assim como nas imensas áreas suburbanas que se formam nos arredores das grandes cidades: por um lado, baixos níveis em matéria de serviços de saúde, água potável e eletricidade; por outro, superpovoamento, insuficiência e precariedade das moradias. A taxa de desemprego na zona rural e urbana forma um outro indicador pouco reconfortante, cujos efeitos mais visíveis são a emigração e o aumento sensível da delinqüência.

Ora, mesmo que ignorem tudo a respeito dos números e estatísticas, os eleitores mostraram que estão em condições de exercer um julgamento qualitativo e estabelecer a distinção não só entre o indispensável e o acessório, mas também entre o objetivo essencial e o meio para alcançá-lo. Provavelmente, por detrás desse atraente pacote didático que associava o inglês com a informática, eles pressentiram um verdadeiro impulso neocivilizatório que, se não os enganava em relação à mercadoria, não estava muito longe de fazê-lo; duvidaram que ele pretendia fazer passar o acessório como se, na verdade, fosse o primordial, oferecendo-lhes um veículo supersônico para a imersão em uma globalidade amorfa, antes mesmo que tivessem conseguido apropriar-se, assumir e conhecer seu próprio espaço local.

A determinação das políticas e a elaboração dos programas governamentais não podem ignorar esse contexto cultural nem a herança histórica. No México, como em outros países latino-americanos, é impossível convidar a população a inscrever-se de uma forma acrítica na comunidade da comunicação, enquanto as condições sociais tornam tal acesso improvável ou, no mínimo, secundário, tendo em vista outras urgências. Por extensão, existem questões de contexto cultural que parecem contradizer as noções de tempo, espaço e utilidade, criadas pela cibernética. Tanto mais que, por tradição, as populações desses países pertencem, em parte, à comunidade que Roberto Cardoso de Oliveira chama de comunidade do debate. Além disso, como afirmam numerosos teóricos, se a função do suporte informático limita-se a transportar e processar a informação a granel e em grande velocidade, sem promover o racio-cínio, é lógico que, em troca, os praticantes da linguagem oral e os adeptos do livro sintam-se excluídos de uma linguagem que inibe a expressão de sua emotividade, que os impede de refletir e reduz a memória. De qualquer forma, os diferentes gêneros de expressão escrita parecem mais consubstanciais a suas próprias normas do que a linguagem dos computadores.

Nesse sentido, de saída, convém eliminar o falso debate entre o computador e o livro; não se trata de escolher entre um e outro porque ambos são necessários e complementares. Talvez, a má exposição dessa equação esteja na origem dos excessos que, atualmente, provocam efeitos indesejáveis, devido à informação seletiva e elitista nos países que conhecem grandes desníveis de desenvolvimento. De fato, entre os diferentes segmentos da sociedade, acabou por surgir uma fragmentação e uma verdadeira ruptura cultural. Além disso, uma população informatizada não é forçosamente uma população culta; para que isso ocorra, será necessário, antes de tudo, que saiba ler e sinta afeição pela leitura.

Para voltarmos ao processo político mexicano, uma campanha eleitoral inteligente deveria fundar-se, portanto, no desenvolvimento do livro e da leitura, complementado, sem sombra de dúvida, por uma forte dose de formação em informática. Para colocar o país em sintonia com o resto do mundo, para permitir-lhe o intercâmbio de conhecimentos válidos e, sobretudo, para aprofundar o processo democrático, é necessário que o indivíduo seja capaz de penetrar o sentido de um texto, que possa exercitar-se na reflexão, a fim de captar os matizes da realidade na qual está imerso e, assim, poder analisá-la de maneira crítica. Para enfrentar a tela cibernética com uma capacidade seletiva, convém, antes de tudo, ter sido um leitor.

A formulação de políticas de comunicação e de educação precipitadas e impacientes provém de expectativas errôneas que apostam na onipotente informatização. Não há que enganar-se; nada substitui o livro para satisfazer a necessidade de reflexão subjacente à função educativa, do mesmo modo que nada substitui a Internet para o tratamento rápido da informação. Nos dois casos, torna-se indispensável a aprendizagem da escrita e da leitura.

Na década de 1950, com o surgimento da corrente do "desenvolvimento a qualquer preço", nossos países perceberam a leitura como um fator privilegiado para a decolagem econômica. Basta lembrar o grande movimento editorial da época. A intuição foi correta, mas as vicissitudes do mercado, as crises econômicas generalizadas e recorrentes, do mesmo modo que a ausência de políticas adaptadas para fornecer ao livro seu papel indispensável, fizeram com que o advento da informática nos encontrasse, sem termos preenchido as condições básicas para dar uma utilização adequada a esse instrumento. Constatamos, então, que a falta de preparação dos leitores os deixa desarmados em frente das telas audiovisuais, com conseqüências relativamente à formação e transmissão dos valores individuais e coletivos que contribuem para a união do corpo social. Entre nós, a reflexão está desvalorizada e não se nota sua utilidade. O valor cultural da leitura está cedendo o lugar ao valor de consumo adquirido pelo livro, inclusive nos países em que há um número importante de leitores.

Uma boa política para um povo educado, culto e informado, deve, em suma, reconhecer que o livro e a leitura são obrigatórios para tirar o melhor proveito da informática, que deverá ser considerada um meio para satisfazer necessidades complementares de informação e de apoio tecnológico, mas nunca um substituto aos verdadeiros elementos que forjam a cultura individual e coletiva.

Não podemos combater a ignorância, a corrupção ou a desigualdade, nem cultivar a democracia sem fazer apelo à única arma a nosso alcance: a cultura e seu grande veículo, que é a leitura. Devemos, igualmente, refletir a cultura de maneira diferente, se pretendemos reformar as bases de nosso desenvolvimento: convém compreender que o recurso cultural é seu melhor motor e reconhecer o papel essencial de nossos artistas, criadores e pensadores. Pode parecer complicado atrelar a política fiscal à política cultural ou, ainda, a política de desenvolvimento das empresas à política educativa, mas isso é possível e já foi promovido por um grande número de países desenvolvidos. Uma política cultural inteligente pode fazê-lo e, mais ainda, se incentivar a leitura e, por conseguinte, o exercício do pensamento. Ela gera cidadãos conscientes com uma forte capacidade de participação na vida pública, permitindo-lhes avançar em direção a objetivos mais evidentes do que os da cibervida como condição necessária e suficiente para ter acesso a um mundo feliz. Outros tantos elementos mereceriam a atenção dos políticos, ao encomendarem suas campanhas aos magos do *marketing* eleitoral!

Nada mais afastado das mentes brilhantes que giram em torno da órbita luso-hispânica do que negar o avanço e a influência dos meios eletrônicos. É fechar seus olhos a uma realidade avassaladora. Há pouco, um dos mais esclarecidos e mais consultados intelectuais mexicanos, Carlos Monsiváis, detonou em algumas frases uma série de mitos. Ele reconheceu, ao mesmo tempo, que a Internet suscita um retorno à leitura e que a televisão, tendo assumido a última palavra antes do advento da *Web* – "nada há tão pouco concorrido do que uma conferência ao vivo, e nada mais lotado do que um *chat room*" –, tudo sinalizando, concomitantemente, é claro, a sobrevivência necessária da imprensa escrita e a permanência indispensável do local diante do global.

Parece, assim, desenhar-se um consenso sobre o prognóstico de que o livro não desaparecerá e que, melhor ainda, haverá uma coabitação entre os diferentes suportes. No entanto, penso que isso não ocorrerá de maneira espontânea. Convirá verificar como serão feitas as políticas que, por enquanto, parecem estar entregues a correntes pragmáticas relativamente ao futuro cibernético. O tema deve ser analisado em toda sua complexidade, o que faz com que o social seja ecológico e que a ecologia se torne ética; o que faz, igualmente, com que a transmissão do pensamento e do conhecimento não possa ser considerada unicamente do ponto de vista do suporte ou do meio.

Com essa abordagem, será mais fácil determinar a função que deve ter a leitura. Convém colocar-se na perspectiva multifacetada da leitura, a das culturas, para concluir que talvez, não seja o livro que se encontre em uma situação crítica. Pode ocorrer que a crise se encontre nos parâmetros da visão que temos da própria cultura, ou seja, parâmetros pouco adaptados ao mundo em mutação. Convém, igualmente, reexaminar o papel fundamental da educação para avaliar, escolher e hierarquizar os meios e suportes de transmissão dos saberes.

Nesse sentido, as culturas formam uma polifonia em que, talvez, o papel da leitura em algumas dessas culturas seja diferente daquele desempenhado em outras. Convém permitir que todas as vozes sejam audíveis, sem esquecer que o Estado existe e que há governos, estruturas de poder e formulações políticas. Deixar o desenvolvimento do livro e da leitura ao livre jogo da oferta e da demanda, permitir que se instale a predominância da informática ou de outros meios e suportes, unicamente por razões de mercado, seria renunciar à capacidade de decisão e condução de uma sociedade. Convém, então, perguntarmo-nos se ainda são viáveis as políticas mais atentas às condições culturais em escala local e regional. Será que podemos concentrar os esforços de reflexão sobre a crise da cultura ou das culturas nacionais e locais para que, longe de navegar de forma cega pelas vias da globalização, encontremos algum modo de avançar pelas vias da universalização, a partir do que nos é próprio?

Partindo do princípio de que o livro não é um doente em fase terminal, devemos, todavia, convir que é necessário fazer intervir a vontade pública e privada para que sua sobrevivência não seja o prolongamento artificial da vida de um moribundo. A globalização não deve paralisar as reflexões locais, regionais, no seio das famílias culturais, reunidas no decorrer da história. E se algo serve para identificar a família latino-americana, isso é exatamente a comunidade das línguas e a possibilidade próxima e concreta de poder comunicar-se oralmente e por escrito, pelo viés do espanhol e do português. Essa conjuntura permite às nações que formem esse espaço cultural a fim de penetrarem na rede das redes sem perderem suas características e, melhor ainda, participando com elas na globalização que não tem por que ser indiferenciada. A rede ibero-americana, ao utilizar as possibilidades do ciberespaço, deveria poder conservar seus próprios recursos lingüísticos e culturais, para comunicar-se em seu interior e com o resto do mundo. Nessa rede, o livro, seja de papel, seja de suporte eletrônico, tem uma função insubstituível a desempenhar.

3.3

O livro entre memórias e antecipações africanas

Jean-Godefroy Bidima[27]

O livro lança sementes... Podemos gostar ou não do livro; em todo caso, ele lança sementes. Nesse sentido, o L maiúsculo – um dos componentes do símbolo dos dicionários e enciclopédias *Larousse*, na França (o L é também, nas línguas latinas, a primeira letra da palavra "livro") – acertou o alvo em cheio: ele "lança sementes aos quatro ventos"[28]. Portanto, o L (livro ou *Larousse*, segundo a escolha; por nossa parte, optamos por livro!) lança sementes aos quatro ventos: o L estaria "ébrio"[29]? Tudo se passaria, então, como se, atualmente, essa ebriedade do livro fosse censurada por todas as declarações relacionadas com o "fim do livro", proferidas pelos promotores do imediatismo da indústria audiovisual, ao prometerem aos leitores de um nascente século XXI que o acesso ao saber será imediato, visual, auditivo e iconográfico. A dimensão temporal do circunlóquio é substituída por uma temporalidade que se declina em termos instantâneos. Em sua ebriedade,

[27] Dedico este artigo aos saudosos Élise Mbezele Mekoulou, Joséphine Ndzengue Bidima, Emmanuel Abina Mekoulou e Roger Ebogo Bidoung.

[28] *Sème à tout vent* no texto original, em francês. (N.T.)

[29] "*Ivre*" – trocadilho evocado pelo autor em relação ao termo *livre* no texto original, em francês. (N.T.)

o livro revela à humanidade duas experiências paradoxais: em primeiro lugar, ao semear a unidade entre os homens do passado, do presente e do futuro, o livro só contribui para implementar a divisão no uso que eles fazem de seu conteúdo; de fato, se a regra congrega, por sua vez, o uso e a interpretação criam a divisão. O livro só é fonte de saber – valor informativo à medida que subtrai tal saber ao maior número possível de pessoas: só pode "entrar" em um livro quem já for iniciado nos códigos garantidos pelas regras da ortografia e gramática; aliás, estas últimas são agentes da polícia judiciária relativamente à expressão falada e escrita.

Tendo sido introduzido nas culturas africanas ditas da oralidade, o livro contribuiu para abri-las às outras culturas do mundo – pela leitura da história dos outros povos, os africanos abriram-se, integrando-se à história mundial. No entanto, essa abertura produziu, de imediato, um fechamento; de fato, com a introdução do livro em seu continente, o africano entra na história mundial para ser confinado na categoria do "Bom Selvagem". Para afirmar efetivamente sua alteridade, teria sido necessário que ele fosse o outro da civilização do escrito. A produção e a circunscrição do livro nas colônias africanas – promovidas pelo islamismo muito antes da colonização européia – são contemporâneas do arquivamento, da catalogação e da classificação dos geógrafos, lingüistas e etnólogos que, por meio dessas técnicas, produziram uma figura do africano enquanto "Outro"[30]. Dando e, ao mesmo tempo, retendo, abrindo e, ao mesmo tempo, fechando, o livro constrói códigos de leitura, desloca intenções e compreensão, além de semear, obstinadamente, a dúvida ou as expectativas em uma história africana, cujo mérito – e não o menor – é ter domesticado o instrumento-livro. Instrumento do saber, o livro não poderia ser reduzido a um *Organon* porque é processo de frutificação,

[30] Michel de Certeau observa "que haverá etnologia" quando o quadro do mundo selvagem tiver adquirido uma homogeneidade independente dos deslocamentos da viagem, ou seja, quando o espaço de representação "objetiva" for distinto da razão "observante". CERTEAU, M. de. *L'écriture de l'histoire*. Paris: Seuil, 1975. p. 236.

sementeira e promessa. O livro é a semente lançada na África que poderia produzir os frutos do saber (para si, para os outros e para as instituições) e, ao mesmo tempo, os da barbárie. A inscrição, a publicação e a difusão de livros que contêm a ideologia das ditaduras políticas e dos fundamentalismos religiosos são, nesse sentido, eloqüentes. O livro é, portanto, um terreno de possibilidades onde, em cada localidade histórica particular, pode promover o melhor e, simultaneamente, é capaz do pior.

Mas o local "África" será fértil? A aventura do livro, a atividade produtora e o produto-livro só devem ser estudados como um processo. De que modo os produtos simbólicos (livros) em circulação na África afirmam, contradizem, traduzem, atraiçoam ou ocultam as contradições que se tecem entre os lugares produtores e os produtos? Tal parece ser a questão geral formulada pela existência e permanência do livro na África. Avaliar o espaço do livro (o lugar), assim como os atores envolvidos nessa operação, sugere que toda análise da situação do livro em uma história particular deveria considerá-lo não como um simples produto e, sim, como um processo. O livro como produto é, por sua vez, produtivo. Enquanto elo ativo de um processo, o livro tornou-se – muitas vezes, a contragosto – uma verdadeira lenda na África. Não será verdade que, nessa região, o livro foi considerado como algo sagrado? Não terá sido associado ao saber científico, propriamente dito – como se todos os livros participassem do saber –, quando, entre os *beti* da República de Camarões, o saber é sinônimo de livro (*Kalara*)[31]? Processo, produto, produtor, o livro é também um sintoma. O conteúdo dos livros, a freqüência e qualidade das publicações, as disposições jurídicas da propriedade literária e artística, a assiduidade, a rigidez ou a covardia da censura colocam em perspectiva a maneira como uma sociedade usa de astúcias com seus momentos de criação, dissimula o insustentável e asfixia o que pode ser dito. O livro torna-se,

[31] *Ayem kalara* significa "ele conhece": na língua *beti* (República de Camarões), o livro é sinônimo de saber, e nada mais. (N.T.)

assim, na África, espelho que mostra, produz duplos e simulacros, reflete, deforma as imagens e pode causar deslumbramento.

Para estudar o livro, poderíamos orientar o olhar em direção, no mínimo, a três perspectivas: em primeiro lugar, a dos colecionadores africanos; nesse caso, a questão consiste em saber se, fora dos círculos religiosos muçulmanos, a África havia tido, antes da chegada do livro europeu, uma tradição de colecionar este instrumento que é o livro. O que era colecionado? Segundo quais critérios? Onde? Essa orientação teria por ambição sondar os circuitos e os centros de produção de um certo tipo de saber na África. Por mais útil que fosse tal abordagem, ela careceria certamente da dimensão simbólico-material do livro. Em seguida, poderíamos propor um enfoque estético ao perscrutarmos, ao mesmo tempo, as condições de fabricação do livro, sua forma material e sua difusão. Nesse nível, as questões diriam respeito às modificações introduzidas pela decoração do livro à percepção estética africana; no entanto, a fecundidade dessa abordagem seria incompleta, se nada acrescentasse à dimensão mais geral do simbólico. Daí, finalmente, nossa orientação, que tentaria compreender o livro articulando-o, na África, a uma história social que está em via de se construir[32]; as implicações dessa abordagem consistem em saber como o livro – espelho, médium e sintoma – desvenda as categorias sociais de determinada história, associando a produção material (o livro é, antes de tudo, um objeto), a produção intelectual, o acúmulo econômico e a apropriação simbólica. Objeto, saber, capital e política – é somente em torno dessa constelação que, na África, o livro poderá ser avaliado. Nossa investigação irá girar à volta de quatro eixos que determinarão a maneira como o livro, tão associado ao imaginário, objeto místico e de censura, dá acesso ao Outro, por um lado, modificando a relação que a África mantém com sua memória histórica e, por outro, edificando uma política.

[32] O livro é uma forma utilizada pelo sujeito para conjugar sua historicidade.

A. O livro e seu caráter lendário: atrativos e medos

A.1. *O livro* e a '*libido imperandi*'

O livro foi percebido pelos africanos como um acesso ao poder político. Vencidos no plano militar, eles ficaram convencidos de que o poder do homem branco residia em seus livros; tal mentalidade é descrita muitíssimo bem pelos romancistas africanos. O senegalês Cheik Amidou Kane escreveu *L'Aventure ambiguë*[33], livro em que o jovem Samba Diallo hesita entre o ensino corânico do mestre Thierno e a escola ocidental. Esse dilaceramento exige uma arbitragem e é a Grande Royale, tia do jovem Samba Diallo, quem decide em favor da escola ocidental. Por quê? "Para aprender a vencer sem ter razão." O livro e a escola são, portanto, os sinais do poder que convém obter a qualquer preço; um poder que, se necessário, liquidará o direito. A sede de leitura é, aqui, a sede de poder. No mesmo espírito, o romancista Mongo Beti descreve, em seu livro *Le pauvre Christ de Bomba*[34], a maneira como os cristãos africanos, recentemente convertidos, voltaram às práticas "fetichistas", para grande desolação do vigário colonial que, ao interrogar seu cozinheiro, o africano Zacarias, ouviu mais ou menos o seguinte discurso: "Os africanos foram atrás de vocês, os brancos, para que vocês lhes ensinassem como fabricar aviões, armas etc. Em vez disso, Reverendo Padre, os brancos falam-lhes do Espírito Santo, da vida depois da morte etc. O senhor julga que eles ignoravam essas noções? Pois bem! Agora, eles estão voltando a seus fetiches". O que está em questão, nesse aspecto, é o estatuto da escola e do livro como resumo do saber e, portanto, do poder. Os africanos que adotaram a escola – às vezes, sob pressão – não a freqüentavam com o objetivo de conseguir um substituto da iniciação mística[35], mas para adquirir um poder político, porque a própria introdu-

[33] KANE, C. A. *L'aventure ambiguë*. Paris: Julliard, 1961.

[34] BETI, M. *Le pauvre Christ de Bomba*. Paris: R. Laffont, 1956.

[35] Contrariamente ao que pensa P. H. Laburthe Tolra a propósito da República de Camarões, em LABURTHE TOLRA, P. H. *Vers la lumière ou le désir d'Ariel*. Paris: Karthala, 1999. p. 168.

ção do livro foi política. O padre alemão Henneman, membro da Congregação dos Palotinos, observava: "A conversão dos pagãos da República de Camarões começava pela escola: o livro era o ímã misterioso [...] sem obrigação de escolaridade e, muitas vezes, sem a autorização de seus pais, rapazes e jovens precipitavam-se para aprender a arte de ler e escrever."[36] No plano político, um fato histórico significativo foi o "leilão" do professor primário alemão, Christaller,[37] pelos seis reis de Douala (República de Camarões), que lutaram entre si para se beneficiarem de seu serviço. O professor deveria instalar-se no território controlado pelo rei que oferecesse o lance mais elevado, o que mostra que o livro era percebido por esses reis como um sinal de que aumentaria seu poder.

A.2. *O livro objeto sagrado: tabus e medos*

No islamismo praticado na África, o Alcorão – livro sagrado – é objeto de uma veneração particular. Os talismãs que, entre alguns marabutos, servem de proteção pessoal comportam folhas, nas quais estão inscritos versículos do Alcorão; tais folhas estão cuidadosamente enroladas em tiras de couro. A folha, e também a inscrição, servem de proteção. Aliás, essa proteção é obtida até mesmo com a simples reprodução: o aluno da escola corânica, que aprende a ler e escrever o árabe por meio do Alcorão, costuma reproduzir versículos desse texto sagrado em sua ardósia; em seguida, ao lavá-la, bebe a água que foi utilizada nessa operação. Trata-se de uma água reputada purificadora. O escrito reveste-se, assim, de um valor purificador, garantido até mesmo por sua simples reprodução. Em relação com a Bíblia, temos exemplos de conversão baseados na "ameaça da Bíblia ou do breviário", proferida

[36] HENNEMAN, S. *Missionsarbeit in Kamerun*. Aix-la-Chapelle: Xavierius Verlag, 1918. p. 3. (Zeitfragen aus der Weltmission; 1).

[37] BOECKHELLER, N. *Theodor Christaller, der erste deutsche Reischs-Schullehrer in Kamerun*. Leipzig: Emil Hermann Senior, 1897. p. 32.

pelos padres católicos. O pregador liberiano Harris – fundador do movimento messiânico conhecido por harrismo na Costa do Marfim e na Libéria – tinha uma Bíblia e uma vara com as quais, segundo a lenda, desafiava o poder dos feiticeiros. O livro, em geral – e a Bíblia, em particular – permaneceram objetos misteriosos. O breviário, livro de oração dos padres católicos, conti-nha também essa conotação misteriosa; não teria sido esse livro, para a primeira geração dos padres católicos camaronenses, um instrumento de chantagem contra os "pagãos"? Conta-se o seguinte episódio: quando alguém se recusava a entregar seus fetiches ao padre, este colocava freqüentemente o breviário em cima do teto da casa do distribuidor de fetiches, que estremecia de terror diante desse objeto misterioso que é o livro.

Meio de poder, objeto que provoca medo, o livro não deixou de exercer no imaginário essa contradição fundamental. O medo suscitado pelo livro culminará, alguns anos depois, na desconfiança de que serão objeto aqueles que "conhecem o livro". Esse medo inconsciente em relação ao livro, como objeto maléfico, constitui o indício que antecipa a censura.

B. O livro e o interdito: a questão da censura

B.1. *Ver e saber: a proibição*

O que é a censura? Trata-se de uma interdição de conhecer o conteúdo de um modelo cultural, além de uma restrição à profusão das imagens, uma proibição de ser informado a respeito do conteúdo de um livro que, segundo se presume, teria um efeito ilocutório, suscetível de modificar o comportamento de um sujeito. A interdição não atinge somente o saber, mas também o ter; a censura proíbe o ter. Qualquer objeto sobre o qual pese uma consideração negativa e simbolicamente manchada – mesmo quando seu conteúdo não nos tenha sido desvendado – pode parecer perigoso do ponto de vista da censura, razão pela qual é interdito possuí-lo. O tocar, a apropriação e a simples contigüidade com o objeto interdito implicam a blasfêmia. Não é permitido saber, ter e, sobretudo, é interdito ver. A dimensão do visível é, igualmente, importante na contaminação do que está manchado, porque o visível excita a atenção, inflama a imaginação dos sujeitos e poderia conduzir à ação – nesse aspecto, a censura dos filmes é exemplar na África; daí, a obstinação da interdição. Saber, ver, ter, a censura proíbe ao *homo loquax* de falar. A palavra é incontrolável, um fluxo que se espalha, um fogo que consome e, sobretudo, se ela está bem ornada com floreios retóricos, pode cativar, enfeitiçar e seduzir, ou seja, conduzir para fora do reto caminho. Uma regulamentação, até mesmo uma obliteração dessa palavra é, portanto, útil aos censores; assim, é importante sublinhar o exemplo das palavras ímpias que acabavam soterrando os crentes em seu estado de pecado. A censura é, então, a recusa de transmitir e de comunicar, enquadrada em uma lógica da identidade que só dificilmente admite a altercação, a alternância, a transição e a contradição. Pela censura, as coisas devem permanecer no estado em que se encontram.

No entanto, a censura não é apenas interdição, atividade negativa de privação; atualmente, transformada, ela se torna uma instância que orienta, autoriza e canaliza em direção ao que é justo, digno e bom.

B.2. *A guerra do livro entre alemães e franceses: um aspecto da colonização*

Tem-se o costume de dizer o quão rude foi a rivalidade entre franceses e ingleses na África. Os historiadores evocam os choques entre as ambições inglesas – que pretendiam estender sua zona de influência da Cidade do Cabo até a foz do rio Nilo – e as dos franceses – que desejavam também controlar o grande Sudão; no entanto, não se sublinha suficientemente o modo como essas rivalidades européias se traduziam pela batalha do livro e não somente pela diplomacia ou os tratados militares. A Alemanha acabava de perder a Primeira Guerra Mundial em 1918; pelo Tratado de Versalhes, foram-lhe retirados "seus" territórios coloniais. Sob a supervisão da Sociedade das Nações (SDN), o Togo foi confiado à França, o Sudoeste Africano (Namíbia), à África do Sul, o Ruanda-Burundi, à Bélgica, e a Tanganica (Tanzânia), à Grã-Bretanha. Quanto à República de Camarões, a parte oriental foi confiada à França, enquanto a ocidental, à Inglaterra; ao assumirem a administração do território à sua guarda, os franceses trataram de banir todos os "elementos boches" existentes nos programas escolares. Aqueles que haviam freqüentado a escola alemã estavam sendo "reformados do ponto de vista mental" com a interdição de falar alemão e ler livros escritos nesse idioma. Através do clero católico, essa guerra do livro atingiu o apogeu; após a saída dos padres alemães, membros da Congregação dos Palotinos, o Vaticano confiou a Nunciatura a um certo François-Xavier Vogt que, originário da Alsácia, havia sido bispo alemão na Tanzânia (antes de 1918, a Alsácia ainda estava sob o domínio da Alemanha). Tendo seguido para a África como alemão, esse bispo trocou de nacionalidade, acabando por exercer suas funções na República de Camarões, a partir de 1923, como bispo francês; encontrando-se em situação delicada em suas relações com a administração francesa, a propósito da feição assumida pelos trabalhos forçados impostos aos camaronenses, ele foi acusado de empreender ações antifrancesas e, sobretudo, de ter, como alsaciano, um "espírito boche". A prova mais conclusiva era ele ter a ousadia de ler livros em "boche" e redigir algumas anotações pessoais em alemão. Desde 1928, os conflitos multiplicaram-se entre esse bispo e a administração francesa; assim, tudo foi feito para retirá-lo de sua sede episcopal. No entanto, sem o ter privado dessa diocese, o Vaticano forneceu-lhe um auxiliar (um bispo coadjutor) na pessoa de Dom Graffin que, por ser francês da gema, não lia "livros boches".

Nessa luta pelo livro, o que estava em jogo era a noção bastante característica do século XX que alimentava a antropologia colonial, a saber: cada povo tem um espírito particular que se transmite por vários vetores, entre os quais o livro. Portanto, para introduzir "o espírito francês" na República de Camarões, era útil proibir os livros escritos em língua alemã.

B.3. *A Reforma Protestante e o espírito tridentino nas colônias: o livro e a autoridade*

A segunda forma de censura era relativa à sorte reservada pela Igreja Católica Romana à leitura e à política do livro. Após as reformas de Lutero, Calvino e Zwínglio, a Igreja Católica passou a controlar a formulação – orientada no sentido de um endurecimento – de sua doutrina. Os dogmas foram redefinidos com maior rigor e a liturgia optou por maior visibilidade; além disso, o controle das informações serviu de orientação para um ensino que se tornou mais didático do que ocorrera anteriormente. Foi justamente esse tipo de alteração que aumentou o controle na formação dos clérigos. O Concílio de Trento retomou as recomendações sobre a reforma dos seminários. E o jovem seminarista, no decorrer de seus estudos teológicos, era obrigado a aprender, em primeiro lugar, a autocensurar-se – escolhendo criteriosamente suas leituras – e, em seguida, a tornar-se censor: em suas pregações, ele advertirá o povo cristão contra os ardis do maligno, introduzidos em determinados livros. A autocensura interiorizada fazia com que toda leitura do clérigo devesse ter a autorização do bispo ou de seu vigário-geral – "ordinário do lugar", segundo a fórmula utilizada pelo direito canônico –, o famoso *Nihil obstat!* [Nada obsta!]. O mesmo ocorria com os livros escritos por eclesiásticos que deveriam submeter o manuscrito ao bispo ou a seu substituto, a fim de obter a autorização de publicação, o celebérrimo *imprimatur*. Este último não era uma simples autorização editorial, mas comportava um componente simbólico de testemunho: o bispo era a testemunha e a garantia da pureza do conteúdo do livro. Esse ensino foi aplicado nos seminários na África. Os livros publicados pelos professores protestantes eram qualificados como heréticos. Ao utilizarem o catecismo em seu ensino, os católicos desconfiavam da leitura da Bíblia feita pelos fiéis de confissão protestante que, por sua vez, desconfiavam do catecismo católico, que não era a Bíblia, mas um conjunto enfadonho de perguntas e respostas. Nessa batalha disfarçada entre o catecismo e a Bíblia, os católicos apoiavam-se no fato de que uma compreensão e leitura da Bíblia sem a mediação institucional só podiam levar à incompreensão e, afinal de contas, à heresia. Portanto, segundo eles, era necessário passar pelo livro-catecismo, mediação do magistério eclesial por excelência. Para os protestantes, o livro-catecismo não passava de um compêndio que desnaturava o fundo da doutrina da fé, contido na Bíblia. No fundo, essa querela entre o catecismo e a Bíblia remetia ao problema da autoridade. Ao tratar-se da interpretação, quem fixará os limites da autoridade: o magistério eclesial com suas tradições ou, então, o próprio "teor de verdade" do texto bíblico? O que nos interessa é ver e constatar que, no âmago das confissões cristãs, os fiéis africanos estavam expostos à censura recíproca: uns (os protestantes) censurando os outros (os católicos) em relação a esse problema de tradição e ensino.

B.4. *Censura por depreciação: a colonização e a questão das línguas ditas vernáculas*

A política lingüística adotada pela colonização européia alimentava uma enorme desconfiança em relação às línguas locais. Convém sublinhar que a colonização inglesa, com seu sistema de *indirect rule*, deixava a iniciativa aos "indígenas" de falarem sua língua e, até mesmo, de serem escolarizados em sua língua materna. A colonização alemã foi mais ambígua: às vezes, aceitava, tolerava o uso das línguas locais na escolarização; no período da colonização alemã na República de Camarões, "o primeiro livro utilizado em Yaundé era o abecedário [*Fibel*] em *ewondo* [língua camaronense], elaborado pelo Padre Nekes. [...] Em 1913, a tradução dessa obra para o *douala* abandona totalmente a escrita gótica [...]. Possuímos o livro do mestre para os dois anos das escolas bilíngües (alemão / línguas locais) instauradas, como lembra o prefácio, a fim de responder às prescrições do governo [...]"[38]. Por conseguinte, desenvolveu-se uma política do livro que não maltratava as línguas locais. Tendo em vista os objetivos ideológicos de compreensão e assimilação da mensagem religiosa, era

[38] LABURTHE TOLRA, P. H. *op. cit.* p. 169.

útil conhecer bem as línguas dos colonizados; estes, por sua vez, deveriam conhecer perfeitamente sua própria língua, razão pela qual a Bíblia foi um dos primeiros livros traduzidos para as línguas locais: "A religião só era ensinada na língua materna. Nada toca mais profundamente os corações e nada entra com mais facilidade na cabeça do que a própria maneira de falar de cada um"[39]. A mesma promoção do livro estava em vigor no Ruanda-Burundi alemão; assim, é que "o próprio catecismo era uma estranha mistura abastardada de *kirundi, swahili* e *kinyarwanda*"[40]. A promoção das línguas locais não sofria uma verdadeira censura, nem uma depreciação. A censura das línguas locais deve-se, sobretudo, à política de assimilação preconizada pela colonização francesa. Em 1885, Victor Duruy definia, assim, o papel a ser desempenhado, através da escola, pela língua francesa: "Se a espada submete os corpos, se a charrua enriquece os povos, é o livro que conquista as almas. Por detrás de cada regimento, deve existir um professor primário [...]. Quando os indígenas aprendem nossa língua, são nossas idéias de justiça que, aos poucos, entram em suas mentes: são mercados que se abrem para nossa indústria; é a civilização que chega e transforma a barbárie."[41] Para tal, convém suprimir as línguas locais: inicialmente, degradadas em dialetos, elas serão submetidas a tal infâmia. Nas escolas coloniais sob administração francesa, era interdita a utilização das línguas "vernáculas". Quem ousasse falar a língua materna seria passível de humilhação, que se traduzia por um castigo simbólico: era obrigado a carregar um "símbolo" amarrado ao pescoço, fosse um punhado de folhas, uma carapaça de tartaruga ou de caracol. O aluno "marcado" dessa forma por ter falado uma língua africana deveria identificar, entre os colegas, aquele que fosse pego em flagrante

[39] SKOLASTER, H. *Die Pallotiner in Kamerun.* Jahre Missionsarbeit: Limburg an der Lann, 1924. p. 258.

[40] LINDER, I. *Christianisme et pouvoir au Rwanda, 1900-1990.* Paris: Karthala, 1999. p. 65.

[41] FROIDEVAUX, H. *L'oeuvre scolaire de la France dans nos colonies.* Paris: Challamel, 1900. p. 20.

delito de falar em "língua vernácula", a fim de lhe entregar o "símbolo". A censura exercida pelo colonizador já encontrava adjuvantes entre esses pequenos africanos que, assim, aprenderam a ter "ódio a si mesmos" [*Selbsthass*]. Nessas condições, a censura não se exerce sobre os livros, mas sobre o que é a condição do livro, a saber, a língua.

B.5. *Censuras estatais e censuras domésticas*

Por ter pretendido ser, desde sempre, onipotente nas colônias, o Estado acabava tendo, freqüentemente, pretensões que superavam seus meios concretos: pretensões teleológicas (ao definir os objetivos sociais), pretensões axiológicas (ao participar da definição do que é valor, ao lado de outras instâncias, tais como a moral e a religião). Essas pretensões estão revestidas, do ponto de vista terminológico, por um artifício jurídico a que se atribui a designação de funções regalistas. O Estado deve proteger os cidadãos... em primeiro lugar, contra eles próprios! Razão pela qual, se não for democrático, o Estado acaba ditando como e quando se deve falar. Cabe-lhe desempenhar o papel – pelo menos, essa é a sua opinião – de desenhar os contornos do que pode ser dito, publicado e lido. Alguns ministérios europeus controlam discretamente as publicações e, outrora, na África, os livros e jornais encontravam-se sob estrita vigilância. Chegou a ocorrer a "proibição" de um livro, simultaneamente, na França e em suas antigas colônias africanas; por ser exemplar, estamos citando o caso do livro do romancista camaronense Mongo Beti. Em 1972, era publicado o ensaio *Main basse sur le Cameroun* [Pilhagem da República de Camarões] pelas Éditions Maspero (Paris). Sob um ângulo polêmico, esse livro descrevia as relações franco-camaronenses: ao ser lançado, foi imediatamente interditado na França e na República de Camarões por Raymond Marcellin, Ministro do Interior da época. Casos similares produziram-se, sem dúvida, na África Anglófona – sobretudo, durante a vigência do regime de *apartheid*, na África do Sul... A censura estatal pode também ser passiva. Nesse sentido, seus métodos são bem conhecidos: o livro é mantido sob silêncio obsequioso ou, então, organiza-se seu "assassinato universitário", que vai desde as pequenas frases às resenhas equívocas, cujos argumentos são sempre *ad hominem*.

A censura doméstica exercia-se, freqüentemente, no seio das famílias africanas, principalmente em relação aos "quadrinhos" e "fotonovelas", que eram pura e simplesmente interditados por alguns pais, que consideravam tais publicações como germes do "banditismo". Foi assim que os heróis dessas revistas (Zembla, Akim, Bleck, Zagor, Miki o Ranger, Spirou etc.) tornaram-se objetos de proibição e, ao mesmo tempo, modelos de identificação para jovens alunos e estudantes.

A aventura do livro na África é inseparável da noção de interdição. Com a censura – uma velha prática em vigor por toda parte –, é possível iniciar uma reflexão sobre suas novas formas[42] e sobre as relações ambíguas entre a criação e o interdito. Apesar de frear indubitavelmente a criação, o interdito pode fornecer, paradoxalmente, as condições para sua concretização, na medida em que a astúcia – essa arte do circunlóquio, acrescentada à fruição devida à transgressão do interdito – produz uma escrita oblíqua (a famosa *logica eqüina*, mencionada por Leo Strauss em seu livro *La Persécution et l'art d'écrire* [A perseguição e a arte de escrever]). A interdição de criar é que fornece as melhores condições de criação individual.

C. O livro e a memória africana: rever o vínculo

C.1. *O livro e suas aporias: horizonte, signos e significações*

Com a introdução do livro, a África repensa sua relação com a memória; aliás, seria necessário defini-la pela pluralidade de suas acepções. A memó-

[42] O filósofo Marcuse falaria de "tolerância repressora" a propósito dessa nova forma de censura que já não nos impede de pensar, publicar ou ler, mas nos dita a maneira como pensar, publicar e ler.

ria coletiva[43] só afirma sua inserção no tempo, ao produzir separações, espaços e ligações. Esse duplo movimento de ligar e, ao mesmo tempo, separar, é assumido pelo livro que, assim, abre um horizonte porque, em sua grafia e materialidade, parece implicar a exigência de um encontro com o real, ao mesmo tempo em que assume o caráter assimétrico de tal encontro. Ao pretender reduzir o real pelo escritural, ele condensa os signos e, ao mesmo tempo, dissemina as significações; é esse vai-e-vem entre a finitude dos signos de um livro (que se podem hoje contar) e a infinidade das significações que transforma o livro em objeto de insatisfação, de uma fome. Qualquer livro manifesta uma fome de ser e, quando pretende ser o reflexo do real histórico, é recebido apenas como seu contraponto; mesmo não passando de um contraponto da realidade, seria possível encontrar nele, imediatamente, certas conivências de tom e de expressões com esse real que, no entanto, ele deseja fustigar. O livro encontra-se, assim, em situação frágil em que só lhe resta confessar sua indigência, que é também sua riqueza. Esse objeto-livro é um amontoado de enunciados – polidos ou em estado bruto – que abrem para

[43] Esta expressão está sobrecarregada de conseqüências, porque remete ao sujeito portador dessa memória e ao estado desta. Tratando-se do primeiro, será que se pode falar de um "sujeito coletivo" portador ou produtor dessa memória? A aventura do "proletariado", enquanto "sujeito coletivo, para si", portador da emancipação da humanidade, tal como foi ensinada pelos políticos e alguns teóricos marxistas, é suficientemente eloqüente para que possamos desconfiar da expressão "memória coletiva" com seu corolário "sujeito coletivo produtor" dessa memória. A instituição do social não é também uma questão de indivíduos atomizados, porque a criação do "imaginário instituinte" (Castoriadis) não pode passar por cima da comunidade de significação que, no âmago de uma formação sócio-histórica, pré-forma a veracidade e a validade dos enunciados que cada sujeito profere a respeito de sua história e dos emaranhamentos desta com as outras histórias. Quanto ao estado dessa memória, ele permanece sempre uma hiância, aliás, implicada no termo "estado". Como o estado não é estático, mas abertura em direção a um alhures, devemos sempre nos formular a seguinte questão: "estado de quê?" Tudo isso leva a considerar a noção de memória coletiva não como um estado, mas como o conjunto provisoriamente consolidado das disposições, posições e proposições que congregam os sujeitos em uma comunidade de significações.

um horizonte representado pelo processo de enunciação. Esse objeto histórico, que é o livro, introduz uma mudança significativa na memória histórica africana. Em primeiro lugar, ele indica a essa memória para que se conceba de maneira aporética. À semelhança do livro, a memória africana é uma fome de ser. Em seguida, sua evolução própria, à margem do acúmulo de experiências, continua sendo a negociação permanente entre a finitude dos signos das experiências sócio-históricas e a infinidade de suas significações. Como é que uma memória histórica produz seu horizonte de significação no espaço intermediário que se situa entre os signos e a significação deles?

C.2. *Memória e comunidade narrativa*

Como uma memória histórica procede à articulação entre o fechamento por meio de seus enunciados (que são sempre locais, chauvinistas e datados) e a abertura por intermédio de seu processo de enunciação (que é sempre um apelo em direção ao possível)? O livro indica à memória africana que preste atenção à noção de comunidade narrativa. Um livro é sempre uma composição enriquecida pelo trabalho da imaginação; é esta que situa e insere um livro no tragicômico da existência. A imaginação, e não exclusivamente o mercado, transforma um livro em objeto que deambula e, apesar de ser limitado em sua dicção e sua circulação universitária, comercial e midiática, encontra fôlego em direção a um alhures a fim de dizer aos leitores, que o confinariam em sua pequena história particular, que ele é errante e pertence a todos, à humanidade. Ele só poderá pertencer de forma válida à humanidade, se estiver ancorado contraditoriamente em uma comunidade de narrativas, criadas por determinado grupo. Cada livro exprime as narrativas elaboradas por uma comunidade. Do mesmo modo, a memória histórica africana, ao inspirar-se na experiência do livro, deverá operar tal mudança de perspectiva; ela não será unicamente da ordem da evocação, da invocação do passado, mas articulará também uma convocação do não ainda presente. E para que esse possa advir, a memória deverá improvisar suas relações com suas múltiplas "fabricações de narrativa." A memória – assim como o livro – constitui-se, antes de tudo, narrativamente, como uma fabricação de narrativa.

Essa encontra-se em um processo em que, à semelhança do caso do livro sobre a história, articula "o que se passou verdadeiramente" – ao mesmo tempo, relatado e transportado pelos discursos e práticas – e "o que não se passou", mas é também transportado pelos discursos e práticas. No processo de transmissão do livro, é possível estabelecer a distinção entre os livros que revelam o que se passou[44], denotando assim uma espécie de autenticidade, e os apócrifos que se transmitem também, mas cujo papel variável consiste em confundir ou esclarecer os discretos encantos da autenticidade. O processo de constituição dos apócrifos na transmissão dos livros conota uma coisa: qualquer transmissão é construção de uma ficção. A questão que será relativa à memória africana a partir dessa experiência do livro é a seguinte: como será possível reintegrar, no esfarelamento e transmissão das memórias coletivas, não mais a verdade dos fatos passados, mas a inautenticidade da ficção? Como as memórias históricas africanas, atualmente tolhidas por um dolorimento traduzido pelo discurso da vitimização permanente, poderão operar uma reviravolta autocrítica sobre si mesmas, capaz de discernir a dimensão apócrifa na constituição do discurso? Nem tudo o que um livro relata é verdadeiro, mesmo que isso seja válido do ponto de vista argumentativo; do mesmo modo, nem tudo o que um africano narra a seu respeito e a respeito da história africana é verdadeiro, mesmo que isso seja válido. Daí, um outro problema levantado pelo livro na África: em uma experiência histórica, o que

[44] Nesse aspecto, ainda seria necessário observar que a "situação passada", uma vez captada pelo discurso do historiador ou do escritor, torna-se uma construção; o relato de um acontecimento autêntico só é possível através de sua reconstrução. A esse propósito, ler os epistemólogos da história: PROST, A. *Douze leçons sur l'histoire.* Paris: Seuil, 1996. ARON, R. *Dimensions de la conscience historique.* Paris: Plon, 1961. BLOCH, M. *Apologie pour l'histoire ou le métier d'historien.* Paris: Armand Colin, 1960. ARIÈS, P. *Temps de l'histoire.* Paris: Seuil, 1986. NORA, P. Passés recomposés: champs et chantiers de l'histoire. *Autrement,* n. 150-151, 1985. (Mutations)

deverá ser privilegiado: a verdade dos fatos relatados ou a validade dos discursos? E o que é um fato sem o discurso que o organiza, que lhe fornece uma lógica e o relata? O que é um fato sem a ficção que o recorta e organiza sua apresentação? Ou dito por outras palavras, o que é uma verdade sem o processo de demonstração que a torna válida? Nas verdades transmitidas pelas memórias coletivas africanas, qual é a dimensão do discurso da ficção? Como se organizam os "apócrifos" da transmissão oral?

C.3. *Entre oralidade e escrita: o livro, a distância e o vestígio*

Alguns historiadores, como Jacques Le Goff, pensam que a escrita introduz uma mudança histórica na memória coletiva das civilizações da oralidade. Aliás, tornou-se quase um costume universitário falar das sociedades da oralidade apenas quando se procede à clivagem entre oralidade e escrita. Encontramos, de um lado, aqueles que, como Jack Goody, pensam que a aparição da escrita é um avanço que implica modificações do psiquismo, porque os procedimentos mnemotécnicos que permitem a memorização "palavra por palavra" estão associados à escrita[45]; de outro lado, situam-se aqueles que hipostasiam a oralidade, encontrando em sua plasticidade o fermento por excelência da memória histórica. O que já não foi comentado e o que já não se fez a partir da frase proferida pelo funcionário colonial e escritor maliano Amadou Hampaté Bâ: "A morte de um idoso na África é uma biblioteca que vira fumaça"[46]? Por nossa parte, como fez Paul Zumthor, preferiríamos superar essa

[45] LE GOFF, J. *Histoire et mémoire.* Paris: Gallimard, 1988. p. 120. Este historiador cita, embora de forma matizada, as afirmações de GOODY, J. *La raison graphique.* Paris: Éditions de Minuit, 1979. p. 192-193.

[46] Essa proposição – que acabou sendo explorada – é naturalmente inexata. A biblioteca simboliza o saber; assim, tomada à letra, essa frase de Bâ significaria que, na África, todos os idosos seriam sábios. O que é falso: nas sociedades tradicionais africanas, o saber era um negócio das elites. O acesso a tal saber era reservado unicamente àqueles que

clivagem escrita / oralidade para sublinhar que, em qualquer texto escrito, existem "índices de oralidade"[47] que não podem ser, pura e simplesmente, liquidados. Longe de escolher entre o escrito e o oral, o que é importante é perscrutar a maneira como a oralidade e a escrita se imbricam na constituição ou destruição da memória social. As implicações de tal imbricação encontram-se na noção de vestígio. O vestígio obedece ao tempo e tenta lutar contra o apagamento de suas marcas anteriores e, ao mesmo tempo, contra o território não traçado, a marcar. A partir daí, ele "monumentaliza" seu suporte: um escrito é sempre um memorial que, independentemente do lugar, assinala a morte do objeto marcado, enquanto a palavra (que traça e é também um vestígio à sua maneira) representa perpetuamente seu futuro para escapar à dissipação. Nessa dialética entre um vestígio que é depositado como monumento na memória e o vestígio que traça seu sulco nos mesmos termos que implicam seu apagamento, o livro ajuda, com sua aparição na África, a memória africana a repensar a noção de vestígio em período de crise. O que é imprimir um vestígio em período de crise? Será que se pode reduzir tudo ao vestígio escritural? Determinados acontecimentos, tais como os genocídios de Ruanda, para além da vertente penal, não pretenderam apagar os vestígios, razão pela qual, por ocasião de um estágio nos hotéis de Kigali (e sob a vigilância do governo local!) os intelectuais africanos foram incitados a escrever sobre esse tema, a traçar na folha de papel o que nenhuma palavra poderia dizer de forma adequada. Os genocídios – essas feridas que permanecerão para sem-

tivessem sido bem-sucedidos nas provas de iniciação; ora, existiam "idosos" que, na época de sua iniciação, foram reprovados. Além disso, onde se encontra uma sociedade em que bastaria alguém envelhecer para ser sábio? O saber é tensão, conquista, tentativa e esforço, e não um "estado". A frase de Hampaté Bâ deve ser situada no âmbito da luta intergerações, na África, com suas querelas de legitimidade e precedência.

47 ZUMTHOR, P. *La lettre et la voi:* de la littérature médiévale. Paris: Seuil, 1987. "Por 'índice de oralidade', entendo tudo o que, no interior de um texto, nos informa sobre a intervenção da voz humana em sua publicação: quero dizer, na mutação pela qual o texto passou [...] de um estado virtual para a atualidade" (p. 37). "Cada texto [...] exige uma escuta singular: comporta seus próprios índices de oralidade [...]" (p. 37).

pre abertas diante da consciência africana – poderão ser "condensados", resumidos por algumas fórmulas cuidadosamente destiladas e controladas? Todavia, o livro continua sendo um apelo em direção a outrem.

C.4. *As "estruturas de apelo" e os "horizontes de expectativa"*

Em toda recepção de um livro, os estudos sobre a leitura estabelecem uma distinção entre as estruturas de apelo e os horizontes de expectativa. Foi a famosa escola literária de Constância (Hans Robert Jauss[48] e Wolfgang Iser) que forjou essas duas noções. Qualquer livro é produzido e recebido a partir das expectativas satisfeitas ou hiantes da sociedade, como se tais expectativas fossem aspiradores que o propulsam em direção a um alhures que supera sua pequena comunidade. Freqüentemente, as expectativas da sociedade são contraditórias. E já que o livro está dividido entre o tempo da expectativa e o do apelo, como é que se faz a concordância de tempo no seio de uma sociedade? Como pensar, através do livro, a temporalidade nos próprios termos de sua discordância, na medida em que as expectativas ficam sempre decepcionadas pelos apelos? O livro é um dos meios de instituir o social porque, por seu intermédio, encontramo-nos no âmago dos jogos com o tempo das antecipações da imaginação e das relações do sujeito com a alteridade. O livro é, assim, "memória" e "promessa"[49]. Como promessa, ele nos "associa ao futuro"; e ao se tornar "crítico", ele liberta o futuro.

[48] JAUSS, H. R. *Pour une esthétique de la réception.* Paris: Gallimard, 1978.

[49] CAHEN, D. Les réponses du livre. In: CONFERÊNCIA DO COLÓQUIO DE CERIZY, Seyssel: Champ Vallon, 1989. *Écrire le livre, autour d'Edmond Jabès.* Seyssel: Champ Vallon, 1989. p. 57-70.

D. Políticas do livro: qual futuro?

D.1. *Ideologias coloniais: Qual política educativa para o livro?*

Ao ser introduzido no período colonial, o livro – salvo o Alcorão – serviu a vários desígnios. Em primeiro lugar, um desígnio econômico. O governador da África Ocidental Francesa (AOF), Brevié, afirmava que "o dever colonial e as necessidades políticas e econômicas impõem à nossa obra uma dupla tarefa: trata-se de formar executivos indígenas destinados a tornarem-se nossos auxiliares em todos os domínios [...]. Do ponto de vista econômico [...], trata-se de preparar os produtores e os consumidores de amanhã"[50]. Em 10 de maio de 1924, o mesmo Brevié baixou um decreto para reorganizar o ensino; no artigo 64, está escrito: "O único idioma a ser usado nas escolas é o francês; proíbe-se aos professores de se servirem dos idiomas do país"[51]. Em seguida, um desígnio político. O livro serviu para fornecer uma mentalidade de assistido e um complexo de inferioridade aos africanos. Ao referir-se aos programas de ensino, um outro governador-geral da AOF, Roume, declarava o seguinte: "Por meio de um ensino bem conduzido, deve-se levar o indígena a situar convenientemente sua raça [...]. É um excelente meio de atenuar essa vaidade nativa que lhe é criticada, de torná-lo modesto [...]. Qualquer ensino da História e da Geografia deve tender a mostrar que a França é uma nação rica e poderosa, capaz de se fazer respeitar"[52]. Finalmente, um desígnio pedagógico. Durante esse período, o livro participou de um melhor conhecimento do outro, porque, afinal de contas – minimizando a importância dos desígnios –, as melhores gramáticas, dicionários e coletâneas de textos jurídicos das línguas e civilizações africanas resultaram do trabalho paciente dos missionários e administradores coloniais. Como essa herança do livro tem sido assumida após a independência dos diferentes países africanos?

[50] BREVIÉ. *Bulletin de l'enseignement en AOF*, n. 74, p. 3, 1924.

[51] *Idem*, n. 83, 1924.

[52] ROUME, *Journal officiel de l'AOF*, n. 1.024, 1924.

D.2. *Independência e contradições: o livro em situação crítica*

A independência dos diferentes países africanos foi apoiada, culturalmente, pelos nacionalismos e pela negritude, cujo objetivo consistia em fornecer, de novo, a "alma" ao africano. A literatura escreveu-se nas línguas nacionais e foram criados meios de difusão do pensamento africano (editoras, coleções nos editores especializados, nas metrópoles). A necessidade do livro fez-se sentir no plano da alfabetização; além disso, os Estados edificaram planos audaciosos. Entretanto, com a crise econômica dos anos 1970 a 1990, a política do livro sofreu um rude golpe. Atualmente, o livro africano ainda não está desempenhando plenamente seu papel em virtude dos seguintes obstáculos:

- os regimes autoritários (partidos únicos e marxizantes), com a censura, não incentivaram a criação de editoras independentes;
- ao ser tomada uma iniciativa editorial, ela permanecia prisioneira das subvenções da metrópole, das ideologias muçulmana ou cristã, e das organizações não-governamentais que impunham, através de suas prioridades, o que era publicável ou não;
- a falência das bibliotecas na África, tributárias, seja da francofonia com seus imperativos, seja do Estado com suas exigências;
- a concepção da rentabilidade e do imediatismo, que deposita confiança apenas nas forças armadas e no mercado, e não na Universidade;
- a falta de fé, por parte dos professores universitários e da elite intelectual, no pensamento, o que confirma seu investimento nas redes das aplicações financeiras e da política;
- a ausência de uma tradição de leitura, agravada pelos subprodutos ideológicos difundidos pela mídia audiovisual;
- a marginalização no plano internacional da produção intelectual africana (salvo a escultura e a música!).

E. Concluir? O livro e a relação de confiança

O problema do livro na África não é somente de ordem da logística. Muito mais do que bibliotecas ou informatização – que proclama, um tanto precipitadamente, o fim do livro em benefício da Internet – o que é necessário é uma relação de fé. Na África, a fé é investida cada vez mais na religiosidade, no dinheiro e no poder. E, cada vez menos, no saber. Portanto, convém procurar, no plano simbólico, os interditos fundadores que estruturam nossa relação com a fé (não religiosa!). O que é, no cerne do espaço público, ter confiança? Seria necessário, talvez, reconsiderar, entre os africanos, as feridas simbólicas a partir das quais algo pode ser dito. Não seria inútil rever as posturas do sujeito em suas relações com o que é a promessa, assim como a maneira de garantir a vigilância crítica e "a manutenção de si na promessa"[53]. O livro é uma promessa: o importante não se encontra tanto no conteúdo da promessa (que pode ser nocivo ou falso), mas no ímpeto promissor. Pelo livro, sondamos o que estabelece o vínculo e institui o social. "Ligar e ler[54] têm as mesmas letras; prestem atenção nisso"[55], afirmava Lacan; "o livro nos liga[56] à história e, através desse poder de ligação, leva-nos a 'habitar o tempo'. Acontece que, na África, esse poder só será frutífero se for restabelecida uma relação de confiança com o saber. "A história da representação do livro [...] é semelhante à do espelho: símbolo de conhecimento e vaidade, de vida e de morte. Dupla busca – de si mesmo e do outro –, o livro é um espelho, a leitura é um olhar no espelho"[57]. O espelho reflete, deforma, duplica, mas, atenção: devemos tratá-lo com cuidado... ele é frágil!

[53] RICOEUR, P. *La mémoire, l'histoire, l'oubli.* Paris: Seuil, 2000. p. 99.

[54] "*Lier et lire*" no texto original, em francês. (N.T.)

[55] LACAN, J. *Encore.* Paris: Seuil, 1975. p. 109. (Le Séminaire; 20).

[56] No texto original, em francês, "*lie*" é a forma verbal de "*lier*", o mesmo que ligar. (N.T.)

[57] CHARTIER, A. M.; HÉBRARD, J. *Discours sur la lecture.* Paris: Fayard, 1989. p. 540.

3.4

Metamorfoses do livro e da leitura

Maurice Aymard

A inquietação suscitada pelo futuro do livro, na era eletrônica, não deixa de surpreender. Ela afeta, de fato, as regiões do mundo que são, ao mesmo tempo, as mais alfabetizadas, as mais profundamente marcadas pela cultura européia e as mais tributárias, em seu funcionamento cotidiano, dos textos escritos sob a forma impressa e de sua circulação; nessas regiões, igualmente, a demanda em matéria de produção e circulação da informação não cessou de incentivar a inovação e seus aperfeiçoamentos cada vez mais rápidos.

No começo, essa inovação atendia em suas aplicações civis, e não mais militares, às necessidades de comunidades científicas restritas: espécie de clubes em que todos os membros se conhecem e se cooptam. Aos poucos, ela se estendeu a grupos cada vez mais amplos, constituindo verdadeiras redes que ignoram fronteiras, e cuja formação e dinâmica de expansão estão, quase sempre, submetidas a outras práticas: por todos os meios, é necessário atrair, incluir ou seduzir parceiros que não se conhecem e nada sabem a respeito dos outros integrantes. Em primeiro lugar, ela se restringiu a textos que, freqüentemente, se situavam no limite entre o oral e o escrito, além de irem da mensagem pessoal ao texto mais elaborado: a rapidez da circulação repercutia, antecipadamente, sobre a da redação, donde a procura de um estilo muito direto, ignorando ou distorcendo as regras da correspondência formal ou do texto acabado, pronto para ser impresso. Nos dias de hoje, ela atinge as fronteiras da edição: ameaça colocar em causa todas as estruturas de produção, distribuição e consumo, assim como, de forma ainda mais profunda, o próprio estatuto do texto e a relação entre autor e leitor. Paralelamente, ela se enriqueceu com potencialidades suplementares que, relativamente ao livro clássico, lhe fornecem uma vantagem decisiva: a possibilidade de associar, no mesmo suporte, não só o texto e a imagem, mas também o som, além de conferir a essa associação um caráter dinâmico, móbil (e não mais estático) e interativo (em seus modos de consulta, o "leitor" dispõe de uma liberdade e de uma margem de iniciativa infinitamente maiores do que os recursos anteriores).

Fundamentalmente, a "era eletrônica" situa-se não tanto sob o signo da continuidade, mas sob o da ruptura em relação à era de Gutenberg. Ela liberta, de fato, o impresso da maior parte das restrições de que este permanecera prisioneiro nos últimos cinco séculos, apesar dos progressos realizados, em particular, desde o início do século XIX; no entanto, não deixa de se situar na mesma lógica.

Desse modo, foram suprimidos os limites do volume da informação que circula sob uma forma impressa, associados à capacidade e aos custos da composição e da impressão por meio de empresas especializadas: toda divisão de trabalho é abolida, porque todo autor pode compor pessoalmente seu texto e escolher os destinatários; além disso, todo leitor tem a escolha de ler em sua tela ou imprimir, conservar, transmitir a outros ou jogar fora a informação recebida e, é claro, responder, tornando-se, por sua vez, autor. A escrita de imprensa consegue, assim, ocupar (o que ela havia começado, há um século, com a máquina de escrever) uma ampla parte do campo reservado, até aqui, à escrita manuscrita, que a invenção da imprensa havia transformado, em contrapartida, no signo do individual e da intimidade: o instrumento da correspondência pessoal e da criação literária, mas também, por meio da assinatura (que havia substituído o selo) e da grafologia, a expressão mais profunda e a mais inimitável da personalidade. E essa vitória da escrita impressa atinge também países como a China e o Japão, regiões em que os ideogramas haviam bloqueado o uso da máquina de escrever, embora mantenham bom entendimento com o computador.

Daqui em diante, estão eliminados também os limites espacial ou temporal à circulação do texto: desembaraçada de qualquer suporte material (além dos terminais de emissão e de recepção), a circulação é percebida pelo usuário como instantânea (o único atraso é devido aos eventuais engarrafamentos nas infovias) e indiferente às distâncias, como se levasse o mundo inteiro a viver à mesma hora. Assim, ela permite que o impresso desempenhe uma função semelhante à do oral que progride no mesmo ritmo, na medida em que utiliza o mesmo instrumento de transmissão codificada: um aparelho de telefone que, por sua vez e com uma freqüência cada vez maior, está se tornando também digital.

Os limites precedentes – atualmente esquecidos – tendem, é verdade, a ceder o lugar a outros, associados a efeitos de saturação: saturação das memórias dos computadores, atulhadas, apesar do crescente aumento de sua capacidade, por causa da enxurrada das mensagens que evitamos jogar fora, como se todo escrito tivesse de ser conservado; saturação da capacidade de leitura dos destinatários e dificuldade cada vez maior de mobilizar a atenção deles; sufocamento dos autores, incapazes de enfrentar a demanda de textos de que são alvo, e tentados a construir, servindo-se dos comandos "copiar/colar", um *patchwork* de fragmentos de textos redigidos por eles próprios ou por outros, que, à pluralidade das leituras possíveis, opõem a das reutilizações do mesmo texto; paralisia das redes, cuja extensão por demais rápida suscita desconfiança ou indiferença, além do desejo de voltar a círculos mais restritos de comunicação, protegidos de qualquer vírus e de qualquer indiscrição, portanto, de reconstituir hierarquias e espaços reservados no interior de um sistema considerado, daqui em diante, demasiado aberto a todos; saturação, finalmente, do acesso aos bancos de dados, vítimas de seu gigantismo e das expectativas, tanto mais significativas quanto são – pelo menos, em parte – utópicas, que se alimentam de um saber (ou de uma simples informação) que é realmente enciclopédico.

O jogo, evidentemente, permanece aberto e o balanço, que hoje podemos esboçar, pode ser rapidamente colocado em questão por inovações tecnológicas e por modificações das práticas. A escrita manuscrita pode, no decorrer do tempo, encontrar seu lugar de pleno direito nas telas e pôr fim ao reino do teclado, transformado – por um célebre artigo do economista Paul David – em modelo das escolhas tecnológicas de longa duração, criador de rigidez e irreversibilidade de duração mais ou menos prolongada (uma duração, no caso concreto, simplesmente secular, o que é pouco para o historiador formado na escola de Fernand Braudel, cujas "prisões de longa duração" haviam ilustrado, vinte anos antes, a mesma intuição). A mediação de toda escrita pessoal faz parte do universo dos possíveis vislumbrados, na medida em que, sob forma de texto, o próprio computador transcreve o som da voz. A tela, elemento atualmente insubstituível da cadeia, dividido entre a miniaturização (os computadores de bolso) e, pelo contrário, o alargamento (que permite justapor vários textos), pode ceder o lugar a suportes de utilização mais flexível e menos restritiva. Do mesmo modo, podem evoluir as preferências dos usuários que, ainda hoje, hesitam entre a leitura direta na tela e a impressão dos textos que eles próprios escreveram (para uma correção mais atenta), ou recebidos (para uma leitura e eventual classificação mais conformes com seus hábitos ou com suas necessidades), e que, em vez da leitura na tela de obras digitalizadas, ainda preferem as bibliotecas (cujos catálogos são consultados na própria tela) como lugar de acesso aos livros.

Sejam quais forem as possíveis mudanças, elas se inscrevem na perspectiva de uma generalização e multiplicação dos usos do escrito como meio de comunicação, de circulação da informação, de transmissão dos conhecimentos e de acesso a estes, mesmo que essa generalização e multiplicação digam respeito, ainda hoje, apenas a uma minoria de países e da população do planeta, e mesmo que somente uma parcela dos alfabetizados tenha acesso ao universo eletrônico. À semelhança do que ocorre com a instalação e a manutenção das redes, o computador exige consideráveis investimentos em material e em pessoal qualificado que contribuem para cavar novos e duradouros fossos entre "pobres" e "ricos": será que a lógica da extensão do mercado, em busca de novos clientes, é suficiente para levar as instituições públicas e privadas, assim como os particulares, a fazerem os investimentos necessários, cuja amortização das despesas de pesquisa provocaria a queda dos custos? Um otimismo sem reservas seria, sem sombra de dúvida, excessivo. No entanto, não é verdade que o livro e a letra[58] seguiram o mesmo trilho? Produtos dispendiosos, reservados às elites, eles acabaram por se "democratizar" lentamente. O importante consiste em verificar que as mudanças atuais constituem uma nova etapa de sua história: *e-book* e *e-mail* só existem e são desenvolvidos e impostos em referência a essa história, mesmo que seus esforços possam revelar-se, a prazo mais longo, revolucionários.

Se, atualmente, o livro parece ser colocado em questão é porque, em nossa cultura, ele havia conquistado lentamente um lugar e um estatuto, igualmente privilegiados. Prestígio do texto, referência – ao mesmo tempo religiosa e literária – que se deve reproduzir e transmitir para protegê-lo contra o esquecimento, mas também ler para se apropriar e se identificar com uma cultura e com um conjunto de saberes profissionais (direito, medicina, teologia) ou mais desinteressados (filosofia, poesia etc.). Além de ter permitido multiplicar o número dos exemplares em circulação e colocar um maior número de obras (crescimento quantitativo) à disposição de uma clientela mais ampla, a imprensa levou ao desenvolvimento de um conjunto de disciplinas eruditas que contribuíram para recuperar a pureza do texto inicial, para desembaraçá-lo de todos os aditamentos voluntários, ou não, e de todos os erros dos copistas a fim de estabelecer, assim, uma versão única de referência (mutação qualitativa). Contudo, no plano dos modos de apresentação do texto, ela havia retomado por sua conta a forma do *codex* – composto por folhas dobradas e reunidas –, aliás, confirmado na Idade Média como o subs-

[58] No texto original, em francês, *"lettre"* pode também significar "carta". (N.T.)

tituto do rolo (*volumen*) da Antigüidade clássica. Essa mutação pode ser datada entre os séculos II e IV de nossa era; parece que, nessa mudança, a reprodução dos textos do início do cristianismo teria desempenhado um papel pioneiro[59]. Essa forma prestava-se, particularmente bem, aos usos religiosos do texto, associando as leituras dos diferentes trechos das Sagradas Escrituras ao ritmo das horas, dos dias e dos meses. No entanto, ela tinha também, entre outras vantagens, a de permitir, ao mesmo tempo, a leitura cursiva, a identificação de um texto preciso (graças à enumeração das páginas e à elaboração de sumários e índices) e a comparação de diferentes páginas da mesma obra ou de diferentes livros.

Se nossos computadores marcam, deste ponto de vista, um retorno ao passado – já que desenrolam o texto diante de nossos olhos como um *volumen* antigo –, eles procuram compensar esse defeito com a paginação, a indexação e as possibilidades de busca, por palavra ou frase, e de impressão, sempre possível, do texto que nos restitui a forma familiar de *codex*. No entanto, graças ao hipertexto, eles propõem, sobretudo, um modo de leitura radicalmente novo, infinitamente mais livre do que o modo do livro, ao mesmo tempo que se situam na mesma lógica, na medida em que o hipertexto permite generalizar ao infinito a comparação, ligando potencialmente cada ponto do texto com todos os outros e, assim, autorizando leituras por encomenda que se servem das estruturas profundas e, freqüentemente, dissimuladas do texto[60].

No entanto, os próprios computadores devem enfrentar um desafio semelhante ao que a imprensa havia encontrado em seu caminho: o da língua ou, antes, da ausência de uma língua comum. E isto, mesmo que as condições possam parecer, em 2000, exatamente opostas às de 1500. A imprensa

[59] CHARTIER, R. Les représentations de l'écrit. In: _______. *Culture écrite et société:* L'ordre des livres (XIVe-XVIIIe). Paris: Albin Michel, 1996. p. 33-35.
[60] ECO, U. La muerte (incierta) del libro y su cultura. In: _______. De l'Internet à Gutenberg. *Débats*, Institució Alfons el Magnánim, n. 69, p. 66-75, primavera/verão, 2000.

havia sido inventada em um contexto em que os intelectuais europeus tinham o domínio de uma língua comum, o latim, e ela deveria servir para multiplicar as edições de referência nessa língua. Rapidamente, todavia, as encomendas da clientela e as exigências dos Estados colocaram-na a serviço da afirmação das línguas nacionais, a expensas tanto do latim, língua internacional, quanto dos dialetos, relegados ao lado da oralidade.

Hoje, o inglês pode dar a impressão, em um primeiro momento, de que poderia servir de língua comum da era eletrônica, na exata medida em que era a língua na qual foram concebidos e construídos os computadores, seus programas e as redes sobre as quais "surfam" os "internautas". No entanto, mesmo que os Estados não tenham feito nenhuma intervenção, ou fiquem à margem, no sentido de impor suas línguas a usuários empenhados em utilizar todas as novas liberdades que suas novas máquinas lhes oferecem, as línguas nacionais se recuperaram rapidamente e exigiram que os computadores e seus programas fossem adaptados às necessidades dos usuários: apesar do número crescente de usuários que sabem ler e escrever em vários idiomas, elas permanecem as línguas da comunicação cotidiana e majoritária; é necessário, portanto, que sejam adaptadas às escritas disponíveis no computador (alfabetos, silabários ou ideogramas), assim como aos programas de correção ortográfica e gramatical. Depois de ter sublinhado com um traço vermelho – à semelhança do procedimento adotado por meus antigos professores na escola –, em sinal de protesto ou advertência, *e-mail* e *e-book*, assim como *primavera* e *verano*, para não falar de *la muerte*, meu computador acaba de me avisar que *patchwork* é um anglicismo e que, a esse vocábulo, eu deveria preferir os termos "*mosaïne*" ou "*arlequine*", propostos pelo *Journal Officiel* [Diário Oficial] da República Francesa; ora, do mesmo modo que meu dicionário *Larousse Lexis* – editado, é verdade, em 1982, mas contendo 76.000 palavras que abrangem tanto a língua clássica e literária quanto o vocabulário contemporâneo e os "termos regionais e dos países francófonos" –, eu ignorava a existência de tais vocábulos. No entanto, felizmente, o mesmo programa permite-me ignorar tais recomendações...

Se observarmos mais de perto, as línguas nacionais não são as únicas a se saírem bem nesse novo contexto: as línguas regionais também ganham a possibilidade e o direito de retomar o lugar que a imprensa lhes havia, durante muito tempo, recusado ou delimitado de forma bem estrita. A era eletrônica, agindo em favor da flexibilidade contra a produção em massa, amplia e renova, com efeito, de maneira espetacular, o "mundo dos possíveis"[61]: ela permite descentralizar a produção, circulação e consumo, além de tornar rentáveis – na exata medida em que os custos são bancados pelos autores e leitores, e não pelos editores, impressores, divulgadores e livreiros – as séries "curtas", os criadores e organizadores de novos mercados sobre os quais a edição clássica poderá ulteriormente se implantar, se sua rentabilidade parecer mais bem garantida. Daqui em diante, a combinação do global com o local pode intervir mais facilmente em outras escalas e relançar a discussão sobre a fronteira tradicional entre línguas e dialetos que passa, precisamente, pela existência de uma literatura escrita e de uma gramática.

Vemos, assim, definirem-se com clareza três níveis de produção e circulação dos textos, em função da língua utilizada: língua de comunicação internacional (o inglês e, em menor escala, o espanhol, o francês ou o português), língua nacional e língua regional. Esses três níveis correspondem a outras tantas definições de filiação que, no essencial, dependem da decisão de pessoas e organismos privados, além de escaparem, em compensação, à decisão dos Estados, cuja única escolha – ao mesmo tempo que mantêm sua língua nacional como língua central de seu sistema de ensino e do funcionamento de sua vida cotidiana – consiste em facilitar a aprendizagem, nas escolas, da língua internacional (indispensável em todos os setores submetidos à concorrência) e tole-

[61] SABEL, C. F.; ZEITLIN, J. (Org.) *World of possibilities:* flexibility and mass production in Western industrialization. Cambridge: Cambridge University Press, Maison des Sciences de L'homme, 1977.

rar, quando não é o caso de apoiar, a aprendizagem das línguas regionais, reclamada pelas famílias e promovida pelas autoridades locais. Entre esses níveis, a única mediação possível é a dos próprios indivíduos, obrigados a agir em meio a vários registros lingüísticos, enquanto os programas de tradução automática não tiverem alcançado uma qualidade suficiente a ponto de garantir sua credibilidade. Como um grande número de autores é poliglota, essa superposição de níveis nada tem de rígido, mas garante uma margem de liberdade de escolha e a possibilidade de redefinir, ao sabor das circunstâncias e dos conteúdos da informação, as redes em fronteiras móveis.

A enfatização, de maneira exclusiva, da liberdade dos atores e das novas possibilidades oferecidas tanto aos autores, quanto aos leitores, pela redefinição da cadeia de produção e distribuição do livro, ameaçaria, entretanto, falsear as perspectivas. A importância dos investimentos exigidos pela digitalização, a dimensão mundializada do mercado da comunicação que transborda amplamente as fronteiras do mercado editorial, o contexto jurídico do direito autoral, a diversidade das formas sob as quais o mesmo texto pode ser proposto a diferentes públicos (livro ou CD-ROM simples, ou multimídia, filme ou programa televisivo etc.) têm favorecido a emergência de grandes empresas que operam em escala internacional: estas surgem, atualmente, em condições de exercer influência, não só por meio de campanhas promocionais dispendiosas, sobre a produção, distribuição e venda – em poucas palavras, fabricação de *best-sellers* –, mas também sobre a própria criação[62]. Tudo se resume, mais do que nunca, a um problema de produção em escala. Entre liberdade total, em que cada um se tornaria o editor e divulgador de seu próprio texto, selecionando seus leitores, e a dominação sem limites desses grandes grupos, capazes de modelar ou orientar as preferências dos consumidores, o jogo está, mais do que nunca, aberto.

[62] CHARTIER, R. *Le livre en révolutions*. Paris: Seuil, 1977. p. 146-148.

Seria preferível, portanto, deixar de lado as fórmulas abusivas ou inutilmente apocalípticas a respeito destas três mortes associadas: morte do livro, morte do autor (anunciada, em 1968, por Roland Barthes, é verdade, em um contexto completamente diferente, já que o autor teria sido vítima, não da máquina, e sim da onipotência do leitor) e morte do leitor. De tudo isso, porém, sobrou uma coisa: a galáxia de Gutenberg, aquela da generalização da comunicação escrita sob uma forma impressa (embora, obrigatoriamente, sob suporte de papel), está mais viva e sólida do que nunca, contrariamente às profecias pessimistas de Marshall McLuhan, que anunciou seu fim, aliado ao sucesso da imagem: as novas tecnologias recolocaram no centro de um sistema de comunicação renovado, por estar aberto à participação ativa do leitor, o texto que, daqui em diante, pode se associar não só à imagem, virtual ou real, estável ou em movimento, mas também ao som. O universo da Internet é um universo de leitores e autores; é, igualmente, um universo de livros. E isso, mesmo que os livros sejam convocados a trocar, ao mesmo tempo, de suporte, forma e conteúdo, e mesmo que as definições de "autor" e de "leitor" sejam chamadas a se modificar, assim como as relações que mantêm entre si e com os livros. Com efeito, a pretensão de atribuir a esses três "objetos", inscritos na história, uma estabilidade e permanência que eles nunca chegaram a conhecer seria um erro fundamental de perspectiva.

Essa constatação a respeito do universo da Internet marca, de fato, o primeiro e, sem qualquer dúvida, o mais profundo limite de nosso debate sobre o livro. De que se trata, afinal? Trata-se de uma minoria, reduzida em porcentagem e, além disso, distribuída de forma bastante desigual em escala planetária, para a qual foram aperfeiçoadas novas tecnologias correspondentes a suas necessidades crescentes em matéria de informação e comunicação; será uma minoria que tem, igualmente, a vontade e os recursos para fazer investimentos necessários? Ou, então, a totalidade da população do mundo ou, até mesmo, exclusivamente suas elites?

Na África subsaariana, o livro pode ser percebido, com seu leitor, como uma forma de alguém se sentir excluído da comunidade, na medida em que se tornou objeto de uma leitura individual, solitária e silenciosa. Mas vale a pena pensarmos no que foi a história da leitura no Ocidente europeu da época medieval e moderna: a leitura individual foi, então, uma longa conquista (ou o produto de uma longa evolução, se preferirmos evitar a conotação triunfalista do termo "conquista") que, no mínimo, se estendeu por seis ou sete séculos. Antes de tudo, ela se limitou aos monges, esses profissionais da leitura, cujo *status* os levava, precisamente, a viver desligados do mundo; durante muito tempo, ela coexistiu com a prática da leitura em voz alta – às vezes, individualmente, embora quase sempre coletivamente – para aqueles que, à semelhança do que se passava, durante o serão, com os camponeses franceses do século XVIII, não sabiam ler, ou liam mal, ou, mesmo sabendo ler, preferiam essa forma de recepção e apropriação do texto àquela que, hoje, nos parece ser superior e, ao mesmo tempo, óbvia. Ora, essa prática corresponde, no mínimo, a uma dupla necessidade: a de uma leitura rápida, permitindo a cada um assimilar, de forma mais ágil, a crescente enxurrada de informações complexas e matizadas – daí em diante, o oral foi percebido como simplificador; e, também, a de uma leitura silenciosa, entendida como necessária à compreensão em profundidade, como se o som da voz constituísse um obstáculo. De forma significativa, a leitura em voz alta de um texto escrito, onde tal prática ainda persiste e excetuando as cerimônias religiosas, tende a ocultar-se por detrás da aparência da improvisação, da palavra falada: o jornalista da televisão finge, assim, olhar-nos nos olhos, enquanto lê o texto, redigido antecipadamente, que está exposto no *prompter* (ainda outro anglicismo que, segundo é sugerido por meu computador, deverá ser substituído por "*télésouffleur*"[63]), dispositivo formado por tela ou rolo de papel rotativo, adaptável à câmara. O próprio ensino tende a relegar, para segundo plano, essa prática antiga de leitura de textos, em voz alta, efetuada por um mestre que, durante muito tempo, foi chamado de "leitor", ou pelo aluno.

[63] Como tradução deste termo sugere-se "teleponto", na medida em que "*souffleur*" é o ponto de teatro; na realidade, trata-se do *teleprompter*. (N.T.)

A história convida-nos, portanto, a pensar que a etapa do livro, e de tudo o que o acompanha em matéria de relações restritas ou generalizadas em uma sociedade com uma cultura escrita, fixada e difundida, sob uma forma manuscrita ou impressa, não pode, portanto, ser ignorada – pelo menos, não inteiramente. De fato, hoje, encontramo-nos em uma situação bastante diferente daquela que foi criada, há pouco mais de cinco séculos, pela invenção da imprensa com tipos móveis na Europa Ocidental.

Tal invenção interveio em sociedades em que a leitura e o acesso ao livro constituíam, ainda, privilégio de uma minoria: antes de tudo, permitiu a produção, em quantidades cada vez maiores por um custo cada vez menor, de obras para o público acostumado ao livro manuscrito. Bem depressa, os editores empenharam-se em diversificar sua produção e em baixar os custos, a fim de atingir novos públicos que não tinham, ou nunca teriam tido, acesso ao livro manuscrito. Eles se beneficiaram de um contexto favorável aos avanços da alfabetização na escola, incentivada na mesma época – aliás, por razões diferentes – tanto pela Igreja quanto pelos Estados, além de ser desejada e apoiada pelas famílias, chamadas a financiar localmente, nos burgos e aldeias, as pequenas escolas, do mesmo modo que financiavam os estudos dos filhos no colégio ou nas universidades.

Para atingir novos públicos, os mesmos editores favoreceram uma notável ampliação do campo dos documentos escritos, levando à formalização de uma dupla distinção: por um lado, entre o texto, restaurado em sua forma original, e o comentário ou a glosa que, nos manuscritos, tendencialmente, eram integrados no próprio corpo do texto – aliás, como se pode fazer, de novo, com o computador; por outro, a distinção entre o saber acumulado pelas gerações e, até mesmo, pelas civilizações precedentes, simbolizado pelos textos antigos, religiosos ou não, e a criação original, ou que procurava ser ou parecer original, aplicada a gêneros novos ou renovados – poesia e filosofia, história, romance, novela, ensaio –, ou seja, tudo o que, atualmente, chamamos de literatura, cuja afirmação impôs-se ao preço de múltiplos "renascimentos" e de outras tantas querelas entre "Antigos e Modernos" que visavam legitimar as rupturas, portanto, o direito à inovação relativamente ao mero respeito pela tradição.

Entre essas renovações do campo da imprensa, convém, aliás, reservar um espaço para a utilização da tradição oral pela literatura erudita; freqüentemente, essa operação precede sua disponibilização em livro – ilustrado ou não – para um público mais amplo, graças a edições condensadas: um percurso, cujo símbolo se encontra em *Histoires ou contes du temps passé* [Histórias ou contos do tempo passado] de Perrault[64].

Deste ponto de vista, Menocchio não deixa de ser parcialmente representativo das transformações encetadas no século XVI. Sua passagem por uma escola pública elementar continua sendo uma hipótese, deduzida por Carlo Ginzburg, do fato de que ele sabia "ler, escrever e contar" – hipótese de forma alguma confirmada[65]. A dúvida é reforçada pela circunstância de que ele não manifestou nenhuma preocupação em transmitir seu saber a todos os filhos, já que pelo menos um deles, Ziannuto, aquele que aparece com maior freqüência no decorrer do processo, é analfabeto. A dezena de obras que, aparentemente, teria lido – se dermos crédito às citações que faz – é de, em sua maioria, textos anteriores à invenção da imprensa, religiosos (a Bíblia, a *Légende dorée* de Jacques Voragine)[66] ou não religiosos (John Mandeville, Boccaccio)[67]. E, mesmo que tenha procedido a uma leitura individual de tais textos – aliás, não crí-

[64] Charles Perrault (1628-1703), escritor e arquiteto francês, membro da Academia Francesa, celebrizou-se pelos contos que coligiu para crianças. (N.T.)

[65] GINZBURG, C. *Il formaggio e i vermi*. Turim: Einaudi, 1976. p. 4, 10 e 35.

[66] Jacobus de Voragine (1228-1298), beato, hagiógrafo, autor de *Lenda áurea*, coletânea de vidas de santos. (N.T.)

[67] John Mandeville (séc. XIV), famoso explorador britânico, autor de *The further travels of sir John Mandeville*, publicadas em francês normando em 1356 e, logo, traduzidas em todos os idiomas europeus; sua viagem para o Oriente teria ocorrido mesmo antes da aventura de Marco Polo. Giovanni Boccaccio (1313-1375), primeiro prosador da Itália, é autor, entre outras obras, do *Decamerão*: coleção de novelas em que descreveu a vida dos burgueses florentinos, apaixonados pela cultura e pelos prazeres. (N.T.)

tica –, ele se apressa em comunicar, oralmente, suas leituras à vizinhança, como se não pudesse contentar-se com um *tête-à-tête* pessoal com o texto, como se tivesse necessidade, ao mesmo tempo, da mediação e confirmação da palavra – assim como, da partilha com os outros – em relação ao conteúdo da mensagem ou das idéias que ela lhe inspirava: será necessário esperar mais de um século pela formulação, forjada por Spinoza, do célebre *larvatus prodeo*. Apesar de ter favorecido todos os processos de aprendizagem e de domesticação, além da hierarquia dos saberes e da colocação em perspectiva de sua utilização, a escola ainda não utilizou tal procedimento. Ora, o livro, que é objeto desse nosso encontro, está indissoluvelmente associado à escola e, de forma mais geral, a um verdadeiro sistema de ensino pelo qual passa a reprodução organizada de nossos saberes. Aliás, no campo da cultura, não tem cessado de se restringir o lugar reservado aos verdadeiros autodidatas.

Portanto, convém levar em consideração essa força e presença institucionais do livro, e não somente da leitura, em nossas sociedades, pelo menos naquelas em que está garantida a alfabetização majoritária ou generalizada. Essa força e essa presença vão muito além do prazer estético que os intelectuais, como nós próprios, podem ter quando o vêem, manipulam, acariciam sua encadernação, sentem o cheiro do papel e da tinta. Esse prazer estético não seria suficiente para garantir a sobrevivência do livro, se este não estivesse inscrito no mais íntimo de nossos hábitos mentais, a tal ponto que sua forma determina todas as adaptações atuais da eletrônica: caracteres, formato, paginação etc. Para assemelharem-se melhor a livros, todos os *soft-books*, *rocket-books* ou *every-books* são dotados de um dispositivo que permite passar de uma página para outra[68]; os mais aperfeiçoados apresentam o texto sob a forma de uma página dupla, e ainda outros são, até mesmo, munidos de uma capa de couro. Será que, para se afirmar, o livro eletrônico sente-se constrangido a ocultar-se e a passar despercebido?

[68] SILBERMAN, S. Ex-libris. La satisfaction de 'enrollarse' con un buen dispositivo de lectura digital. *Débats*, *op.cit.* p. 94-103.

Portanto, diga-se o que se disser, o livro apresenta todas as condições para esperar um futuro risonho; ele se beneficia do prestígio e de todas as conquistas de seu passado. E, em termos de custo, continua perfeitamente competitivo, desde que os números das tiragens alcancem um certo patamar. Até mesmo no caso de um milhar de exemplares, a impressão propriamente dita representa apenas uma soma que se situa entre metade e um terço das despesas reais (incompressíveis, se pretendermos garantir a qualidade final do texto) de composição e preparação do "pronto para imprimir"; além disso, esse percentual diminui rapidamente quando aumenta a tiragem. E para quem continua a preferir a leitura no papel, a partir de um texto recebido via Internet, o custo da impressão (em torno de 0,10 a 0,15 cêntimos do franco francês, por página, para um simples usuário) é definitivamente insignificante em relação ao custo de composição e paginação de alta qualidade de um texto fornecido em disquete, por parte do autor a seu editor (no mínimo, entre 80 a 100 francos franceses por página e, quase sempre, um valor ainda mais elevado). Enquanto produto industrial em série, a verdadeira fragilidade do livro que, além do mais, conserva-se infinitamente melhor e por mais tempo do que todos os suportes eletrônicos existentes, situa-se, de fato, em outro plano, ou seja, o dos custos de difusão e distribuição que acabam por duplicar ou triplicar o preço, quando tais operações são garantidas pelos circuitos tradicionais das livrarias – aliás, em nosso entender, é essencial que essas sejam salvaguardadas. E percebe-se perfeitamente que a ganância dos grandes conglomerados de comunicação, mesmo que priorizem a defesa dos direitos de seus autores (que criam seu próprio *copyright*), consiste em eliminar os intermediários na difusão e distribuição para atender diretamente os leitores e, graças ao baixo preço da transmissão do arquivo, aumentar ainda mais o rendimento de seus próprios investimentos.

A concorrência da edição eletrônica é, portanto, chamada a transformar, em torno de um certo número de pontos essenciais, as próprias condições da escrita e formatação do texto, assim como de sua disponibilização para o leitor e, finalmente, da própria leitura.

Diante da proliferação dos textos escritos e do "impresso", a leitura corre o risco de tornar-se ainda mais individual e solitária, além de mais rápida e seletiva, embora, igualmente, mais interativa do ponto de vista do leitor, que volta a encontrar o direito de interferir no texto que lhe é proposto. Do mesmo modo, com uma freqüência cada vez maior, a leitura utilizará os recursos de um hipertexto.

Pelo fato de que a composição tipográfica tem passado, nos últimos dez anos, pela formatação eletrônica e digitalização dos textos, esses tenderão a circular sob uma pluralidade de formas, em proporções que variam segundo os tipos de textos. Atualmente, parece legítimo pensar que a disponibilização e circulação dos textos, por meio de procedimentos e a partir de suportes eletrônicos, apresentam excelentes perspectivas de ser bem-sucedidas, particularmente, no que diz respeito:

- à informação cotidiana, tanto mais exigente em rapidez quanto mais iminentemente perecível ela é; a maior parte de nossos jornais nos propõem, já, edições *on line*;
- à informação do tipo enciclopédico que poderá, assim, fazer frente a suas necessidades de capacidade de armazenamento, atualização permanente e consulta pontual para um número crescente de usuários. Ou, ainda, a partir do mesmo modelo, os manuais escolares propostos aos alunos; esses manuais serão acompanhados por materiais pedagógicos, cada vez mais atraentes e eficazes;
- à consulta a distância de livros e revistas, através da inclusão em rede das bibliotecas, assim como do acesso pela *Web* a publicações digitalizadas. Aliás, não deixa de ser um paradoxo verificar o seguinte: aqueles que, por profissão, se apresentam e se percebem como os maiores defensores do livro, são esses mesmos que se arriscam a ser os principais usuários dessa biblioteca universal pela qual, há muito tempo, já sonhavam;
- à publicação e circulação de textos difíceis, especializados ou raros, redigidos em uma língua de reduzida difusão, destinados a um número bem restrito de leitores para poder passar pelos circuitos tradicionais da edição e da livraria;

• às comunicações internas na República das Letras, já tão amplamente transformadas pelo uso do telefone, *fax* e Internet, de modo que as correspondências expedidas em suportes tradicionais têm sido esvaziadas de seu conteúdo essencial.

Podemos, igualmente, pensar que a própria escrita de alguns textos, mas não necessariamente sua totalidade, tenderá a transformar-se para levar em consideração novas possibilidades, abertas pelo meio ambiente eletrônico da comunicação. A escrita tenderia, então, a tornar-se menos individual e mais coletiva, fazendo apelo a verdadeiros "encenadores" e a especialistas de diferentes mídias e diversas tecnologias.

Possíveis ou verossímeis, todas essas escolhas, todas essas evoluções, todos esses compromissos ou divisão de tarefas confirmam, plena e integralmente, o lugar atual, central, do livro como instrumento de um diálogo direto e sem intermediário entre um autor e um leitor, através de algo que continuará a ser designado por nós como "texto". A existência desse texto só é possível não só porque ele tem uma forma acabada que lhe foi fornecida por seu autor, seja por um transcodificador, até mesmo desconhecido, seja pela tradição editorial, mas também porque ele tem leitores que, em cada leitura diferente, individual e livre, ganham mais vida.

Tudo leva a pensar que essa relação esteja destinada a perdurar, passando, ao mesmo tempo, por transformações. Que ela seja "eterna". Nenhum historiador teria a ousadia de proferir tal declaração, embora – como é meu caso – não deixe de manifestar tal desejo.

Parte 4

Perspectivas da leitura

4.1

A cultura do escrito na era da globalização: qual futuro para o livro?

Milagros del Corral

Os ciclos temporais aceleram vertiginosamente: em 1997, não existia a <amazon.com>. Ainda sob o impacto do lançamento e comercialização das 500.000 cópias digitalizadas do primeiro *e-book*, destinado ao grande público (*Riding the bullet*, de Stephen King), ficamos surpreendidos pelo fato de que, em um breve lapso de tempo (48 horas), jovens *hackers* tivessem conseguido romper a proteção tecnológica, permitindo a proliferação de clones dessa obra por toda a Internet. Essa insólita experiência, sem dúvida, levou o autor a refletir. Apesar de não ser seguro que o nome do mesmo Stephen King venha a figurar na história da literatura do horror, desde já, com toda a certeza, ele conseguiu lançar o terror entre as editoras quando, em seguida, decidiu simplesmente "dispensar" os serviços de seu editor. De fato, ao oferecer em seu *site* pessoal na *Web* a mais recente de suas obras, ele criou uma nova estratégia comercial: no dia 24 de julho de 2000, encontrava-se disponível *on line* o primeiro capítulo de seu romance *The Plant*, texto que podia ser baixado por qualquer endereço eletrônico. O autor popular solicitava a cada leitor que lhe enviasse, voluntariamente, U$ 1 por capítulo; no entanto, advertiu os internautas de que deixaria de escrever sua obra se a soma recebida não correspondesse, no mínimo, a 75% de seus leitores; 76% dos que baixaram o primeiro capítulo (100.000 pessoas em apenas 2 dias) responderam positivamente à sugestão do autor. Além de propor um novo paradigma para o direito autoral, baseado no pagamento voluntário de tal direito, essa iniciativa – aparentemente anedótica – é interessante pelo fato de introduzir o conceito de uma edição sem editores, derivado da técnica dos folhetins, requentado pela *soap opera*[69] e servido com tempero tecnológico; ela acabou suscitando um animado debate nos fóruns da Internet, durante os quais o número de seus defensores foi superior ao dos detratores, embora a maior parte dos comentaristas tivesse tirado a conclusão de que o "sistema" só funcionaria para os autores de grande popularidade. Observemos, porém, que no final da publicação do sexto capítulo, Stephen King decidiu fazer "hibernar" *The Plant*. Como o número de usuários tivesse baixado para 40.000 e o percentual de leitores pagantes para 46%, o autor voltou a adotar os trilhos da edição impressa, depois de ter embolsado U$ 600.000 com essa experiência revolucionária; paralelamente, deixou nas mãos de um editor eletrônico a comercialização dos seis capítulos pelo preço de U$ 7. Será que Frederick Forsythe e Arturo Pérez Reverte estão em condições de superar esses resultados ou, pelo contrário, seu entusiasmo irá esfriar no momento em que os bibliotecários estiverem preparados para estudar as modalidades de empréstimo dos *e-books*?

O que significa tudo isso para a comunidade do livro (autores, editores, distribuidores, livreiros, bibliotecários, leitores), que nos parecia tão estável? Quais são suas implicações para o futuro do direito autoral, fundamento jurídico do negócio editorial? Quando todos os discursos fazem obrigatoriamente menção à globalização, quais podem ser as repercussões de tais evoluções para 80% da população do mundo ou para os mais de 1,2 bilhão de pessoas que sobrevivem com menos de U$ 1 por dia?

[69] Novela de fácil assimilação e em cujo enredo, geralmente melodramático, são inseridas numerosas personagens. (N.T.)

A. Anatomia do livro

O setor editorial encontra-se, sem dúvida, confrontado com uma situação sem precedentes em sua história. Até há pouco, o "capital cultural", esse conjunto de elementos simbólicos e intelectuais criados pelo ser humano, permanecia fixado em um suporte de papel, decodificado pelo viés da leitura e rentável em virtude de sua capacidade de circulação. O editor era o último elo da cadeia do direito autoral em um esquema que havia conseguido superar, sem dificuldades e, até mesmo, com vantagens, o advento de sucessivos desenvolvimentos tecnológicos – jornais cotidianos, cinema, televisão, novas tecnologias de impressão –, condenando ao ridículo todos os agourentos que anunciavam a morte do livro. Neste momento, assistimos à desmaterialização do suporte e ao questionamento do direito autoral por parte dos usuários da Internet, cujo interesse pela gratuidade dos conteúdos coincide com o dos novos autores e operadores de redes que têm tomado o lugar do editor na extremidade dessa cadeia. Importantes mudanças têm ocorrido, igualmente, do lado da demanda de bens e serviços culturais em um contexto mundial em que predominam as assimetrias, fortalecidas pela globalização comercial e tecnológica.

Nos países industrializados, aumenta o gasto com consumo cultural, mas a oferta torna-se, igualmente, no dia-a-dia, cada vez mais competitiva. O consumidor está mais consciente e mais sensível ao fator preço, luta contra o tempo e, por isso mesmo, procura um serviço personalizado em matéria de informação e cultura. A resposta da indústria editorial, que oscila entre o fascínio e a desconfiança em relação às novas tecnologias, tem sido o aumento permanente da oferta que é acompanhado por uma crescente insegurança jurídica no campo da proteção do direito autoral. Isso produz investimentos de alto risco e conduz à concentração das empresas, tanto no âmbito da edição quanto no da distribuição. O resultado é a integração vertical em grandes *holdings* de multimídia, muitas vezes, financiados por capitais alheios ao setor e acostumados a uma rentabilidade maior para o investimento. No novo modo de funcionamento, as decisões das empresas atendem a razões de mercado. Para onde irá a função cultural e educativa do editor? O que acontecerá com a legendária pluralidade e diversidade desse setor?

Nos países em desenvolvimento, a situação é bastante diferente. Ainda não se verificaram as condições necessárias para a decolagem do setor editorial. A demanda privada existe e é enorme, mas não dispõe de um poder de compra suficiente para satisfazer suas necessidades em matéria de educação, cultura e informação. Por seu lado, as administrações públicas, esmagadas pela dívida externa e pelo crescimento demográfico, utilizam os empréstimos internacionais para financiar a compra de manuais escolares importados ou optam pelo texto único, editado e impresso pelo Estado, fechando, assim, aos editores locais o acesso ao mercado do livro didático. Numerosos países em desenvolvimento possuem uma legislação moderna sobre o direito autoral, freqüentemente, inspirada pelas organizações internacionais ou por pressões bilaterais, mas isso não impede que a pirataria e a reprografia ilegal provoquem danos, ante a passividade – e, às vezes, a cumplicidade – dos governos, com prejuízo para as importações legais e investimento estrangeiro, mas, sobretudo, em claro detrimento da indústria editorial nacional. O impacto das novas tecnologias é, quase sempre, irrelevante e de elevado custo, em razão da escassez de infra-estruturas na eletricidade e na telefonia, ou da desconfiança de numerosos governos em relação à Internet. Isso faz com que, por exemplo, os internautas africanos representem apenas 0,8% dos usuários da rede. Entrementes, Tuvalu decidiu vender seu mítico identificador de país, ou *domain name* (.tv), a uma empresa (dot.com) norte-americana; essa minúscula ilha do Pacífico, com 10.000 habitantes, cujo produto interno bruto (PIB) era um dos mais baixos do mundo, passou, com essa operação, a ocupar o primeiro lugar em renda por habitante...

O desafio – enorme e preocupante – consiste em garantir o acesso ao livro aos cidadãos de numerosos países em desenvolvimento, confrontados com graves problemas econômicos e sociais, conflitos armados, embargos, analfabetismo e crescimentos demográficos dificilmente controláveis, que perturbam a consolidação de seus sistemas educacionais. Ironicamente, enquanto o projeto *E-Ink* do Massachusetts Institute of Technology (MIT), seguido de perto por Xerox / Gyricon, propõe-se a lançar, em breve, 2 bilhões de exemplares de seu *e-book*, última palavra em tecnologia, e solicita a colaboração da UNESCO para selecionar os 100 melhores títulos, apropriados ao âmbito escolar universal, o Senegal nos sugere, como iniciativa para o novo milênio, um projeto intitulado "Des ardoises pour tous" [Quadro-negro para todos]... Será que nos devemos resignar com o fato de que esses países prossigam seu desenvolvimento sem editores nem livros com conteúdos próprios? O destino deles será o de simples consumidores de conteúdos eletrônicos de importação, no pressuposto de que seu desenvolvimento econômico lhes permita chegar, um dia, a adquiri-los?

Limitar-nos-emos a esboçar uma resposta às múltiplas indagações culturais, sociológicas e éticas que fatos dessa natureza costumam suscitar; além disso, atualmente, tais questões aparecem intrinsecamente associadas ao futuro do livro, essa antiga e impressionante tecnologia que, durante cinco séculos, vem acompanhando os seres humanos como instrumento insubstituível para ter acesso à informação, cultura, conhecimentos e pensamento de nossos semelhantes ou, de forma mais modesta, como um importante componente de nosso lazer.

B. **Da tipografia ao *e-book*: a história se repete**

Os historiadores do livro saberiam, melhor do que eu, estabelecer analogias entre o impacto provocado, outrora, pela introdução da tipografia e o que se produz em nossos dias. Com certeza, relembrar-nos-iam de que, em seus primórdios, os livros impressos tiveram de enfrentar a hostilidade das bibliotecas universitárias e o menosprezo dos bibliófilos, que os consideravam extremamente vulgares; sem dúvida, indicar-nos-iam que os primeiros impressores foram obrigados a esforçar-se por imitar os manuscritos a fim de conquistar o já florescente mercado editorial universitário, baseado, na época, no aluguel de manuscritos aos estudantes, para que pudessem copiá-los (à mão, é claro). Esse comércio já tinha sido regulamentado em Paris, Bolonha, Oxford, Cambridge e Praga bem antes da invenção da imprensa. Poderíamos suscitar um apaixonante debate a propósito do impacto dessa invenção sobre o conteúdo dos livros, assim como sobre as conseqüências de sua retirada dos monastérios e universidades em busca de um público mais amplo; ou, ainda, sobre a desconfiança que esse revolucionário meio de difusão de idéias despertou junto aos governos... Mas não é necessário ser um especialista em história do livro para avaliar o que este provocou em matéria de geração e difusão de novas idéias literárias, científicas, filosóficas, religiosas, políticas...

Limitar-me-ei a sinalizar que, também nessa área, *nihil novi sub sole*[70]. Com efeito, os novos programas eletrônicos para a leitura dos *e-books* (Rocket, Cytale, Microsoft Reader, Copernicus etc.) esforçam-se por se assemelhar, o mais possível, ao livro. O *E-Ink*, a que já me referi, chega mesmo a utilizar páginas em branco, bastante parecidas com o papel comum; vem encadernado e, à primeira vista, pode passar por um livro convencional, sem cabos nem tomadas, dotado simplesmente de dois discretos botõezinhos na lombada. A diferença está no fato de que, em sua memória oculta, ele contém 100 livros, cada qual com 400 páginas: como que em um passe de mágica, eles vêm "escrever-se" nas páginas, ou "apagar-se", quando um dos botões é acionado; e no fato de que podemos ler essa quantidade de livros, sucessivamente, no tamanho de letra mais adaptado à nossa vista, mais ou menos cansada, e, evidentemente, virar as páginas no ritmo que desejarmos. Podemos, igualmente, sublinhar trechos, acrescentar observações e recarregar o aparelho com novos tí-

[70] *Não há nada de novo debaixo do sol* (Eclesiastes 1,10). (N.T.)

tulos da Internet, se tivermos em mão o cabozinho conector para ligá-lo ao computador ou ao celular WAP etc. Nesse caso, deixamos de ter aquele prazer sensorial do contato com o papel...

C. O futuro do livro: mais perguntas do que respostas

É, desde já, muito difícil prever a recepção do grande público a esses "novos livros", mas existem indícios significativos no que diz respeito aos dados relativos à produção e distribuição. Todas as livrarias *on line* – até aqui, dedicadas à comercialização dos livros tradicionais – estão abrindo, em seus catálogos, seções especializadas em *e-books* ou *e-conteúdos*, ou relativas aos conteúdos desse gênero de edição, em geral, combinados, ou seja, com a possibilidade de receber, por encomenda, um exemplar impresso e personalizado. Por sua vez, as Edições UNESCO preparam-se para lançar, em seu *site*, os primeiros *e-books*, títulos que não chegaram a ser editados em suporte de papel, em uma tentativa de economizar custos de produção e armazenamento, além de fazer um teste a partir da reação dos leitores.

Convém, todavia, nos questionarmos se a eventual generalização do *e-book* no século XXI será favorável ou não à diversidade cultural e lingüística; se sua proliferação em grande escala contribuirá para a democratização da cultura ou para o surgimento de um novo elitismo. Considerando a fratura social entre ricos e pobres, o livro convencional limitar-se-á a satisfazer as necessidades das camadas sociais mais desfavorecidas ou, pelo contrário, converter-se-á em um objeto de luxo para colecionadores? Os *e-books* estarão anunciando o fim da censura ou – quem sabe? – o início de uma nova "censura do mercado eletrônico", ainda mais perversa do que a anterior? O que acontecerá com a preservação do patrimônio literário do futuro, despojado de seu suporte material?

Além disso, graves problemas surgem em matéria de confiabilidade, permanência e responsabilidade da mensagem ou do conteúdo difundidos pela Internet. Essa responsabilidade está associada à questão do direito autoral, assim como às questões formuladas, por um lado, pelas dificuldades tecnológicas para garantir a proteção de tal mensagem no formato digital e, por outro, pela resistência do público em pagar pelos conteúdos. A solução que for encontrada para a tecnologia do *peer to peer* – na seqüência da recente sentença judicial que condenou Napster a pagar direitos autorais que, no entanto, só diziam respeito à música – desempenhará um determinante papel não só para o livro, mas também para o audiovisual. Será encontrado um padrão comum de proteção para as obras distribuídas pela Internet? No momento, ainda reina a confusão, e as alianças entre os meios estão longe de conseguir uma consolidação, na medida em que cada qual tenta aperfeiçoar sua própria plataforma, de modo a salvaguardar o pagamento dos serviços prestados. Talvez, a tão controvertida questão do direto autoral na Internet não chegue a nenhuma solução se vier a confirmar-se a tendência ao "controle vertical" das redes por parte de alguns atores, em número reduzido e geralmente alheios ao mundo dos livros (basta lembrarmo-nos, por exemplo, das recentes incorporações da Time Warner pela AOL, da Universal pela Vivendi, da Endemol pela Telefónica), segundo um modelo em que os conteúdos, previamente adquiridos por grandes grupos de multimídia, não passariam de um álibi, um simples pretexto para atrair novos assinantes – e mais publicidade – para seus serviços de telemática, que geram os verdadeiros lucros. Se isso ocorrer, que novos modos de remuneração do autor deverão ser desenvolvidos a fim de incentivar a criação cultural e a autoria intelectual?

Ninguém sabe ainda se tais novidades poderão delinear a nova fisionomia do livro no decorrer do século XXI ou se, pelo contrário, acabarão logo no museu das técnicas, como tantas outras bugigangas. É impossível prever se as crianças em idade escolar chegarão a substituir suas pesadas mochilas por um aparelhinho eletrônico e, ainda menos, qual possa ser o impacto dessas novas tecnologias sobre o processo da aprendizagem. No entanto, já sabemos que, nos países industrializados, há muito tempo que as crianças deixaram de aprender a tabuada; com efeito, a calculadora eletrônica ganhou a parada contra os professores da velha escola. E, assim, é normal que as editoras de livros didáticos comecem a preocupar-se seriamente diante da perspectiva da competição em massa; além do mais, tal fenômeno é acrescido do fim eventual do tabelamento de preços dos livros que, por sua vez, está sendo sacrificado pelo liberalismo econômico, dessa vez, com a total aprovação das famílias.

D. O impacto sobre os conteúdos ou como declinar o "glocal"

Sabemos que as edições de livros didáticos constituem, em todos os países, o segmento mais poderoso do setor editorial e que, precisamente, os grandes grupos dedicados a essa atividade se desenvolveram sempre em torno da publicação de manuais escolares. Se esse segmento se fragilizar, os efeitos se farão sentir em outras linhas editoriais de maior prestígio, embora de menor rentabilidade; essa indesejável, mas possível, fragilidade poderá também acentuar-se, se o exemplo de Stephen King for seguido por outros autores de sucesso, cujas obras, de elevada rentabilidade econômica, servem indiretamente para financiar obras de difícil venda – ensaios literários, novos gêneros, debates de idéias etc. – e que só interessam a públicos restritos. Eis o primeiro impacto possível sobre os conteúdos.

Um movimento – por enquanto, informal – de "editores independentes" ou alternativos, que apostam na edição tradicional e em sua missão cultural, está emergindo; aliás, conta com toda a nossa simpatia. No mês de junho de 2000, uma reunião organizada pela UNESCO, Banco Interamericano de Desenvolvimento e Organização dos Estados Africanos promoveu um seminário, em Gijón, sobre essa particular problemática no contexto da globalização. Trata-se de editores por vocação que cultuam seu capital simbólico, não dependem de grande grupos e, assim, podem conservar a autonomia de suas decisões editoriais. Além de uma certa concepção da qualidade, isso lhes permite atingir elevados níveis de compromisso com a cultura. Sua independência econômica – quase sempre precária, na medida em que esse tipo de edição é o oposto da busca compulsiva pelos *best-sellers* –, sua vocação e rigor fazem com que eles resistam à banalização e à padronização do "produto editorial", concebido pelos grandes grupos unicamente em função da demanda e da rentabilidade; tais editoras constituem o último baluarte do escritor dedicado a temas transcendentes, a expressões culturais portadoras de enfoques pouco convencionais ou a análises que escapam à superficialidade.

Todavia, sem uma decisiva política de incentivo por parte dos poderes públicos, esses editores, dispostos a oferecer resistência ao "comercialmente correto" – em particular, nas áreas da ficção, poesia e ensaio –, podem ser considerados "os últimos moicanos", como uma espécie rara em via de extinção. Se pretendermos evitar o risco da monocultura e do pensamento único, convirá analisar detalhadamente o potencial estratégico oferecido por esse movimento editorial alternativo a fim de restaurar o equilíbrio perdido entre a importância outorgada ao significante e aquela concedida à comercialização desse objeto de dupla face – simbólica e econômica – a que damos o nome de livro.

E. **Texto *versus* "*zapping*": o impacto sobre o intelecto**

É necessário, também, fazer alusão, nem que seja sucintamente, ao impacto das novas tecnologias sobre o comportamento e o processo cognitivo do leitor. Imperceptivelmente, o processo da aprendizagem passa do discurso linear, característico do texto escrito, para a percepção simultânea de numerosas mensagens, cuja interatividade funda-se na técnica do *zapping*, em geral, adornada de imagens que se apresentam na tela pelo viés de diversas janelas. Mais do que um método, esse novo modo de apreensão das mensagens corresponde a uma nova atitude e a uma nova maneira de concatenar os pensamentos que atinge, igualmente, os mecanismos da memória.

Com efeito, a técnica da leitura exige uma aprendizagem metódica. Não se trata de aprender a decifrar um código, mas, sobretudo, de penetrar o sentido de um texto, de exercitar a memória e a reflexão, a fim de captar todos os matizes da mensagem. Isso conduz ao desenvolvimento da análise crítica e a comparar o que está escrito com a própria realidade de cada um (sempre digo que não há nada mais interativo do que o ato de ler e, contra aqueles que afirmam que "uma imagem vale mais do que mil palavras", defendo que "uma palavra vale mais do que mil imagens"). Tudo isso é possível, graças à paciência das palavras que se alinham umas atrás das outras, e à lealdade à mensagem que, confinada no papel, deixa-se folhear e observar, decompor-se e recompor-se, gramatical e filosoficamente...

Ler é uma disciplina relacionada com o tempo, porque requer um prolongado esforço de concentração. Mas sabemos que o tempo é, precisamente, o recurso mais escasso em nossa sociedade. A tela, pelo contrário, seja ela qual for, presta-se facilmente a mostrar imagens e, no máximo, textos curtos que não exigem esforço de compreensão, salvo, simplesmente, reconhecimento e receptividade. A mensagem na tela apresenta-se como algo evidente que não exige um substrato racional, nem a análise dos antecedentes; aliás, o espectador nem dispõe de tempo útil para efetuar tal operação. Daí, a clivagem entre o livro e a tela, entre o espírito linear do discurso escrito e a percepção matizada, simultânea e rápida da multimídia por tela interposta.

Conviria começar o exame dos efeitos – talvez nocivos – provocados na memória e na capacidade de análise das gerações mais jovens pela ação combinada da tela (televisão e computador que, além do mais, anuncia-se convergindo para a banda larga que nos é prometida para 2005), pela busca do mínimo esforço, assim como pela escassez crônica de tempo. Em minha opinião, não se trata de satanizar as novas tecnologias: pessoalmente, aprecio profundamente suas vantagens, das quais tenho tirado o melhor proveito possível. No entanto, penso que convém começar a ensinar o modo como gerenciar de forma saudável os recursos informatizados, insistindo sobre a importância fundamental da leitura linear.

Antes da invenção da bicicleta, nossos avós – que não viveram em época assim tão remota – só podiam deslocar-se por terra, a pé ou a cavalo. A generalização do automóvel, do ônibus, do trem e do avião é, historicamente, recente. Todavia, continuamos a andar para cobrir pequenas distâncias; montar a cavalo é uma prática esportiva cada vez mais apreciada; a utilização da bicicleta voltou à moda por razões ecológicas, e para lutar contra o excesso de tráfego; os automóveis são muito populares, mas, às vezes, o ônibus revela-se mais prático; as vantagens do trem são cada vez mais evidentes e o avião acabou por ser consagrado como o transporte mais seguro para as grandes distâncias. Em nenhum momento, o setor da aeronáutica pretendeu substituir todos os outros modos de transporte, a ponto de levar o ser humano a esquecer que, se dispõe de pernas, é para andar.

Da mesma forma, uma vez superado "o efeito novidade", convirá aprender a utilizar, de modo racional e combinado, os diferentes suportes do conhecimento à nossa disposição – livros, jornais, revistas, televisão, Internet, *e-books* e tudo o que vier a ser inventado –, porque cada um deles desempenha um papel diferente; além disso, é necessário que todos esses suportes coexistam e sobrevivam para que nossas sociedades escapem ao risco de anestesia.

Devemos avançar em direção a um futuro que respeite a diversidade cultural, em que a liberdade de escolha e o desenvolvimento do pensamento crítico – bases do pluralismo democrático – permaneçam garantidos; isso é necessário, sobretudo, para que a cada um dos indivíduos que compõe nossas sociedades seja assegurado um futuro dotado de memória, entendimento e vontade que são, precisamente, as faculdades da alma.

4.2

A palavra, a imagem e as "humanidades"

Masahiro Hamashita

A. **Fases críticas: os livros e as humanidades**[71]

A partir da invenção e propagação da tipografia, os documentos escritos e os livros foram-se infiltrando, progressivamente, nos domínios da transmissão oral. Graças ao médium que representa o livro, verificou-se a possibilidade de que as histórias – outrora, narradas em voz alta, diante de uma platéia – fossem lidas em silêncio[72]. Por outro lado, os recursos oferecidos pela imprensa implicaram o crescimento do número de narrativas criadas, exclusivamente, para a leitura privada e solitária[73]. Além de favorecerem a comunicação en-

[71] Sabe-se que, em francês, o termo "humanidades" designa, exclusivamente, o estudo das línguas e literaturas grega e latina; por sua vez, em inglês, esse termo tem um sentido mais amplo: o das "artes liberais", de alguma forma, das ciências do espírito. Nesta tradução, por comodidade, o termo será mantido; no entanto, convirá entendê-lo com todas as implicações que lhe são atribuídas no mundo anglo-saxão. (N.T. constante do original)

[72] ONG, W. J. *Orality and literacy:* the technologizing of the word. Londres: Methuen, 1982. (Traduzido em italiano, alemão, espanhol, sueco, japonês e polonês.)

[73] Em seu livro *Weltgeschichtliche Betrachtungen*, Jacob Burckhardt afirma: "Dann kommt der Ausgang des Epischen in den Roman, der je nach dem Grade seiner Herrschaft und seines Inhalts und nach der Beschaffenheit seines Leserkreises sein ganzes Zeitalter charakterisieren hilft. Er ist wesentlich die Dichtung für isoliertes Lesen". [Em seguida, vem a transição do gênero épico para o romance que, em função da importância de sua dominação e de seu conteúdo, além da estrutura de seus leitores, permite caracterizar o

tre as pessoas, a alfabetização e o livro incentivaram o desenvolvimento das humanidades; no entanto, hoje, a mídia visual assume, de forma cada vez mais avassaladora, o lugar da informação baseada no suporte impresso. O destino do livro está ameaçado por uma profusão de formas de comunicação multimidiáticas e pela Internet. A crise enfrentada pelo livro é um desafio sob vários aspectos: os jovens tendem a preferir os jogos eletrônicos aos livros; os próprios livros assumem formas eletrônicas que tornam obsoletas e superam as dimensões tradicionais da coisa impressa; os *sites* da rede Internet nos inundam com informações de toda espécie...

Simultaneamente e de forma estrutural, essa crise acompanha aquela que afeta as humanidades porque – particularmente em razão da comunicação, pela mídia, dos negócios e da vontade de ganhar dinheiro – a ciência e a tecnologia tomam o lugar das artes liberais. Segundo parece, os especialistas das tecnologias da informação não chegaram a ler Platão, nem Dostoievski; um grande de número de jovens sociólogos ou psicólogos possuem apenas algumas noções de filosofia. Mas, por enquanto, deixemos de lado a definição das humanidades e dediquemo-nos, sobretudo, a alguns fenômenos mais impressionantes do mundo universitário ou intelectual, além de procedermos à reconsideração das fases críticas por que passaram o livro e as humanidades.

Os argumentos que respaldam, por exemplo, a distinção proposta tanto por Pascal, entre espírito de sutileza e espírito de geometria, quanto por Heinrich Rickert, entre ciências da cultura e ciências naturais, além da sugestão de P. Snow a respeito das "duas culturas", aparecem, atualmente, como se se tratasse apenas de um legado do passado. Será que a distinção entre os estudos humanistas e científicos perdeu, desde já, qualquer sentido? Em

conjunto de sua época; ele é, essencialmente, uma escrita voltada para a leitura solitária.] BURCKHARDT, J. Weltgeschichtliche Betrachtungen. In: OERI, A.; DÜRR, E. (Dir.). *Oeuvres complètes de Jacob Burckhardt*. Paris: Basiléia, 1929. v. 7, p. 56.

nossos dias, existem artistas que poderiam ser qualificados como engenheiros sistêmicos ou cientistas, de tal modo são hábeis na manipulação e programação computacional. Quanto a nós, pesquisadores das ciências humanas, temos de responder, igualmente, à demanda de aprofundar o saber relativamente às ciências naturais e à tecnologia, além de nos tornarmos usuários competentes do computador. No entanto, a eliminação da distinção entre humanidades e ciências, em vez de anunciar a fusão das duas ou uma superação (*Aufhebung*) de umas pelas outras, parece sinalizar uma regressão das humanidades diante do poder da ciência e da tecnologia. Atualmente, existe uma preferência bastante marcante pelas ciências de caráter prático; as tecnologias altamente desenvolvidas se beneficiam de amplas subvenções governamentais. O financiamento alocado às humanidades é insignificante em comparação com o que é atribuído aos departamentos universitários da área tecnológica; no mundo universitário, a modernização implicou uma importante regressão das humanidades em benefício das ciências e da tecnologia.

No entanto, convém observar que as próprias humanidades modificaram seu caráter tradicional. Alguns filósofos tentaram explorar as descobertas científicas e seus corolários: por exemplo, Descartes referia-se à natureza estrita da geometria enquanto modelo para uma metodologia exata do pensamento; por sua vez, David Hume reedificou sua filosofia moral, respeitando os preceitos do exemplo científico de Newton. Seria difícil considerar esses casos como atos suicidas por parte das humanidades; tratar-se-ia, preferencialmente, de tentativas para recuperar o atraso em relação à ciência contemporânea, à ciência na moda e enriquecer, assim, as possibilidades das humanidades. Um dos resultados de tais tentativas foi, precisamente, a estética moderna; no entanto, não estou certo de que os supostos "estudos culturais" e outros programas de pesquisa interdisciplinar estejam em condições de garantir a sobrevivência das humanidades.

O problema determinante é o da mídia: exatamente onde a linguagem havia sido, claramente, o principal intermediário para o desenvolvimento de nossos pensamentos, nossas pesquisas e nossas discussões, a representação pela imagem conquistou, aos poucos, um papel predominante no seio de nossas sociedades e de nossas civilizações, ao mesmo tempo em que se desenvolviam os sistemas altamente tecnológicos. (Devo acrescentar que, ao utilizar, aqui e no decorrer deste artigo, o termo "linguagem", refiro-me às palavras, escritas ou faladas, como distintas das imagens.) Diz-se, freqüentemente, que a organização social das sociedades desenvolvidas é caracterizada por três C: computador, controle e comunicação. Estamos totalmente submersos por uma enxurrada de imagens e ilustrações; enquanto isso, estamos privados de qualquer veleidade de iconoclasmo. Trata-se, sobretudo, de uma espécie de "idolatria das imagens" que, segundo parece, está em via de espalhar-se: fenômeno que se reflete até nos próprios livros, já que vários deles encontram-se atulhados de ilustrações visuais ou são, de preferência, livros de imagens ou livros que tratam da imagem e da representação visual (fotografia, cinema, televisão, desenhos animados etc.).

É pelo viés do ponto de vista da mídia que eu gostaria de refletir sobre a crise que, atualmente, afeta as humanidades. Houve um tempo em que estas continuavam desempenhando sua função ideológica. Quando o humanismo do Renascimento recebia o apoio dos cidadãos ricos – essencialmente, comerciantes –, elas produziram numerosos letrados, repúblicas de *literati*, sem mesmo falar da cultura do Século das Luzes e do requinte. Por contraste, os jogos propostos por nossas sociedades de massa às crianças estão longe de ser sofisticados em seu conteúdo. A cultura de massas consiste em "mangás"[74], jogos televisivos e desenhos animados, filmes de ação e outros entretenimentos em imagens. Desde que ficou embaralhada a fronteira entre humanidades e cultura em geral, tem-se formulado a questão de saber até onde essa tendência ao predomínio da visualização conduzirá as humanidades de hoje e de amanhã.

[74] Histórias em quadrinhos de origem japonesa. (N.T.)

B. Linguagens e imagens / *Ut pictura poesis*

Os meios de comunicação e de cultura progrediram desde a linguagem oral, falada, até a linguagem escrita e, em última instância, até os meios eletrônicos que, daqui em diante, se encontram amplamente difundidos. No entanto, por múltiplas vias, as imagens desempenharam também um papel na transmissão das mensagens. O papel da representação pictórica cresce em importância à medida que aumenta a população, porque a visualização garante entre as pessoas, incluindo aquelas que são estrangeiras e não se conhecem, uma comunicação plena, direta, concreta, cômoda, rápida, persuasiva e útil; no entanto, por si só, o médium das imagens nunca permitiu o desenvolvimento das humanidades.

Desde então, o que devemos analisar é a relação entre a linguagem e a representação em imagens. Historicamente, tal relação assumiu múltiplas facetas. Os caracteres chineses e os hieróglifos do tipo "ideográfico" surgiram de um sistema combinado de linguagem com imagens. Assim, o ideograma poderia ser definido como um desenho que se desenvolveu em direção a um sistema de escrita. Tal sistema de caracteres contribuiu para fornecer – de uma forma não tanto abstrata, mas concreta – um pensamento da imagem. Em compensação, um sistema alfabético baseado na denotação requer um ato completo de imaginação. Isso nos permite compreender por que motivo o *topos* do *ut pictura poesis*, ou seja, a comparação entre poesia e pintura, derivada da *ars poetica* de Horácio, desenvolveu-se essencialmente entre os letrados ocidentais. Na sociedade da Grécia Antiga, os *literati* usufruíam de um *status* mais prestigioso do que os artistas plásticos; as *artes liberales* eram consideradas como mais honrosas do que as *artes mechanicae*. Mais tarde, durante o Renascimento italiano, Leonardo da Vinci e alguns outros tentaram elevar o estatuto das artes e dos artistas plásticos; Da Vinci construiu uma base teórica da arte da pintura que pretendia ser uma ciência (*scienza*). Federico Zuccaro fundou a "Academia das Artes de San Luca", a fim de educar os jovens pintores a igualar os poetas em habilidade e saber. A discussão do *ut pictura poesis* tendia, assim, para uma reinterpretação do sentido da pintura em comparação com a literatura. E de fato, ao basear-se na famosa frase de Simônides[75] – "A pintura é uma poesia silenciosa, enquanto a poesia é uma imagem falante" –, o debate sobre o *ut pictura poesis* tornou-se um importante *topos* nas teorias da arte ocidental que, em suma, implicava um questionamento sobre os elementos comuns às duas artes, tais como: o princípio da imitação da vida; a idéia de que as duas artes contribuem para a educação através do deleite (*ducere et delectare*); a circunstância de que a cor favorece a expressão efetiva do motivo na pintura, do mesmo modo que o fraseado na poesia produz um efeito análogo; o saber clássico exigido tanto do pintor, quanto do poeta; o ideal dos "pintores eruditos"; etc. No entanto, à medida que a discussão avançava, passou-se a sublinhar, com ênfase cada vez maior, a distinção entre os caracteres de cada médium artístico: por exemplo, James Harris, em sua obra *Discurso sobre a música, a pintura e a poesia* (1744)[76] ou, ainda, Lessing, em seu ensaio *Laocoon ou Des limites de la peinture et de la poésie* (1766) [O Laocoonte ou Os limites da pintura e da poesia], chegaram a apresentar seus argumentos a partir de diferenças entre as palavras e as imagens.

Nos tempos modernos – e, de forma especial, no século XVIII –, a discussão em torno do *ut pictura poesis* teve de levar em consideração o fato de que a pintura estava em via de tornar-se um gênero artístico predominante. Além disso, a estima social que lhe era atribuída aumentava a ponto de disputá-la à poesia; chegou-se mesmo a assistir a uma tentativa de inclusão da pintura nas humanidades. É nesse espírito que Shaftesbury (1671-1713) concebeu a idéia de procurar a possibilidade de uma educação moral, através da pintura; e para promover sua concepção, era a "pintura histórica"

[75] Simônides de Ceos, poeta lírico grego (Iulis, ilha de Ceos [atualmente, Kea], c. 556 – Siracusa ou Agrigento, 467 a.C.) que aperfeiçoou a ode triunfal e foi um mestre do epigrama, celebrou, em particular, o sacrifício dos espartanos nas Termópilas. (N.T.)

[76] Sobre este autor, o leitor poderá ler: JOLY, A. (Dir.). *Hermès ou Recherches philosophiques sur la grammaire universelle*. Paris: Droz, 1972. (N.T. constante do original.)

(Fig. 1) que ele tinha em mente. Na carta enviada a Pierre Coste, em 25 de julho de 1712, Shaftesbury exprime o desejo de ver publicada uma edição francesa de *Le Jugement d'Hercule*[77] nos seguintes termos: "A razão pela qual tenho este desejo é porque, a partir do efeito produzido por tal leitura sobre

Paulo de Matthais Pinx Sim. Gribelin Sculps.

Fig. 1 – Representação do *Juízo Final*, extraída de B. Rand, *Second characters of the language of forms by Antony, earl of Shaftesbury*, Cambridge, 1914 (Bibliothèque Nationale de France, Paris).

[77] Título que constitui o último tratado da obra – mencionada mais adiante – *Caractéristiques des hommes, des moeurs, des opinions, des époques* [Características dos homens, dos costumes, das opiniões, das épocas] que reflete sobre a apresentação iconográfica de um motivo – *Le Jugement d'Hercule ou Hercule à la croisée des chemins* [O julgamento de Hércules ou Hércules na encruzilhada dos caminhos], segundo o apólogo de Pródicos, relatado por Xenofonte; esse motivo foi ilustrado, reiteradamente, por pintores (entre os quais, Dürer), desde o Renascimento. A obra reflete sobre a apresentação estética da idéia de liberdade, problema afim àquele que é abordado por Lessing em *Laocoonte*, a propósito das fronteiras entre pintura e poesia. (N.T. constante do original.)

pessoas requintadas, eu estarei em condições de decidir se vale, ou não, a pena que eu oriente meus pensamentos (como já tentei fazê-lo) para um estudo mais aprofundado do desenho e das artes plásticas, ambos estudados sob o ângulo dos fundamentos antigos e modernos; dessa maneira, seria possível instilar (à semelhança do que ocorre comigo) novos pensamentos sobre a virtude e a honestidade, assim como sobre o amor pela liberdade e pelo gênero humano, segundo um procedimento inteiramente novo e ainda inexplorado"[78].

O 3º conde de Shaftesbury, autor de *Características dos homens, dos costumes, das opiniões, das épocas* (1711), foi um dos pensadores pioneiros que tentaram integrar seu amor pela pintura em um quadro de uma teoria apropriada. No entanto, quando a própria pintura acabou por multiplicar profusamente os estilos, motivos e gêneros, as tentativas de Shaftesbury para incentivar a "pintura histórica" pareceram superadas. Após Shaftesbury, e feita a abstração de seus limites históricos em matéria de teoria artística, o pensador mais determinante, neste sentido, seria George Turnbull (1698-1748). Apesar de se tratar de um pensador pouco conhecido, integrante da Ilustração escocesa, ele é interessante como reformador não só da educação, mas também da ciência. Ele escreve: "Ao considerarmos o que é a filosofia, veremos melhor, e de forma mais plena, o excelente uso que poderá ser feito das artes do desenho na educação, ou seja, a partir do momento em que, de modo mais apropriado, ensinarmos a filosofia natural e a filosofia moral, não só segundo os fins, mas também segundo as concepções. É com toda a razão que a filosofia se divide em natural e moral; e do mesmo modo, as imagens são de duas ordens: naturais e morais. As primeiras estão relacionadas com a filosofia natural, enquanto as últimas têm a ver com a filosofia moral. De fato, se refletirmos na finalidade e

[78] RAND, B. (Dir.). *The life, unpublished letters, and philosophical regimen of the third earl of Shaftesbury.* Londres: Sonnenschein and Co. Ltd, 1900, p. 503. Cf. em francês: *Les oeuvres de Milord comte de Shaftesbury, contenant ses caractéristiques, lettres et autres ouvrages.* Ed. Rara.Genebra: 1769. (N.T. constante do original.)

uso dos exemplos e experimentos em filosofia, irá parecer imediatamente que existe essa distinção de imagens ou que elas devem produzir os mesmos efeitos. O que são, afinal de contas, as paisagens pintadas, as representações da natureza, senão exemplos das belezas visíveis da natureza e, por essa mesma razão, exemplos e experimentos de filosofia natural? E quanto às imagens morais, à semelhança daquelas que representam aspectos da vida humana, dos homens, das maneiras de ser, das afeições e caracteres, não será que elas constituem exemplos e experimentos de filosofia moral? Ao examinarmos o primeiro exemplo, estamos agindo como filósofos da natureza e, ao examinarmos o outro exemplo, nossa ocupação é puramente moral, porque é impossível proceder ao julgamento de um ou do outro sem compará-los com os originais donde são extraídos, ou seja, a natureza. Ora, o que é a filosofia, senão o estudo da natureza?"[79]. Assim, se acompanharmos o raciocínio de Turnbull, existe uma correspondência entre filosofia e pintura: a filosofia moral tira vantagem em ser demonstrada através da pintura histórica, enquanto a pintura de paisagens representa a filosofia natural por sua descrição exata das leis da natureza.

Nessa mesma ordem de idéias, a historiografia da teoria estética oferece duas excelentes obras. A primeira é da autoria de Erwin Panofsky, *Iconology: humanistic themes in the art of the Renaissance*[80], e a outra deve-se a Rensselaer W. Lee, *Ut pictura poesis: the humanistic theory of painting* (1940). Particularmente interessante é a proximidade das datas de publicação desses dois livros e o fato de que o termo "humanista" aparece nos dois subtítulos. Tanto Panofsky quanto Lee encontravam-se entre os precursores que tentaram situar a imagem no seio da tradição das humanidades. Vale a pena sublinhar que essas teorias históricas do *ut pictura poesis* implicam, habitualmente, uma sujeição

[79] TURNBULL, G. *A treatise on ancient painting, 1740*. 2. ed. Munique: Wilhelm Fink Verlag, 1971. p. 145.

[80] Em francês: PANOFSKY, E. *Essais d'iconologie, l'oeuvre d'art et ses signification.* Paris: Gallimard, 1967. Título que apresenta o inconveniente de não mencionar o termo "humanismo", salientado pelo articulista nas duas obras que cita. (N.T. constante do original.)

da imagem à linguagem, utilizando o conceito de poesia como um modelo que permita teorizar a significação humanista das imagens. Desde o final do século XVIII e até nossos dias, as imagens sempre foram colocadas no segundo plano, após a poesia, a literatura e as linguagens da palavra. Se pretendermos continuar a compreender o sentido das imagens, em conformidade com as diretrizes implicadas por uma história fidedigna da arte contemporânea, temos necessidade de uma versão contemporânea do *ut pictura poesis.*

C. **O oculocentrismo dos tempos modernos**

Ao deslocar ligeiramente o olhar, encontramos tentativas para respaldar a superioridade da vista em relação aos outros sentidos e a idéia de uma alfabetização visual em uma sociedade multicultural, ou, por outras palavras, a visão como um meio de comunicação-padrão entre as pessoas de diferentes origens étnicas e culturais. As novas tecnologias não só facilitaram a reprodução das imagens e sua acessibilidade, mas também aumentaram consideravelmente sua precisão. Os pesquisadores contemporâneos de estética podem ter a impressão de que tais invenções não surgiram de necessidades próprias à sua disciplina; nem por isso deixarão de utilizá-las, nem que fosse em razão de sua estimulante eficácia. A enxurrada atual de imagens parece-nos divertida, mesmo que nossos olhos se encontrem excessivamente cansados. No entanto, o primado da visão – fortalecida pela audição –, considerada como um sentido superior, foi tido por fato consumado ao longo de toda a história da filosofia ocidental, desde a época de Platão. E, na verdade, a visão parece dotada do poder de julgar: a vista permite apreender toda coisa objetivada. Eis uma teoria que, talvez, seja oriunda da idéia cartesiana de que o próprio sujeito se distancia sempre do objeto e que, em qualquer instante, é observador e encenador. No entanto, hoje, dispomos de modos de pensamento alternativos a tal teoria: um exemplo disso é a observação de Herder, em seu livro *Plastik*, sobre o sentido do tato. Citemos, ainda, o argumento da "sinestesia", ou seja, a harmonia entre os sentidos, que não atribui nenhum privilégio exclusivo ao estatuto da vista.

Nesse aspecto, parece apropriado mencionar o conceito de "apelo"[81] sugerido por James Gibson, em seu livro *Uma abordagem ecológica da percepção visual* (1979)[82]. Além de um enfoque compreensivo da vista, ou da visão, Gibson apresenta uma abordagem crítica em relação a qualquer tentativa para explicar a visão, seja pela física, óptica, anatomia ou fisiologia da visão. Segundo ele, os cientistas conhecem a luz como radiação, mas ignoram o que pode ser a luz considerada como iluminação; os fisiologistas conhecem as células nervosas da retina e seu modo de funcionamento, mas ignoram a maneira como funciona o sistema individual da visão. A ciência pode criar hologramas, prescrever óculos, cuidar das doenças dos olhos, mas ela não sabe explicar a visão. Em vez de conceber a visão a partir de um modo subjetivo ou tributário de diferenças pessoais, Gibson defende que a percepção pressupõe sempre uma informação inerente às circunstâncias ecológicas a partir das quais aquele que percebe extrai as informações úteis à sua percepção e a suas ações. Gibson pretende que a percepção seja considerada como um ato intersubjetivo. O meio ambiente oferece (*affords*) as possibilidades para que os animais e os seres humanos possam exercitar suas competências: por exemplo, ele diria que os empregos pressupõem a locomoção, os aclives pressupõem o salto, que os objetos fazem apelo ao lançamento, à apreensão, ao pegar etc., sugerindo dessa forma algo do mecanismo da percepção na vida real e prática, e não em um sentido abstrato e especulativo. A teoria gibsoniana da psicologia ecológica parece-me superar as dificuldades implicadas na teoria moderna empirista da percepção dos sentidos, pela qual os empiristas isolam, fisicamente, o conceito de vista por abstração e tratam as imagens a partir de um modo analítico. A distinção entre "ver" e "ver enquanto sujeito", feita por Wittgenstein em sua obra *Observações sobre a filosofia da psicologia*, sugere, por sua vez, que o simples fato de ver não poderia ser reflexivo sem uma tomada de consciência do

[81] Em inglês, o termo é *affordance*. (N.T. constante do original.)

[82] Em inglês: GIBSON, J. *The ecological approach to visual perception*. 1979 (N.T. constante do original.)

fato de ver, além de ser completamente diferente do ato de “ver enquanto sujeito”, que implica a interpretação ou identificação do que é visto com algo que vem da mente daquele que olha, por exemplo, um saber prévio, uma experiência, determinadas categorias etc. Portanto, seria impossível pressupor algo como uma visão pura, exclusiva, uma percepção solipsista.

D. **A imagem interpretada pela linguagem**

Por um lado, devemos lembrar-nos, igualmente, da discussão teórica a respeito da percepção que, por sua vez, sugere que não poderia existir algo como uma percepção sem um saber prévio ou teoria preconcebida. É claro, se as imagens fossem fundamentalmente universais e válidas independentemente da história, das nações, das raças, do tempo, da idade, do gênero etc., então, a linguagem das imagens estaria em condições de garantir a unificação do gênero humano. No que diz respeito às ilusões geométricas (Fig. 2) e a outros casos de ilusão – eventualmente, já experimentados por cada um de nós –, mencionarei outro exemplo famoso: a lua parece maior na linha do horizonte do que ao ser observada no firmamento. Tal ilusão não mantém nenhuma relação com o saber, ou seja, independe de sabermos exatamente o verdadeiro tamanho da lua, do ponto de vista científico; portanto, podemos admitir que a visão tem suas próprias leis, ou tendências naturais, e que elas são independentes do saber.

A B

>————————<

C D

<————————>

Fig. 2 – Ilusão de Müller-Lyon.

Se é verdade que as imagens são, em si mesmas, objetos de quantificação, de medições físicas e de explicações, elas podem também ser objetos de interpretação, quando são produzidas em determinado momento e lugar, tendo determinada cultura como pano de fundo. Por exemplo, a "Figura de Jastrow" (Fig. 3) aparece como um ganso para aqueles que não conhecem senão gansos, mas assemelha-se a um coelho para aqueles que só conhecem coelhos; ora, estabelecer a diferença entre um coelho e um ganso requer experiência e conhecimento. Assim, podemos afirmar que a percepção está sobrecarregada de teoria, de saber ou, ainda, de cultura e, do ponto de vista cultural, é relativa.

A imagem é interpretada com a ajuda da linguagem que é, necessariamente, um produto histórico e cultural.

Fig. 3 – Figura de Jastrow.

E. **Imagens para as humanidades**

A investigação hermenêutica encontra ainda outra relação entre palavras e imagens. Trata-se da relação que tenta interpretar e explicar uma imagem, servindo-se do maior número possível de palavras. Nossa compreensão do mundo – não do mundo em geral, mas de um acontecimento ou situação particular – depende de nossa capacidade para utilizar a linguagem. Mesmo que os artistas plásticos e os intérpretes musicais utilizem as palavras em sentido mais amplo do que aquele restrito às palavras, as humanidades conservam sua razão de ser, pela maneira como exploram o melhor possível as palavras. A dominação das palavras sobre as imagens é o fator essencial que permite a subsistência no campo das humanidades; no entanto, é impossível estabelecer a separação entre a linguagem e as imagens nas humanidades. Por conseguinte, deveríamos levar em consideração, sobretudo, os gêneros de imagens que fossem úteis para promover as humanidades; minha esperança é que essas imagens nos induzam à contemplação da imagem e, assim, à concentração e auto-reflexão, ou seja, as qualidades que mais falta fazem na tão agitada sociedade atual, que evolui com tamanha rapidez e precisa redefinir o próprio conceito de "humanidades". Mas se isso é assim, então, quais são os tipos de imagem com que poderíamos ser gratificados por uma mídia favorável à educação e à cultura? Existem certas espécies de imagem que devem ser evitadas; assim, sem verdadeiramente olhar, deveríamos fechar os olhos durante a contemplação, de maneira a proteger-nos de qualquer informação supérflua.

A coisa pode parecer incrível, mas, há alguns anos, no Japão, cerca de uma centena de crianças que assistiam a um desenho animado, exibido pela televisão, foram atingidas por um mal-estar do tipo epiléptico. O desenho animado em questão era muito apreciado pelas crianças; por isso, de bom grado, os pais autorizavam-nas a assistir a tal programa porque presumia-se que a história, intitulada *Pocket monster* [Monstro de bolso], longe de ser nociva para as crianças, era considerada como instrutiva. Esse desenho animado desenrolava-se no ciberespaço onde heróis e heroínas lutavam contra malvados que se assemelhavam a vírus da informática. O atrativo para as crianças encontrava-se na possibilidade de se identificarem com os valorosos heróis que se introduziam no computador. No entanto, se é verdade que a narrativa pode ter virtudes educativas, o desenho animado é bem capaz de prejudicar seriamente as crianças. Enquanto a verdadeira causa do fenômeno ainda continua sem explicação, numerosos especialistas estão de acordo em relação à circunstância de que os sintomas das crianças se assemelhavam ao tipo de ataque de epilepsia, provocado por estímulos ópticos; de fato, o desenho animado mostrava várias cenas de explosões representadas por *flashes* vermelhos ou azuis que duravam alguns segundos. Continuamos sem saber se tais cenas estiveram na origem dos sintomas. No entanto, se chamo a atenção para esse incidente no âmbito de nossa discussão, não é somente porque os estímulos provocados por algumas imagens podem ser bastante difíceis de suportar, tanto do ponto de vista físico, quanto mental, mas, também, porque o mundo atual, regido pela tecnologia da realidade virtual, assemelha-se em muitos aspectos a nosso verdadeiro mundo, o mundo corrente e, por outros aspectos, apresenta um universo extraordinário que escapa inteiramente à nossa salutar faculdade de compreensão.

Se pretenderem permanecer em contato com sua tradição e história, as humanidades deverão adotar, entre os princípios essenciais, o do *gnothi seauton* socrático, ou seja, o fato de conhecermos os limites de nossas capacidades a fim de nos conhecermos a nós mesmos. É por essa razão que estamos condenados à reflexão e ao diálogo por meio da linguagem, algumas vezes com a ajuda das imagens. Continua sendo indispensável a leitura de livros, pela qual restringimos as informações visuais e exercitamos nosso pensamento e nossa imaginação. Os instrumentos e as máquinas constituem prolongamentos de nossas mãos, os computadores são substitutos de nossos cérebros, embora tenhamos que evitar confundi-los com os deuses. Sem o livro, certamente, poderíamos usufruir, até certo grau, da maneira de viver contemporânea; mas, nesse caso, as humanidades desapareceriam, sem a menor dúvida, do mundo humano. De novo, devemos meter mãos à obra e redefinir o conceito das humanidades, por referência ao lugar do livro em seu centro. Será necessário dizer que a clareza atribuída às imagens está longe da terminologia "clara e distinta" cartesiana que se relaciona com nosso modo de conceitualização? Assim como em Horácio, a expressão *ut pictura poesis* continua sugerindo uma pintura do mundo, ou seja, uma descrição pictórica clara, graças ao uso das palavras. Resta-nos descobrir uma versão contemporânea da "poesia pictórica" e da "pintura poética".

4.3

Cumplicidades

Rafael Argullol

A. **O cenário**

Nestes anos marcados pelo paradoxo e pela transição, nossas culturas deixam vislumbrar territórios de cumplicidade, um convite à hospitalidade e um apelo à polifonia. Trata-se de territórios que poderiam ser considerados como um cenário que, diante da avalanche niilista das imagens e diante do nivelamento visual que nos espreita, não poderia subsistir sem os mundos possíveis, legíveis em uma escrita potencial, conjetural e múltipla.

Considerando a importância que, na mentalidade ocidental, é atribuída à noção do tempo, em princípio linear (passado, presente, futuro), deveríamos tentar compreender como se estrutura tal noção. Sabemos que a cotidianidade ocidental pode dificilmente ser pensada em termos que não sejam lineares; a essa linearidade só escapa o tempo do sonho, um tempo anárquico do qual ignoramos as leis, assim como desconhecemos os ritmos e as regras do tempo da memória, mesmo que ele se desenrole do presente para o passado.

Em que medida isso ocorria na época clássica grega? Poderíamos deduzir dos filósofos pré-socráticos e do mundo da tragédia que o tempo tinha, então, uma espécie de dupla dimensão: por um lado, um tempo efetivamente linear; por outro, uma linearidade matizada ou dialeticamente associada a uma versão do tempo mais circular. Em *Prometeu acorrentado*[83] encontra-se uma das raras alusões da literatura grega a um destino dirigido por deidades que representam o tempo linear e, ao mesmo tempo, por outras que poderiam representar um tempo do retorno contínuo das coisas; todavia, ignoro se se tratava do "eterno retorno", no sentido preconizado por Nietzsche.

Apesar de ser possível que essas duas dimensões do tempo tenham estado, outrora, emaranhadas, o certo é que, no Ocidente, o mito de *Chronos* sempre exerceu um poder impressionante. Esse mito dominou a fase fundamental de um dos pintores mais significativos da época moderna, ou seja, a das pinturas negras da "Quinta del Sordo" de Goya. Diante do poder das imagens evocadas pelos quadros, tais como *Saturno devorando a sus hijos* [Saturno devorando seus filhos] ou *Las hilanderas del tiempo* [As fiandeiras do tempo], poderíamos imaginar que o homem, ao adquirir a noção e a consciência do tempo, criou logo um mito destruidor e devorador, aceitando-o como tal. Esse mito destruidor fortalece a noção de uma estrita sucessão que vai do nascimento à morte, cuja herança é, no Ocidente, tão pesada.

A tradição judaico-cristã participa, igualmente, dessa herança; diferentemente de outros sistemas metafísicos que veiculam uma visão de círculo, transmigração ou reencarnações sucessivas, a tradição judaica remete expressamente a origem do mundo ao fim dos tempos. O Gênesis evoca já a queda do homem, um processo de sofrimento e de libertação, além de prever um fim dos tempos para toda a humanidade que, no cristianismo, se propõe em termos de ressurreição dos corpos. Ao levar o divino a tomar corpo no Cristo, o cristianismo propõe, igualmente, uma figura que nasce, cresce, morre e ressuscita em obediência a uma visão linear. O esquema coletivo que se oferece ao Ocidente é, portanto, linear, conduzindo da criação do mundo ao paraíso final ou ao inferno final, e passando pelas etapas do mundo ou da vida humana. No entanto, essa forte pre-

[83] Tragédia do poeta grego Ésquilo, escrita depois de 467 a.C. (N.T.)

sença da linearidade temporal, gerada pelos mitos originários das heranças grega e judaico-cristã, ia tornar-se ainda mais estrita na época moderna; com efeito, se o que conhecemos como história é uma antiga disciplina fundada pelos gregos, a imbricação da história no tempo, sob forma de historicismo, é uma atribuição totalmente moderna.

Ao longo do mundo antigo, desde a Idade Média até o Renascimento, essa visão do tempo linear não estava impregnada pelo historicismo no sentido contínuo, tal como o conhecemos. O homem moderno ocidental é, no entanto, fruto de um poderosíssimo historicismo. Sua escatologia teológica balançou para o mundo humano secular, envolvendo-o em um processo de progresso que é paralelo ao tempo linear; ele entende que existem idades antigas e idades modernas, assim como haverá idades futuras nas quais irá realizar-se o progresso humano. Esse historicismo ocidental desenvolveu-se principalmente desde Giambattista Vico, Hegel e o grande discurso de Marx e do marxismo. Mas creio que ele conheceu uma aplicação ainda mais universal do que aquela de Hegel e de Marx: refiro-me à de Darwin. O evolucionismo submete-se a uma espécie de historicismo biológico que pressupõe um processo de evolução contínua, de adaptação e aperfeiçoamento, tornando extremamente difícil, para o homem ocidental, pensar a temporalidade a não ser em termos lineares.

O peso categórico do tempo, seja como mito ou como dimensão individual, *Chronos* individualizado ou o mito de dimensão coletiva, provoca uma luta contra a consciência do tempo. Ao tomar consciência do tempo, o homem trava imediatamente um combate contra o tempo; com efeito, a consciência do tempo é a consciência direta da morte. Em geral, presumimos que somos os únicos animais que têm consciência de sua morte; e atribuímos aos outros animais a função instintiva, de reprodução e de sobrevivência, mas não a consciência da morte.

Em termos históricos, tanto no Ocidente como alhures, esse combate contra o tempo foi travado de forma paradoxal, por meio do que poderíamos designar por tentativas de conquista de um espaço. Como o tempo da morte era algo que nos escapava, nós nos iludimos com a possibilidade de conquistar um espaço suscetível de negar ou retardar esse fluir do tempo. Enquanto produto da civilização e produtora de civilização, a cidade do homem não deixa de ser uma conquista do espaço que visa criar essa ilusão contra o passar do tempo. O homem construtor – de cidades, monumentos, pontes –, o *homo faber*, dotado de uma dimensão técnica, cria uma perspectiva espacial a fim de se apropriar dessa ilusão. Em termos gerais, poderíamos suspeitar que o espírito utópico, aquele que se empenha em criar um *topos* ou um cenário inexistente que, todavia, pode permanecer à margem da condição humana, enquanto atributo mortal ou temporal, é tão antigo quanto a consciência da morte e do tempo. As primeiras manifestações do que agora chamamos de arte – a arte paleolítica, a arte rupestre – ou as primeiras manifestações simbólicas do homem atendem, sem dúvida, à necessidade de criar esse não-lugar, esse lugar que, ainda inexistente, constitui, todavia, uma muralha contra o fluir do tempo. Assim, uma grande parte do que temos designado por civilização, desde a arte até a técnica, passando por sucessivas expressões simbólicas, está associada a essa luta contra o tempo, suscitada por essa lentidão linear do tempo, um pouco como se quiséssemos interromper o rio, o canal do tempo.

É óbvio que o homem não luta contra o tempo unicamente pelo viés de produtos exteriores, tais como a civilização material e a técnica, incluindo a arte, mas, igualmente, por meio de toda uma série de realizações espirituais, denominadas também arte, ou da literatura. Penso que, no exato momento em que o homem tomou consciência do tempo, ele se deu conta da dupla dimensão da memória, como organismo dessa consciência do tempo e como espaço da luta contra essa consciência. Para o homem primitivo, para o homem antigo, como para o homem contemporâneo, a memória é, ao mesmo tempo, o veículo da morte e espaço seguro contra a morte. Não é surpreendente que os antigos tivessem transformado a memória em musa mítica das artes; afinal de contas, essa outra vertente da arte, a arte como tentativa utópica que quer erguer barreiras contra o fluir do tempo, funciona através da memória. Os jogos da memória estão baseados no combate que ela trava contra a consciência da morte. Eis a razão pela qual, na origem do que designamos por arte, encontramos monumentos funerários erigidos em memória da morte e, simultaneamente, contra a morte; e daí também, o motivo pelo qual, em todas as culturas que conhecemos, existe uma poesia épica que é, por sua vez, uma memória da morte e contra a morte.

Essa poesia intimamente ligada à esfera do divino desfaz-se de sua dimensão heróica sempre que o mundo secular, ocidental, moderno recusa o mundo do divino. É, então, que aparece, recriado pela poesia, o herói moderno que estaria muito mais ligado àquilo que Octavio Paz denominou "a consagração do instante". Em vez de fazer referência à possibilidade de construir monumentos literários ou artísticos, retábulos ou afrescos contra a morte, pelo viés de uma memória capaz de representação poética, pictórica ou escultórica, o conceito de Paz refere-se à possibilidade, contida em certos instantes, de nos resgatarem, nem que fosse provisoriamente, de nossa condição de caídos do tempo. Esses instantes são aqueles que nos fornecem a ilusão de superar o tempo, essa temporalidade ou eternidade que, anteriormente, havia sido associada por nós ao espaço, à plenitude, à imensidão. Atingir a temporalidade, subtrair-se à consciência do tempo, é para nós, ocidentais, sentirmo-nos na plenitude, enquanto o vazio absoluto nos deixa, igualmente, à margem do fluir do tempo. Assim, no Ocidente, a arte e a poesia modernas constituem uma espécie de aposta secular que vem ocupar o lugar do religioso e do mítico, a favor dessa consagração do instante que, todavia, acaba por tornar-se mítica e sagrada. Afinal de contas, a expressão mais bela da arte e da poesia modernas só se libertou do sagrado para voltar a ser sagrada.

Em nosso universo, a dominação tecnológica, do comunicacional, do que é designado por globalização, com a exigência de uma atualidade permanente, é acompanhada por um convite planetário à amnésia. Nosso mundo está, assim, fortemente marcado por um modelo de amnésia e de velocidade, de amnésia e de vertigem, mesmo que essa vertigem se manifeste, muitas vezes, tal como no mito de Sísifo: como uma vertigem imóvel que gira sempre em volta do mesmo eixo. Convém observar que o modelo teleológico linear de um paraíso, situado no final do esquema, seja o paraíso religioso ou o paraíso laico do progresso e da igualdade, foi substituído, no Ocidente, por um modelo que poderia ser designado por círculo do presente permanente, o modelo do presente circular para o qual somos convidados pelo capitalismo de nosso tempo. Trata-se de um modelo de produção e consumo permanentes que se consome constantemente na produção de um modelo de roda totalitária que nada deixa à sua passagem, nem mesmo o lazer, que faz parte dessa produção ou consumo. O mundo atual parece propor como fim dos tempos não uma promessa de paraíso, mas a fantasmagoria de um paraíso que continua sendo permanente, enquanto se produz essa espécie de consumo do produzido. Ora, a substituição da promessa de paraíso por um paraíso imediato de consumo, acompanhado pela amnésia e pela vertigem, acabou por destruir o modelo historicista ocidental moderno. O cidadão da atual globalização não reflete, nem em termos historicistas, nem em termos de eterno retorno.

A essa situação, e não unicamente às calamidades provocadas pelas utopias coletivas, poderíamos, talvez, atribuir a perda de prestígio que a utopia conhece no seio de nossas sociedades contemporâneas. Além disso, se este nosso presente é um presente contínuo, um presente que se autoconsome, nele não há lugar para a utopia, não cabe o não-lugar, porque esse lugar está ocupado pela ilusão do lugar permanente, mesmo que esse lugar passe, inevitavelmente, pela produção e consumo de bens. Também não há lugar para o tempo, nem para a memória que, contraditada pela amnésia, está privada de perspectiva pelo processo de atualidade permanente; tampouco há lugar para a morte, camuflada e submetida ao esquecimento, porque os mortos não podem nem produzir nem consumir. Para construirmos uma possibilidade de crítica, uma resistência diante do mundo atual, devemos nos situar fora desse círculo infernal que se apresenta à guisa de paraíso.

B. A hospitalidade

No essencial, podemos distinguir três tipos de conhecimento: o conhecimento científico; o conhecimento que, de maneira geral, é designado por conhecimento artístico; e, para os crentes, o conhecimento religioso. O primeiro nos transporta em direção a uma idéia de dominação objetiva da realidade exterior. Trata-se de um conhecimento que está associado a uma concepção linear e progressiva do tempo que permite garantir o seguinte: aquilo, que hoje consideramos como certo, invalida o que, há dois mil anos, havíamos tido como certo; eis o que ocorre no terreno da astronomia, da medicina, da botânica. Ao segundo tipo de conhecimento, dito artístico, acrescenta-se o terceiro, ou seja, o religioso, que implica a relação dos homens com seus deuses ou a religião através dos diferentes sistemas metafísicos e místicos. No caso da religião do Ocidente, esse tipo de conhecimento compreende-se, essencialmente, em termos lineares e apocalípticos de um paraíso final. Ao deixar de lado esse terceiro tipo que pertence exclusivamente aos crentes, insistirei sobre os dois primeiros.

O conhecimento artístico introduz-nos em um espaço circular ao qual não se aplica a visão linear do tempo. As obras de arte que nos agradam, hoje, não invalidam as obras de arte com dois ou três mil anos. As obras filosóficas que apreciamos em nossos dias não invalidam as obras filosóficas de Platão ou Aristóteles. Esse conhecimento circular estaria em relação com toda uma série de cenários que implicam diretamente a condição humana, cenários em que a visão da vida, da morte, das paixões e das emoções humanas assume um caráter prioritário e nos permitem uma aproximação maior em relação às luzes e sombras de nossa existência. Se tentássemos identificar, por métodos cibernéticos, os temas da poesia universal, verificaríamos que aqueles que dispõem dessa circularidade não passam, provavelmente, de uma dúzia; tratar-se-ia justamente de temas que não promovem nenhuma dominação colonizadora, porque a arte, a poesia e a filosofia não nos permitem controlar, colonizar, dominar. Limitam-se a confirmar um conhecimento inacabado; voltamos continuamente a tais temas que nos impedem sempre de atribuir-lhes um fim.

Um poema nunca deveria ter o último verso, nem uma pintura a última pincelada porque, do ponto de vista da lógica interna da arte, não existe essa última pincelada, nem a última palavra do poema. Eis o que expressaram Leonardo da Vinci, Miguelangelo ou Rodin através do inacabado, porque este é mais perfeito do que a obra acabada, na qual é introduzida algo de profundamente artificial. O conhecimento artístico situa-se fora da linearidade; ele se encontra fora da dominação e fora da colonização.

Quanto ao conhecimento científico, o objetivo que lhe é próprio é o controle / dominação objetiva; assim, seu prolongamento natural é a técnica, mesmo que essa relação possa ter um duplo sentido, já que a técnica pode levar a novos avanços científicos.

Essas duas vertentes do conhecimento atuam, simultaneamente, no homem que pode olhar seu corpo, de um ponto de vista científico, como um conjunto de células, canais, nervos, músculos e órgãos que podem ser descritos de uma forma totalmente objetiva e colonizada por técnicas, tais como a cirurgia. Ele pode também cantar esse mesmo corpo, exprimir a emoção suscitada por sua beleza ou a repulsa provocada por sua feiúra, através de sentimentos que poderíamos designar como estéticos. O conhecimento científico não é melhor, nem superior, nem inferior ao estético: por exemplo, o sol tem sido, tradicionalmente, um dos grandes símbolos da beleza para a maior parte das culturas; mas, ao ser descrito em termos científicos, em termos de física, ele se torna, por suas imensas explosões termonucleares, o cenário de uma das mais assustadoras violências cósmicas. Dispormos de tais informações sobre o sol não impede de contemplarmos sua beleza estética. Tanto o conhecimento designado por mim como objetivo, aquele que implica colonização e dominação, quanto o conhecimento estético circular, qualificado por Kant como "desinteressado", produzem ritos e mitos. Quando falamos dessas verbalizações – os mitos – e dessas representações ou gestualizações – os ritos –, referimonos, de fato, às diferentes manifestações de dois tipos de conhecimento. Cada um deles apresenta seu tipo particular de rito e de mito: o conhecimento produtivo, tecnológico, colonizador tornou possível uma mistificação e uma ritualização da dominação objetiva na captura de uma presa de caça, do mesmo modo que o conhecimento simbólico, associado ao que poderíamos designar por conhecimento artístico, traduz em ritos e mitos o desejo de transcendência, o desejo de conseguir expressar uma harmonia, uma ordem, um cosmos.

De modo geral, o conhecimento estético, simbólico, faz referência à esfera do sagrado. No entanto, eu diria que, igualmente no conhecimento que poderíamos qualificar como científico, existe um desejo de transcendência, na medida em que estabelecer, por exemplo, uma teoria das forças unificadas exprime o desejo de unidade. De Prometeu a Fausto, podemos identificar essa ambição de criação de vida que reflete um desejo de absoluto. Evidentemente, essa ambição manifesta-se, com mais clareza, no conhecimento do tipo estético ou artístico que apresenta, como já afirmei, uma contínua circularidade ao longo de toda a história da cultura ocidental.

A esse respeito, minha posição consistiria em pretender a integração dos dois tipos de conhecimento; em vez de analisarmos o conhecimento em termos absolutos ou exclusivistas, parece-me necessário estabelecer a distinção entre conhecimento e sabedoria. O conhecimento nos conduziria a determinados momentos – às vezes, grandiosos, outras vezes, terríveis –, enquanto a sabedoria consistiria na aceitação de uma alternância, de um equilíbrio, entre o conhecimento e o enigma. A sabedoria admitiria que alguns aspectos da vida humana, da relação do homem com o mundo ou com a existência, não podem ser objeto de nenhuma dominação ou colonização já que continuarão sendo incontroláveis, irredutíveis. Essa dialética entre o conhecimento e o enigma seria fundada na coabitação entre o conhecimento do tipo científico e o conhecimento do tipo simbólico estético.

Se eu tivesse de definir o homem – aliás, tentativa que seria preferível evitar –, não utilizaria a definição tradicional, ensinada em nossas escolas, segundo a qual o homem é um animal racional. Em vez disso, eu diria que o homem é um animal nostálgico; ele tem consciência da carência, da separação, de ser estrangeiro, de estar exilado em uma pátria que não é a de seu nascimento. Em muitas tradições míticas e religiosas, essa pátria foi povoada por deuses; no entanto, desde que os deuses foram expulsos, o homem tornou-se um ser nostálgico, definindo-se como um nômade que deambula pelo mundo. A vida seria, assim, uma peregrinação, não desprovida de sentido, mas cujo sentido pleno é ignorado. A partir daí, desenvolve-se uma ignorância em que se alternam a dor e o sofrimento, assim como, às vezes, imagens de formidável beleza. Na atualidade, para mim, o sagrado está relacionado com essa nostalgia, não tanto a partir da definição religiosa do mundo, de um deus, e sim a partir da percepção do isolamento engendrado por tal nostalgia, a partir da aprendizagem de tal nostalgia, a partir da iniciação do estrangeiro a essa nostalgia.

Se essa espécie de busca de algo perdido em um horizonte ignorado nos deveria levar a desenvolver um sentido de plenitude, então, deveríamos qualificá-lo como sentido da hospitalidade. Desejamos alcançar uma pátria que não se encontra em nosso berço, que não está atrás de nós. Paradoxalmente, ignoramos uma pátria que se encontra diante de nós e que nos promete essa unidade, essa plenitude, essa integridade, mas que nunca poderíamos atingir pela colonização ou dominação. Se pudéssemos ser hóspedes, essa pátria permitir-nos-ia expressar a harmonia e a beleza. O que designamos por beleza não seria tanto o produto de leis, de alguns números ou cânones, e sim a maneira de habitar essa pátria, de nos sentirmos seus hóspedes. Em meu entender, aí é que se pode desenvolver um sentido plenamente atual do rito e do mito. A idéia de superar essa condição de exilado para alcançar essa pátria, nem que fosse provisoriamente, é o que nos transporta aos ritos mais profundos do ser humano, em sua dupla dimensão: ser nostálgico e ser que deseja a hospitalidade.

Comecei por me referir ao rito estético que, certamente, desde seus primórdios, tem sido representação, jogo, máscara. No entanto, o estético tem sido também uma forma de habitar essa pátria, de viver uma inteireza que supera a fratura. O rito estético a que chamarei arte, por definição, inclui todas as máscaras, todos os jogos ou todas as representações que permitem ao homem sentir a hospitalidade essencial. Outra ponte lançada em direção a essa hospitalidade é aquela que designarei por conhecimento fulgurante: um conhecimento-relâmpago que, muitas vezes, se produz sem que se saiba como. É o caso, por um lado, dos ritos eróticos quando o Eros se afirma como força nostálgica e, ao mesmo tempo, como força de unidade; e, por outro, do êxtase místico, mas não obrigatoriamente religioso, por ser suscetível de corresponder aos rituais místicos de natureza laica. Tais ritos estéticos, eróticos ou místicos são fulgurantes no sentido em que nos oferecem uma visão do apogeu dessa nostalgia e, simultaneamente, de sua superação, mesmo que ela seja apenas transitória, efêmera, provisória, em relação a essa hospitalidade essencial. Parece-me importante sublinhar que, embora esse tipo de conhecimento se produza, como já afirmei, de uma forma fulgurante, ele tem necessidade de uma espécie de predisposição que consiste em uma aceitação da dialética entre *logos* e enigma, entre conhecimento e enigma. Quem quer que se atenha exclusivamente à razão, ou às pseudoespiritualidades que votam um culto irracional ao enigma, não está predisposto para viver esse tipo de experiência.

É importante salientar que o conhecimento fulgurante só acontece no decorrer de experiência de diálogo e nunca de monólogo. Quem pensasse que vai alcançar tal conhecimento por meio do monólogo estaria desencaminhado, na melhor das hipóteses, em uma espécie de solipsismo, para não falar de ilusão fantasmagórica. O conhecimento do enigma produz-se sempre por via de diálogo, tanto mais que os ritos eróticos, místicos e estéticos passam sempre por um encontro com o outro, um deixar-se ir até o outro. Sem este diálogo, é impossível superar nossa condição de estrangeiros; eis a razão pela qual, no campo cultural, é tão importante abrir-se para o outro e, no terreno pessoal, chegar a si mesmo por meio do outro.

C. A sinfonia

Sem estar seguro em relação à possibilidade de um verdadeiro diálogo entre culturas, tenho a certeza de que tal diálogo é possível entre interlocutores que fazem parte de diferentes tradições culturais. Nesse sentido, gosto de fazer referência à noção de cumplicidade. Não acredito em projetos coletivos, mas penso que é possível construir uma cumplicidade intelectual que, normalmente, é conseqüência de uma amizade, não só intelectual, mas também sensível. Se dois interlocutores não se suportam, não se tocam, não se percebem; se, entre eles, não for estabelecida uma cumplicidade de tato, dificilmente conseguirão entabular uma conversação real que supere os arquétipos, os lugares-comuns, o "politicamente correto". A paixão da intimidade deve ser temperada com um "saber neutralizar" as posições categóricas de cada um dos interlocutores porque, dificilmente, poderá ser instaurada uma amizade íntima a partir de uma personalidade dogmática, mesmo que essa paixão venha a esbarrar nas superfícies monótonas do dogmatismo; o mesmo se verifica com o diálogo entre culturas.

Apesar de existir uma certa paixão em conhecer outra cultura, uma pessoa dificilmente construirá esse diálogo e essa cumplicidade sem a disposição de abrir-se, desarmar-se, revolver as superfícies por demais lisas. O interlocutor ocidental possui deficiências e limitações, semelhantes às de um interlocutor da Índia ou de qualquer outra tradição; com efeito, qualquer um desses interlocutores está afetado pelo "politicamente correto", pelo "politicamente igualitário", pela tolerância e a mestiçagem convertidos em discurso político. Não existe freio mais poderoso, no início, para com uma tradição do que uma outra tradição, inclusive quando ela dispõe de um bom instrumento para incentivar esse diálogo, tal como a visão crítica e autocrítica da modernidade (em nossos dias, infelizmente, bastante desencaminhada). O peso do colonialismo age em seu desfavor; com efeito, se não há sombra de dúvida de que o racismo e o egoísmo identitário fazem parte do patrimônio de toda a humanidade e de todas as culturas, o Ocidente é que exerceu seu domínio sobre o resto da Terra. A herança do colonialismo (com suas seqüelas e seus prolongamentos) deverá ser o primeiro elemento a ser levado em consideração, ao qual está vinculado o exotismo que, por sua vez, é o segundo fator a colocar em perigo essa relação; trata-se de uma falsa explicação do colonialismo que se deixa fascinar, aliás, de maneira errônea, por outras mentalidades também falsas. No terreno artístico, espiritual ou filosófico, o exotismo integra uma série de costumes que, muitas vezes, só foram captados superficialmente. Um terceiro fator de dificuldade manifesta-se no autismo e nas endogamias culturais que surgem em todas as tradições; estas parecem tanto mais impermeáveis quanto mais sólidas são. Nesse sentido, a tradição clássica judaico-cristã capitalista do Ocidente é muito sólida, embora não se possa falar de uma única, mas de várias tradições que convivem no interior dessa tradição. Há uma tendência natural à endogamia e, de maneira geral, o racismo é mais forte em nossas mentalidades do que em nossos bairros e cidades, onde ele é já importante.

Os fatores de limitação são, portanto, evidentes. No entanto, as circunstâncias do mundo atual produziram vias de comunicação muito mais extensas do que as vias construídas em épocas precedentes. Por exemplo, apesar de todos os esforços perversos da globalização, a comunicação universal tem despertado, lentamente, um sentimento de respeito mútuo a partir da efetiva descolonização na maior parte dos continentes e a partir da recuperação progressiva do patrimônio cultural de diferentes tradições. Para instaurar essa cumplicidade, revela-se indispensável, por um lado, chegar a um desarmamento e, por outro, desenvolver a capacidade não para se armar, mas para se desarmar mentalmente, evitando os refúgios oferecidos tanto pelos falsos espiritualismos quanto pelos dogmas confinados. O desarmamento seria, de alguma forma, a aceitação do relativismo, da flexibilidade e do caráter irregular, inacabado e plural da verdade. O rigor intelectual é também importante diante das conexões fáceis do pseudo-espiritualismo e dessa espécie de tecnocomunicação universal que pretende impor um novo gênero de modelo único, fácil e superficial. Seria necessário avançar em uma tradução que não seja somente lingüística, mas também conceitual e lógica. Do mesmo modo que o desarmamento é indispensável para nós, se pretendermos nos proteger do outro, assim também o rigor e a tradução lingüística, lógica e conceitual são indispensáveis para compreender o confronto de nossas idéias com as idéias de nossos interlocutores; tais posturas nos oferecem o acesso ao intercâmbio mítico e simbólico que corresponde ao mais elevado grau dessa cumplicidade e à partilha aprofundada dos territórios dessa hospitalidade essencial, já evocada. Creio que, no terreno político, tal diálogo entre culturas é difícil, até mesmo impossível; pelo contrário, ele será estimulante e possível a partir da cumplicidade e do intercâmbio entre interlocutores.

A globalização pressupõe alguns perigos: o convite à amnésia, à uniformização, à banalização, à substituição de toda realidade por uma espécie de culto idolátrico da atualidade; além disso, uma pretensa tolerância e uma mestiçagem "politicamente correta", que se detêm sempre na superfície das coisas, que aderem facilmente a um discurso universal monótono. Essa globalização inevitável apresenta, no entanto, aspectos favoráveis, como a comunicação universal, a que já fiz referência, e que deve ser equilibrada pelo respeito e pelo aprofundamento. Com a globalização, pode acontecer algo parecido com a *hybris*, que está associada ao saber enquanto colonização e que, finalmente, conduziu a uma contraconsciência ecológica, a uma postura de defesa da biodiversidade. A defesa da comunicação e diálogo entre seres humanos, entre tudo o que é vital, é um fator extraordinariamente criador. Ao mesmo tempo, a defesa da diferença é lutar pela igualdade, do mesmo modo que a defesa da biodiversidade é uma via incontornável para defender a universalidade. É ainda a idéia de uma metamorfose do uno e do múltiplo que nos convida a um certo tipo de equilíbrio que está sendo saqueado pela globalidade, muitas vezes, temível.

Penso que vivemos no mundo da aldeia global, prefigurado por McLuhan. No entanto, essa aldeia global produziu, em contrapartida, uma metrópole tribal: têm-se manifestado tendências centrípetas, conduzindo, por sua vez, a tendências centrífugas, em busca dessa biodiversidade, como afirmação de uma diferença que não deve ser a desigualdade.

Pelo viés da técnica, o Ocidente colonizou não só a natureza, o não-humano, mas também o humano não-ocidental; ele produziu essa espécie de modelo global com elementos extremamente positivos e frutíferos, embora contendo fortes explosões de violência. Em termos gerais, penso que, diante do unidimensional e do monoteísmo, diante da unilateralidade da colonização humana, diante de um pensamento que se constrói a partir do monólogo, sentimos uma enorme necessidade de polifonia. O polifônico está relacionado com o saber, ao mesmo tempo que compreende esse saber como superação das cisões entre ética e intelectualismo, entre razão prática e intelectualismo. A polifonia é o meio para alcançar esse saber viver que pode ser também um saber sentir.

4.4

Caminhos do livro

Michel Maffesoli

Já é tempo de nos pormos a caminho, de encontrarmos – à imagem do método que Descartes havia elaborado para a modernidade – o "método" que, em nossos dias, seja suscetível de iluminar o pensamento. O livro é, certamente, uma das mais importantes unidades de informação para orientar os caminhos do pensamento. Quais são, finalmente, os sinais de um novo mundo? Se, para tal, eu pudesse empregar um termo mais antigo, um pouco mais anacrônico do que "signo", eu utilizaria a palavra "número"[84]. No Apocalipse, São João já havia formulado esta questão: qual é o número da fera? Poderíamos, igualmente, nos perguntar: qual é o "número" da pós-modernidade? No contexto das sociedades que estão em via de surgir, uma reflexão sobre o livro presta-se, assim, à busca desse "número".

Nas primeiras linhas do texto de Zygmunt Bauman – publicado nesta coletânea – formula-se precisamente a questão do que ele designa por "reísmo", do latim *res*, a coisa. Para voltar à coisa, eu gostaria de me limitar a essa coisa que é o livro. Em um plano paradoxalmente bastante empírico e imaginário, para me limitar a essa coisa precisa (e, no fundo, só podemos compreender uma

[84] No original, "chiffre", que também pode significar "algarismo" ou "cifra". (N.T.)

coisa se justamente conseguimos situá-la, colocá-la em perspectiva), vou me inspirar, por exemplo, em um pensamento consistente – o pensamento do sociólogo alemão Georg Simmel, que falava da *"formal soziologie"*. Temos dificuldade em traduzir essa expressão para o francês porque as palavras francesas "formalismo" e "formalista" têm uma conotação um pouco superficial; eis a razão pela qual propus o neologismo "sociologia formista", para descrever um quadro suscetível de fazer sobressair o que se pretende fazer sobressair[85].

Eis um paradoxo. O livro é empírico. Dito isso, só podemos compreender uma coisa se a colocarmos em perspectiva, se tentarmos iluminá-la a longo prazo. Como exemplo, podemos nos lembrar do que, na filosofia da Idade Média, os teólogos chamavam de pensamento apofático ou, ainda, de uma teologia negativa, ou seja, que não falamos diretamente a respeito de Deus; falamos dele por evitamento. É desse modo que vou falar. De fato, se o livro parece-me ser um verbete essencial para compreender o mundo, no entanto, só poderei compreender esse livro se o colocar em perspectiva. No fundo, o que me interessa é elaborar uma sociologia da alma. O que estará acontecendo com a *anima mundi*, a alma do mundo? Finalmente, tudo é bom para elaborar uma sociologia da alma: o detalhe, o fragmento, um pouco à maneira do que o matemático Mandelbrot teorizou a propósito do fractal; qualquer detalhe pode exprimir o mundo inteiro, o fato social total. E, deste ponto de vista, "o" livro é, para mim, um "fato" social total.

As três teses que proponho encaixam-se umas nas outras, a partir de idéias simples, de "banalidades que faz bem repetir", tanto mais que o intelectual tem dificuldade em apreciar verdadeiramente o que é contido na banalidade. Em primeiro lugar, não há livro *a priori*, na medida em que o livro é apenas contexto. Em segundo lugar, o verdadeiro autor do livro é o decifrador, o ledor que o decifra[86] (de novo, a idéia do número[87]). Não é forçosamente

[85] MAFFESOLI, M. *La connaisance ordinaire*. Paris: Méridiens, 1985. (Traduções em inglês, português, espanhol e italiano.)
[86] No original, *déchiffre*. (N.T.)
[87] No original, *chiffre*. (N.T.)

aquele que "faz" o livro; na verdade, aquele que faz o livro é possuído por um *daimon* – e eu voltarei a essa idéia do demônio. E, em terceiro lugar, se estamos de acordo em relação ao fato de que há comunidade de leitores, o livro é sempre um mito. Utilizo a palavra "mito" em seu sentido etimológico, como o que une os iniciados entre si; a função essencial do mito é uma função eucarística que desempenha o papel de "cimento".

Como condição prévia ao desenvolvimento dessas três teses, impõe-se uma primeira colocação em perspectiva, uma genealogia, se pretendermos estar em acordo relativamente a um caminho para o pensamento. Encontramo-nos, justamente, em um período que "celebra" tudo e cada coisa; estejamos atentos a essa mania da celebração. De fato, podemos considerar que, se comemoramos algo, é porque isso deixou de existir; assim, quando se fala muito de amor é porque este já não existe. A celebração de determinado mito indica que este perdeu sua eficácia. No entanto, é importante ver o que é objeto de nossas comemorações. Quanto a mim, eu diria que o objeto de nossas comemorações é o "fantasma do uno"; essa idéia pretende que é a partir da unidade do uno que se pensa o indivíduo e a sociedade.

Nesse aspecto, estou pensando em Santo Agostinho, que pode ser considerado como o próprio fundador da modernidade; assim, para ele, "a razão humana é uma força que conduz à unidade". É interessante salientar que, na origem da filosofia ocidental, no fundamento do judaísmo-cristianismo que constitui nossa tradição cultural, predomina esse grande "fantasma do uno": a deidade unificada, o monoteísmo em seu sentido estrito. Nunca se insistirá demais sobre a prevalência desse "fantasma do uno", desse fantasma da unidade; parece-me que, de múltiplas maneiras, celebramos o "uno", mesmo que – ou porque – justamente, sua existência já não é categórica.

Em um livro já antigo, Eugenio d'Ors – de quem conhecemos, em particular, a obra clássica sobre o Barroco – apresenta um estudo detalhado sobre as grandes figuras de Isabel e Fernando. O que me parece interessante é sua análise sobre o "tipo político" como o impulso moderno por excelência; ora, ele mostra a correlação que existe entre o político e o moderno, a partir do que ele designa por "apetite por saneamento". A metáfora do saneamento evoca, evidentemente, tudo o que irá "sanear" a diversidade, que irá esvaziá-la. É a razão agostiniana, aquela que conduz à unidade, que vai, em muitos aspectos, fazer funcionar o mundo a partir de conceitos unívocos. O "politicamente correto" contemporâneo – o que, em francês, se chama de "*langue de bois*"[88] – reenvia a esse grande fantasma do saneamento. Podemos colocar isso em paralelo com a atitude conceitual que cria o que ela nomeia. Deus disse: "Eis o homem, eis a mulher". Deus cria o mundo "nomeando-o"; assim, freqüentemente, o intelectual considera-se um avatar da deidade; dito por outras palavras, é através do conceito que se cria o mundo que se nomeia. E trata-se de uma função paranóica por excelência, na medida em que a verdadeira paranóia está, essencialmente, nessa capacidade de acreditar que se pode criar o que se nomeia. Essa é a demiurgia do verbo.

Estamos vendo que o saber é o poder. E é exatamente isso que, no livro, está em jogo. O livro limita-se a registrar a palavra divina; ele exprime a boa palavra. E é isso que mostra bem como, a partir da unidade, podemos chegar a esse grande fantasma, "o" livro, cujo paradigma continua sendo, evidentemente, a Bíblia; o livro que registra e canoniza o que "deve ser" o mundo. Esse fantasma baseia-se, essencialmente, em uma idéia simples que é a grande teoria da substância. Talvez seja importante declarar guerra ao substancialismo que pretende que só existe vida a partir do ser, seja ele Deus, o pai, o indivíduo, o Estado, ou as instituições – e podemos declinar indefinidamente esse substancialismo. Trata-se de uma especificidade da tradição judaico-cristã pensar a vida unicamente a partir do Ser com um "S" maiúsculo: eis o que vai delimitar uma estrutura vertical. Essa estrutura tem como senha a dualidade fundadora: por um lado, o ecúmeno, o mundo conhecido, civilizado, mundo que, de fato, é a expressão do livro; por outro, o que é "exotero", o que está fora dos muros da civilização.

[88] Literalmente, "língua de pau"; refere-se aos discursos – sobretudo, de propaganda política – baseados em estereótipos. (N.T.)

Vemos bem a maneira como foi o funcionamento dessa estrutura vertical e dessa dualidade fundadora – de um lado, estão os bons; e, do outro, os maus. Existe a cultura e a não-cultura; existe a civilização e a barbárie. E, no fundo, podemos considerar que a modernidade não passa de uma aplicação dessa verticalidade que impõe, há quinhentos anos, o espírito de conquista, a hegemonia do Ocidente, o monoteísmo, o monoculturalismo. E tudo isso em nome dos valores contidos em "o" livro: o livro fundador que, volto a insistir, é um livro que funciona a partir da ordem da verticalidade, da substância da qual Deus é o paradigma por excelência. Três palavras explicam esse deslize: teologia, teodicéia e racionalismo. Entre elas, existe uma concatenação lógica: passou-se da teologia para a teodicéia e para o racionalismo. Existe uma lógica interna entre essas três palavras; obviamente, a deusa Razão da Revolução Francesa é, nesse aspecto, uma excelente imagem dessa ligação fundada na verticalidade.

A reflexão de Gilbert Durand mostra que algumas culturas humanas funcionam a partir do "regime diurno do imaginário", o que corresponde, evidentemente, à nossa tradição ocidental[89]. Durand sinaliza que as "figuras" essenciais de tal regime acabarão sendo objetos contundentes: a espada da razão que decide, corta, discrimina; a relha do arado, símbolo do produtivismo e da indústria; e o falo ereto e triunfante. Símbolos do masculino, do pai, do homem. A espada, a relha e o falo devem ser relacionados com o contexto no qual foi elaborado o livro único. É a partir daí, também, que se elabora a grande idéia educativa. *Educare*, em seu sentido etimológico, é puxar para algum lugar e puxar do exterior; o livro traz algo do exterior, preenche algo que está vazio, ou seja, o pobre cérebro da criança que é um bárbaro, um animal. E a mesma operação é executada relativamente a outros bárbaros ou outros animais.

A educação é o próprio fundamento da modernidade. O que se pretende é fazer sair da barbárie, é retirar da animalidade, é tirar do *infans* aquele que não fala, aquele que não é capaz de utilizar palavras para exprimir o que

[89] DURAND, G. *L'imaginaire*. Paris: Hatier, 1992.

convém ser expresso por palavras. E é nessa perspectiva que são elaboradas todas as palavras da modernidade que, talvez, já não digam absolutamente nada. "Democracia", "cidadão", "liberdade" são palavras que foram elaboradas em um contexto específico: atualmente, as instituições continuam a difundi-las sob o modo de encantação; são termos que têm sido aplicados em uma realidade que se encontra alhures. Se estivermos de acordo sobre o fato de que o livro é um "contexto", convém levar em consideração tal contexto para encontrar as palavras que sejam o menos falsas possível. De nada serve continuar empregando palavras elaboradas em determinado contexto e momento – no caso concreto, as palavras da filosofia do século XIX. O que está terminando não é o século XX, e sim, de forma bastante penosa, esse século XIX; e, em particular, estamos sentindo sérias dificuldades para nos "desatolar" de sua filosofia e de suas palavras. Apesar de serem conceitos engenhosos, já estão fora de moda; convém encontrar outros conceitos que permitam pensar a realidade tal como é hoje.

Introduzirei, aqui, um pequeno interlúdio bastante rápido e inspirado no texto em que Léon Bloy analisa a miniatura de Bizâncio: esse autor mostra que, em um manuscrito, toda a importância era atribuída, no início, às letras ornamentadas; em seguida, às letrinas; e, depois, à pintura deslocada para fora do livro. Ao examinar essa graduação, ele demonstra bem que havia algo que marcava o aspecto vivo da palavra: o ornamento, a letrina. E, depois, elimina-se a pintura. Essa análise é bastante interessante na medida em que, de forma simbólica, ilustra não só a maneira como a razão foi rejeitando, progressivamente, a imagem, mas também o modo como se vê que, em nome da idéia universal, do universalismo, do iluminismo, dos grandes valores dos direitos humanos, será suprimido tudo o que é da ordem do enfeite do mundo, do detalhe. Estabelecerei, igualmente, uma ligação com o tema da orgia – do grego, *orgia* – na medida em que essa é a paixão comum.

Ao fazer referência a uma sociologia da orgia, o que me interessa é ver não só a maneira como pode existir nela uma paixão comum, mas também o modo como ela é a mola propulsora da vida social. Parece-me que, por oposição ao aspecto unívoco da razão que reduz tudo à unidade, existe, em nossos dias, uma inversão de polaridade que coloca uma ênfase cada vez maior não no universalismo da idéia e, sim, na "idiografia", ou seja, na capacidade de marcar a especificidade, o idiotismo, a inépcia, o particularismo.

É em tal contexto que se delineia uma tendência que nos leva a apreciar ou identificar livros que ilustram o idiotismo, livros que ilustram não tanto o grande universalismo, mas a especificidade, a comoção que provoca abalo no corpo e no ventre: a experiência, o transbordamento emocional, o retorno do contador de histórias. Um exemplo disso é a literatura de cordel[90], no Brasil; mas poderíamos encontrar uma enorme quantidade de expressões dessa ordem. Já não se trata, finalmente, de um livro que traduz o universal e, sim, de livros que vão transformar o concreto em universal. E, no fundo, é isso a orgia: em sua essência, é algo de estruturalmente "histérico" que remete ao útero, ao ventre. O pensamento do cérebro a partir do qual temos funcionado – e cuja expressão por excelência é o livro – deixa o lugar a um pensamento relativo ao ventre, a uma multiplicidade de livros contemporâneos, que levam em consideração e colocam a ênfase no que causa emoção do ponto de vista social. A única palavra que me ocorre para evocar a idéia que estou tentando indicar é "arrepiar caminho". Contrariamente à regressão, que é simplesmente pejorativa, o arrepiar caminho nos remete à imagem da espiral. É essa espiral que toma o lugar da linearidade do grande pensamento ocidental, de nossa grande tradição progressista, do otimismo, do marxismo e, falemos sem papas na língua, da parúsia cristã. De fato, não há diferença entre o pensamento agostiniano cristão e o pensamento marxiano; por oposição a essa linearidade, existe a atitude por demais simples da circularidade nietzschiana pela qual se pensava o retorno do mesmo. Em minha opinião, a "regrediência" seria essa espiral; trata-se, finalmente, de assistir à volta de coisas antigas, embora em outro nível.

[90] Literatura popular do Nordeste brasileiro.

Desse ponto de vista, o que está em jogo, atualmente, já não é a estrutura vertical sustentada pelos objetos contundentes de que já falei. Já não se trata do triunfo do patriarcado ou do homem enquanto tal. Daqui em diante, trata-se, sobretudo, de uma estrutura horizontal, muito mais fraterna; além disso, em muitos aspectos, ela já não está escorada na sujeição ao verbo e ao livro que lhe servem de suporte, mas é fundamentalmente da ordem do relativismo. Sempre se teve medo do relativismo que corresponderia à abdicação do pensamento; ora, esse relativismo é o estabelecimento da relação; é o fato de reconhecer que existem culturas e que essas têm a obrigação de dialogar.

A presença do relativismo implica forçosamente o sincretismo e o sensualismo; eis a razão pela qual evoquei o pensamento do ventre, na medida em que um pensamento não funciona a partir da simples verticalidade do cérebro, do "chefe" que, ao mesmo tempo, é a cabeça e aquele que manda. No sincretismo que, atualmente, está em jogo no relativismo e no sensualismo, existe algo que poderia remeter à idéia de inteireza do ser. Lembro que Gilbert Durand havia identificado, em certas culturas, um outro regime a que chamou de "regime noturno do imaginário": enquanto o "regime diurno" se baseia nos objetos contundentes que não admitem rodeios, o "regime noturno" é uma concavidade, seu símbolo é a taça e representa a vagina, o ventre; esse regime instaura uma espécie de feminização do mundo e, desse modo, promove o policulturalismo, a relativização. Além disso, a idéia de taça é também a da horizontalidade que, por oposição à verticalidade da estrutura protuberante, instaura relações baseadas na fraternidade.

É assim que podemos chegar à relativização do livro pelos livros. Já não se trata do livro fundador, e sim de livros que vão colocar em jogo a experiência, os costumes, as particularidades, os idiotismos. Tem sido motivo de indagação o sucesso dos livros sobre religião, espiritualidade, mas, em muitos aspectos, eles se limitam a traduzir os idiotismos, são a expressão de uma emotividade compartilhada, de algo que, em vez de cair "do alto", vem de baixo. Nesse sentido, poderíamos encontrar uma enorme quantidade de exemplos. Esses livros já não exprimem o universalismo, mas o "localismo". É o que chamo de "tempo das tribos" e que coloca a ênfase, essencialmente, nos arcaísmos, tribalismo, nomadismo, hedonismo, enquanto a modernidade é educativa a partir do livro fundador. Em minha opinião, o que está em jogo, aqui, é algo que reenvia à revalorização da função iniciática. Diferentemente da educação, que impõe algo do exterior ou a partir de determinado livro, a iniciação, em todas as culturas, faz sobressair o que é próprio de cada uma. Os conteúdos que a educação impõe do exterior, a partir do *corpus* estabelecido uma vez por todas, a iniciação vai assimilá-los através de ações sucessivas. Assim, a falência da educação, em suas diversas modulações, sublinha a possibilidade de um retorno da iniciação que faz sobressair o tesouro que se encontra em seu bojo.

Mas como poderá haver uma junção entre esse arcaísmo e o desenvolvimento tecnológico? Nada justifica, obviamente, ter medo da Internet e de outras aplicações eletrônicas já que, em muitos aspectos, todas elas traduzem essa horizontalidade, por exemplo, nos fóruns, nos artigos de opinião publicados em jornais etc. Há surgimento de algo da ordem da oralidade, de algo essencialmente arcaico. Quem está com medo de que chegue ao fim seu monopólio intelectual, teme, sob diversas maneiras, não só a Internet, mas também a horizontalidade dos fóruns. Pelo contrário, a rede das redes permite o que, por minha conta, chamarei de sinergia do arcaísmo com o desenvolvimento tecnológico, ou seja, um maior número de efeitos pela multiplicação dos meios utilizados.

Torna-se, então, importante desenvolver um pensamento "demoníaco", à semelhança do *daimon* de Sócrates – mas, se ouso dizer, também simplesmente demoníaco –, porque a realidade "demoníaca" está presente nele. É o símbolo do subconsciente, o símbolo do que se encontra obscuramente mergulhado no cosmos. É algo que deixou de ser da ordem da dualidade sujeito-objeto, em que o sujeito age sobre o objeto. A sabedoria demoníaca, esse pensamento da inteireza a que chamei de pensamento do ventre, vai justamente em direção a uma superação de tal dicotomia: ela pode ser o lugar de uma "trajetividade" da qual a Internet é apenas a expressão.

Em suma, toda a estrutura vertical, a grande idéia monoteísta, é também nomotética: ela elabora leis. De fato, o livro elabora leis. Os direitos humanos são nomotéticos, o iluminismo é nomotético, os valores ocidentais são nomotéticos. E nem que fosse à base de cânones, há a intenção de impor – e tal operação já foi executada – tais valores ao mundo inteiro, aliás, sujeição que se faz para o bem do "outro", do bárbaro, da criança, que devem ser civilizados, puxados em direção à civilização. Contrariamente a esse nomoteísmo, temos de enfrentar o que eu chamaria de "idiografismo", algo que vai gravar, visualizar a especificidade, as particularidades. Se o nomotético é "o" livro, o idiográfico são "os" livros, enquanto "números", dessa horizontalidade já evocada mais acima.

Desde então, já não é possível conceber o livro em uma oscilação entre a nação e o mundo. Os livros não se situam em nenhuma dessas duas esferas: nem na esfera da nação que, no fundo, não passa de uma expressão racional do estar juntos, nem na esfera do mundo, cuja universalidade, por ser demasiado grande, não me parece ser mais pertinente. Penso que, daqui em diante, os livros limitam-se a traduzir a idéia de tribo, a idéia de comunidade; além disso, penso que não se deve ter medo de repensar os livros como expressão da comunidade.

Em *Hyperion* (1797-1799), que descreve, poeticamente, a guerra dos gregos contra os turcos – uma guerra de independência que, supostamente, teria criado a nação grega –, encontramos o neologismo "nationel"[91]. Esse poema de Hölderlin descreve o surgimento desse "nationel": trata-se do sentimento de filiação emocional, afetiva. O poeta demonstra perfeitamente que é, através dessa partilha de sentimentos orgiásticos, que irá criar-se uma comunidade.

[91] Neologismo forjado a partir da contração entre as duas primeiras sílabas da palavra "*natio*nal" [nacional] com a sílaba final de "émotion*nel*" [emocional]. (N.T.)

Essas comunidades baseadas no "nationel" criam-se a partir de baixo, a partir de algo que tem a ver com a carne, que leva o corpo a vibrar. O mundo e a nação limitam-se a reenviar à ordem racional e não é simplesmente a verticalidade do cérebro que está em jogo. Lembremo-nos, aqui, da antiga sabedoria: *"Timeo hominem unius libri"* [Temo o homem de um livro só]. Obviamente, são os livros no plural que, agora, devem ser valorizados.

Créditos dos participantes

Alberto Manguel (Canadá), romancista, ensaísta, editor, crítico literário e tradutor poliglota é o autor, entre outros, de *Histoire de la lecture* [História da leitura] – qualificada por George Steiner como uma "declaração de amor à leitura" –, que vai da origem da escrita até as modalidades de leitura no futuro; e também de *Dans la forêt du miroir* [Na floresta do espelho], ambas as obras traduzidas em várias línguas.

Barbara Freitag (Alemanha) é socióloga. Especialista na área da educação, é diplomada pela Universidade Livre de Berlim, onde trabalha como professora assistente, e doutora pela Universidade Técnica da mesma cidade. Desde 1974, é professora titular no Departamento de Sociologia da Universidade de Brasília e dirige, igualmente, a publicação do *Anuário de Educação*, no Rio de Janeiro. Sua obra está publicada em português e alemão.

Eduardo Portella (Brasil) é ensaísta, Professor Emérito da Universidade Federal do Rio de Janeiro, ex-Presidente da Fundação Biblioteca Nacional (Rio de Janeiro), ex-Ministro da Educação e Cultura, fundador do Colégio do

Brasil e da revista *Tempo Brasileiro*. Exerceu, na UNESCO, as funções de Diretor-Geral Adjunto e de Presidente da Conferência Geral. Autor de várias obras sobre modernidade, cultura, educação, política e literatura, está encarregado, atualmente, da coordenação do Comitê *Chemins de la pensée à l'aube du troisième millénaire* [Caminhos do pensamento no limiar do terceiro milênio].

Emmanuel Carneiro Leão (Brasil), especialista renomado na obra de Martin Heidegger, é titular da cátedra de Filosofia da Universidade Federal do Rio de Janeiro e membro da Academia Brasileira de Filosofia, assim como do Instituto Brasileiro de Filosofia. Formado na Albert-Ludwig Universitaet-Freiburg, é titular de um doutorado da Universidade de Roma. Desempenhou importante papel na elaboração do projeto da UNESCO: *Chemins de la pensée à l'aube du troisième millénaire* [Caminhos do pensamento no limiar do terceiro milênio].

Francisco Delich (Argentina), diretor da Biblioteca Nacional da Argentina e presidente da Faculdade Latino-Americana de Ciências Sociais (FLACSO), é também professor de Sociologia Econômica da Universidade de Córdoba e de Teoria Social na Universidade Nacional de Buenos Aires. Foi Secretário de Estado da Educação Nacional e prosseguiu uma carreira universitária no plano internacional.

Georges B. Kutukdjian (Líbano), antropólogo e filósofo, foi colaborador de Claude Lévi-Strauss no Collège de France. Na UNESCO – instituição em que, atualmente, dirige a Divisão das Ciências Humanas, da Filosofia e da Ética nas Ciências e Tecnologias –, foi responsável por atividades no domínio do desenvolvimento econômico e social, dos direitos humanos e da paz, além do de bioética. É autor de numerosos artigos e ensaios sobre antropologia social, psicanálise, direitos humanos e ética das ciências.

Gerd Bornheim (Brasil), filósofo e professor, cuja obra sobre Brecht constitui uma referência, é, também, autor de obras de iniciação à filosofia contemporânea (*Dialética: teoria e práxis*), assim como do livro *Metafísica e finitude.* Suas pesquisas a respeito do impacto da mídia sobre os comportamentos humanos foram abruptamente interrompidas pelo seu falecimento em setembro de 2002.

Gianni Vattimo (Itália) é filósofo, professor titular da cátedra de Hermenêutica Filosófica da Universidade de Turim e membro do Parlamento Europeu. Antigo aluno de Luigi Pareyson, introduziu em seu país o pensamento de seus professores, Karl Löwith e Hans-Georg Gadamer, além de ter proposto uma interpretação hermenêutica do pensamento contemporâneo. É autor de importante obra, da qual constam, entre outros, os seguintes títulos: *Les aventures de la différence* [As aventuras da diferença], *Au-delà du sujet* [Além do sujeito], *La pensée faible* [O pensamento frágil], *La fin de la modernité* [O fim da modernidade], *L'éthique de l'interprétation* [A ética da interpretação] e *Au-delà de l'interprétation* [Além da interpretação].

Gloria López Morales (México) é especialista em gestão da cultura e desafios suscitados pelo pluralismo cultural, especificidade cultural e desenvolvimento. Participou da programação das atividades da UNESCO, coordenou as manifestações relativas à Celebração do 500º Aniversário do Encontro de Dois Mundos (Europa / América) e presidiu o Escritório Regional da Organização, em Havana (Cuba).

Goretti Kyomuhendo (Uganda), romancista, autora de *The first daughter* e de *Secrets no more,* representou seu país por ocasião de numerosas manifestações internacionais, tendo como tema a literatura. Ao concluir seus estudos na área da comunicação e administração, fundou uma editora para publicar textos escritos por mulheres. Atualmente, é coordenadora da Associação de Mulheres Escritoras (FEMRITE), em Uganda.

Jean-Godefroy Bidima (República de Camarões), doutor em Filosofia da Universidade de Paris (Panthéon-Sorbonne) e diretor de programa no Collège International de Philosophie de Paris, é autor de *Théorie critique et modernité africaine: de l'école de Francfort à la "Docta Spes Africana"* [Teoria crítica e modernidade africana: da Escola de Frankfurt à "Docta Spes Africana"], assim como de outras obras sobre a filosofia e a arte africanas, na coleção "Que sais-je?", além de *La palabre, une juridiction de la parole* [A *palabre,* uma jurisdição da palavra].

Masahiro Hamashita (Japão) é professor de Estética no Departamento de Estudos Interculturais no Kobe College. Tendo estudado na Universidade de Tóquio, é autor de vários ensaios redigidos em japonês e em inglês, entre os quais *The possibility of the sublime in Japanese aesthetics* e *Hankookhah-Yonku* (Korean Studies Institute, Korea University).

Maurice Aymard (França) orientou-se, ao concluir seus estudos na École Normale Supérieure, para a história econômica do mundo mediterrâneo, publicando numerosas obras, algumas em colaboração com Fernand Braudel. Secretário-geral do Conseil International de la Philosophie et des Sciences Humaines (CIPSH) e administrador da Maison des Sciences de L'homme, em Paris, participa ativamente do desenvolvimento da cooperação internacional, interinstitucional e interdisciplinar nas ciências humanas e sociais.

Michel Maffesoli (França), professor de Sociologia na Universidade de Sorbonne e diretor da revista internacional *Sociétés* [Sociedades], é autor de diversos artigos e livros, entre os quais *La violence totalitaire* [A violência totalitária], *Logique de la domination* [Lógica da dominação], *La conquête du présent, sociologie de la vie quotidienne* [A conquista do presente, sociologia da vida cotidiana], *L'ombre de Dionysos, contribution à une* *sociologie de l'orgie* [A sombra de Dionísio, contribuição para uma sociologia da orgia], *Le temps des tribus* [O tempo das tribos], *La transfiguration du politique* [A transfiguração do político], *La contemplation du monde, figures du style communautaire* [A contemplação do mundo, figuras do estilo comunitário], *Éloge de la rason sensible* [Elogio da razão sensível] e *Du nomadisme, vagabondages initiatiques* [Acerca do nomadismo, deambulações iniciáticas].

Milagros del Corral (Espanha) é subdiretora-geral adjunta do Setor da Cultura da UNESCO, onde coordena, igualmente, a Divisão de Criatividade, Empreendimentos Culturais e Direito Autoral. Doutora em Filosofia pela Universidade Complutense de Madri, possui ampla experiência em matéria de edição e de biblioteconomia, tendo presidido o Sindicato dos Editores de seu país.

Rafael Argullol (Espanha), filósofo, autor de numerosos ensaios – entre os quais *El quatroccento, L'attraction de l'abîme* [A atração do abismo], *Le héros et l'unique* [O herói e o único] e *La fatigue de l'Occident* [A fadiga do Ocidente] –, é, igualmente, dramaturgo, romancista e poeta. Professor titular de Estética e Teoria das Artes na Universidade Pompeu Fabra de Barcelona, suas pesquisas incidem sobre a filosofia da cultura, a tragédia grega e os mitos culturais e literários.

Sérgio Paulo Rouanet (Brasil), ensaísta formado em Ciências Jurídicas e Sociais pela Pontifícia Universidade Católica do Rio de Janeiro, fez cursos de pós-graduação em Economia, Ciência Política e Filosofia, nos Estados Unidos, antes de doutorar-se em Ciência Política pela Universidade de São Paulo. Ex-Ministro da Cultura e Embaixador do Brasil na Dinamarca, na República Tcheca e na Alemanha. Criou em Berlim o Instituto Cultural Brasileiro. Sua obra reflete preocupação a respeito das vicissitudes que, atualmente, atingem os valores herdados do Iluminismo.

Zygmunt Bauman (Polônia), professor emérito de Sociologia das Universidades de Leeds e Varsóvia, ensinou em Tel Aviv e na London School of Economics. Sua obra, coroada pelo prêmio Theodor W. Adorno e pelo prêmio europeu Amalfi, incide principalmente sobre as interações complexas que se estabelecem entre a ordem e a liberdade, a igualdade e a diferença, a tolerância e a solidariedade. É autor, entre outras, das seguintes obras: *Prix humain de la mondialisation* [Preço humano da mundialização], *Moderne und Ambivalenz. Das Ende der Eindeutigkeit, Dialektik der Ordnung* e *Work Ethic, Consumerism and the Poor.*